かん字1年

教科書ぴったりトレーニング

光村図書版
上 かざぐるま　下 ともだち

巻末（かんまつ）	学力（がくりょく）しんだんテスト	とりはずして お使い（つかい）ください
別冊（べっさつ）	まるつけラクラクかいとう	

月　日

ひらがな・かたかなの　おさらい①

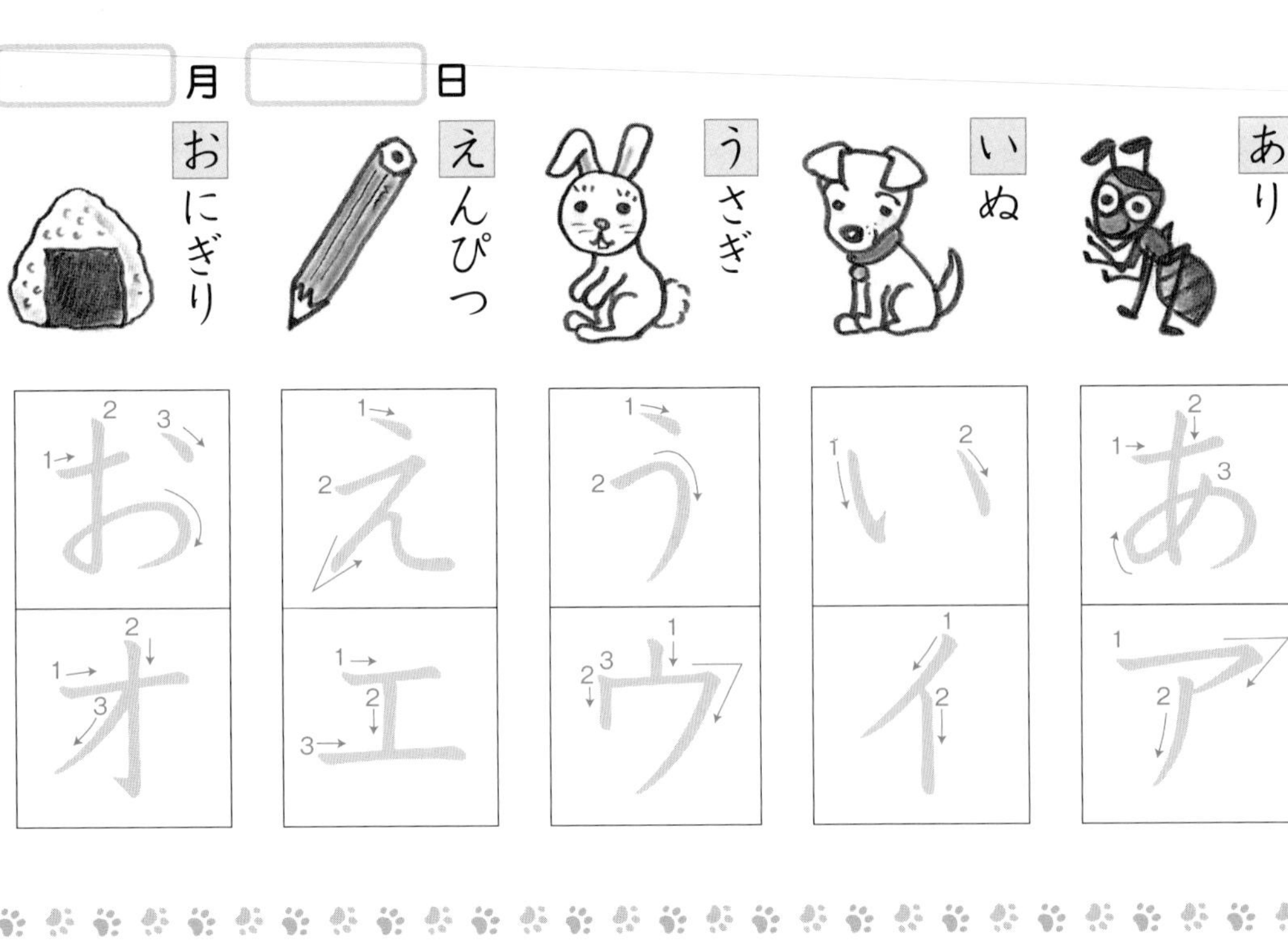

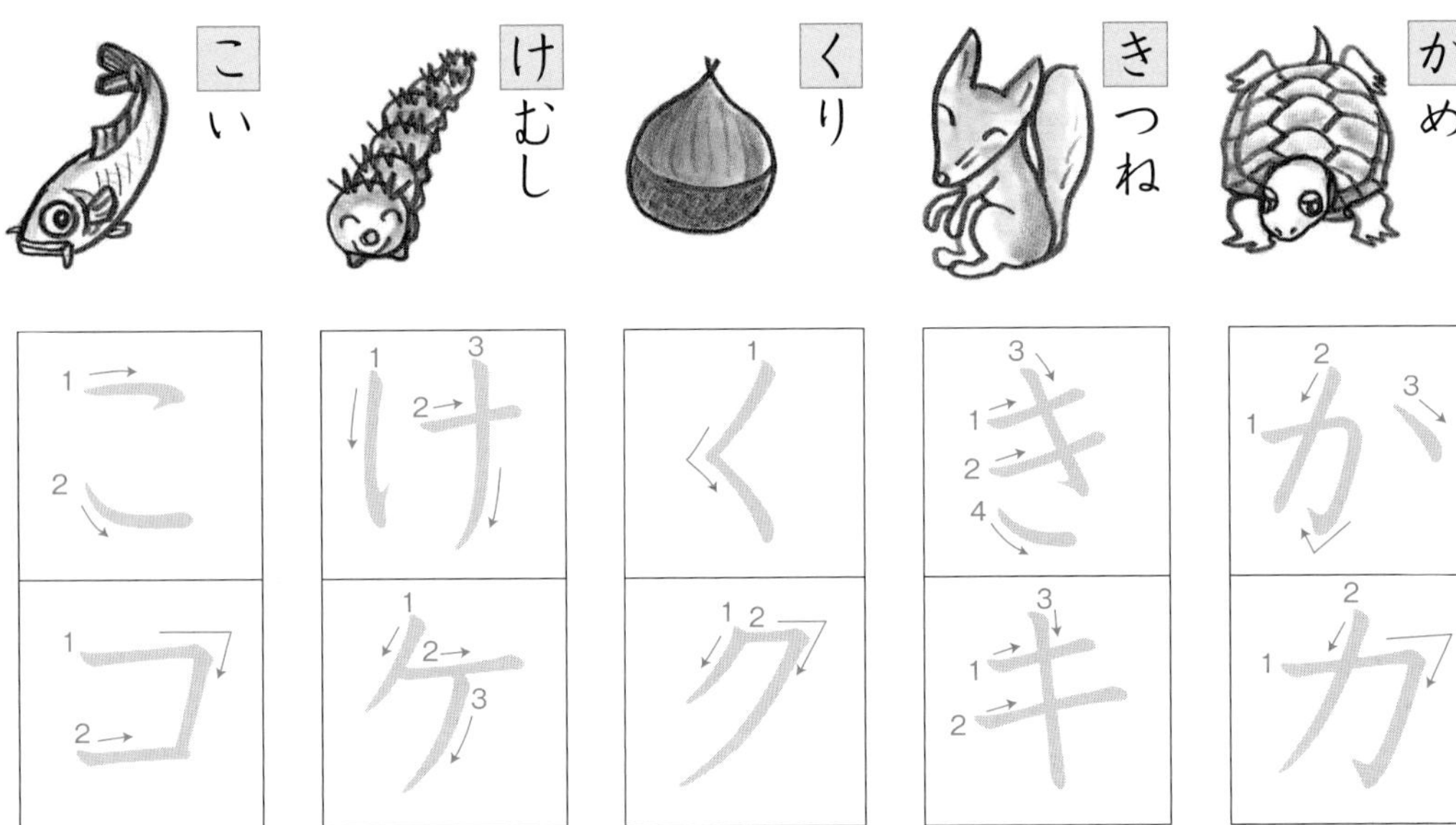

きょうかしょ
上9〜111ページ

はじめのべんきょう

ひらがな・かたかなの おさらい②

月　日

たこ
た　タ

ちくわ
ち　チ

つみき
つ　ツ

てつぼう
て　テ

とけい
と　ト

なす
な　ナ

にわとり
に　ニ

ぬりえ
ぬ　ヌ

ねずみ
ね　ネ

のはら
の　ノ

はち
は　ハ

ひこうき
ひ　ヒ

ふね
ふ　フ

へちま
へ　ヘ

ほし
ほ　ホ

きょうかしょ
上9〜111ページ

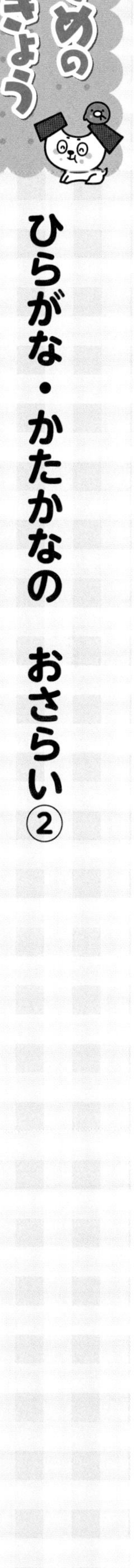

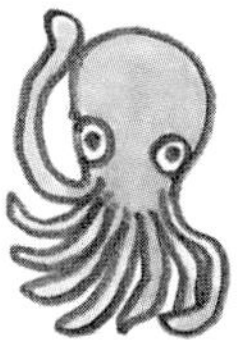

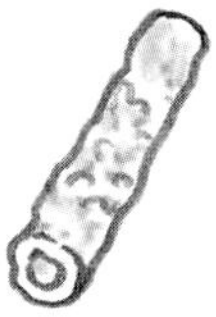

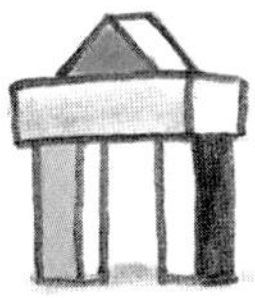

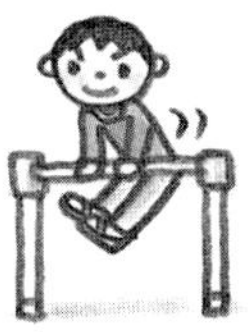

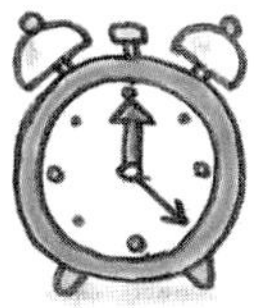

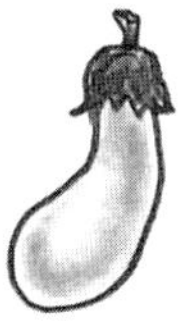

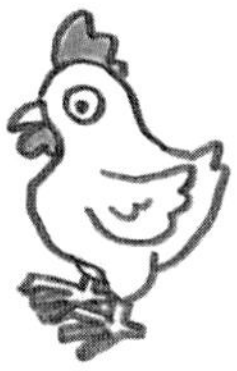

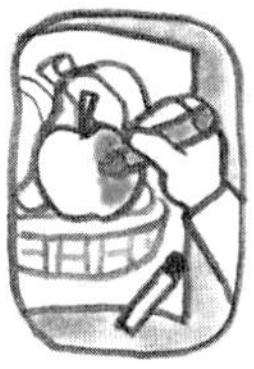

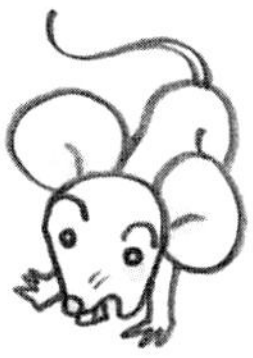

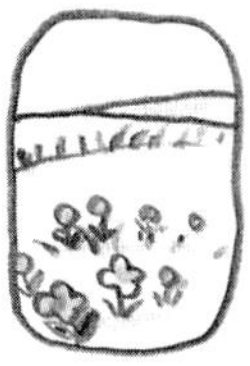

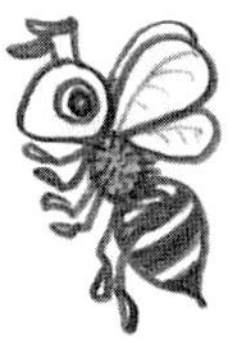

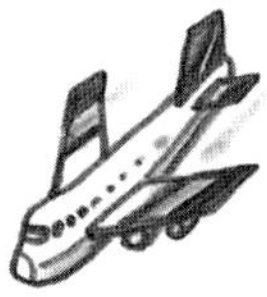

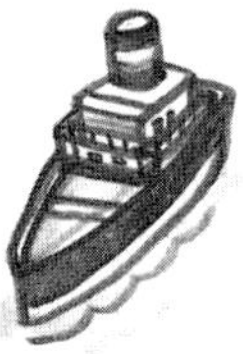

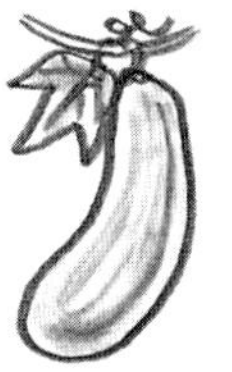

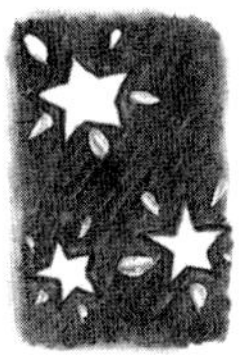

月　　日

はじめのべんきょう

ひらがな・かたかなの　おさらい③

まくら

みみ

むしめがね

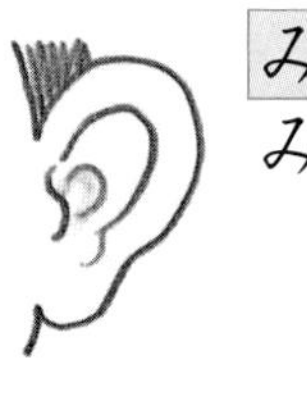

めだか

もり

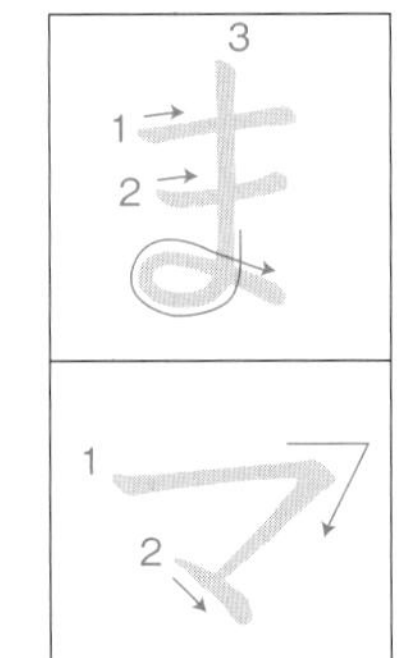

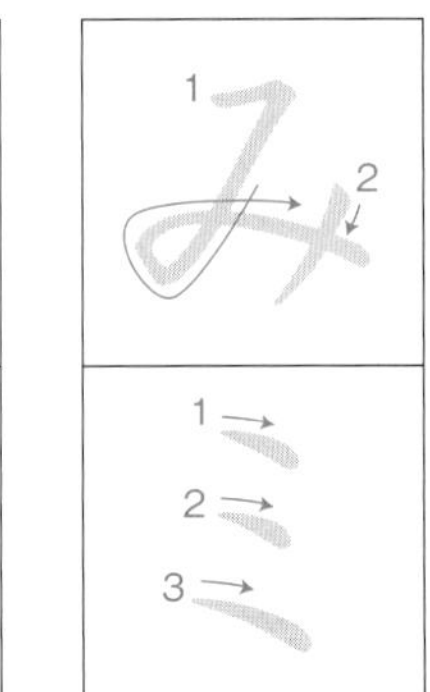

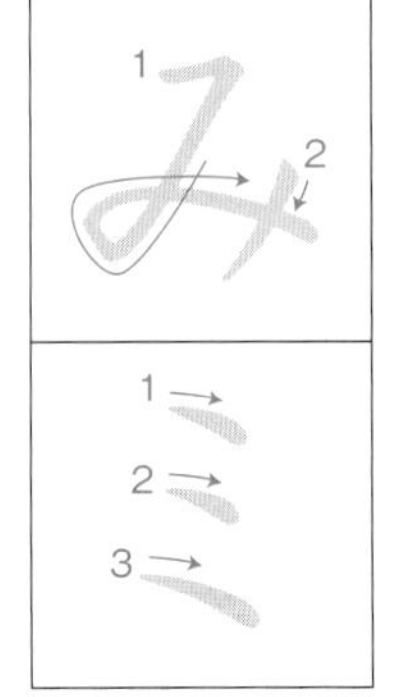

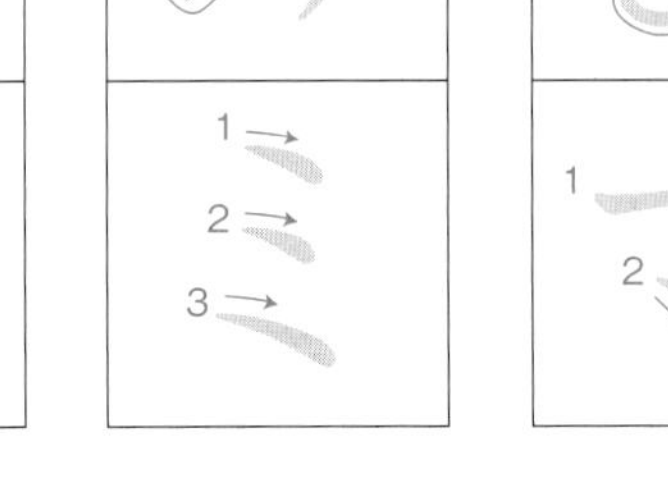

ま　マ　み　ミ　む　ム　め　メ　も　モ

やかん

ゆかた

ようかん

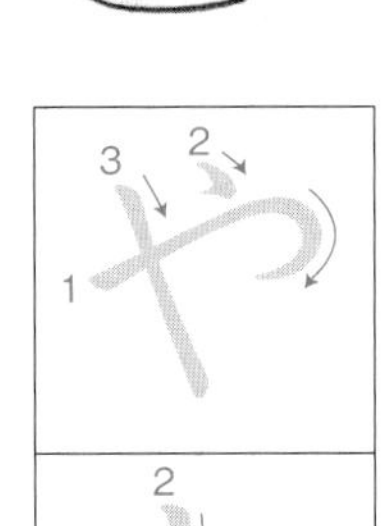

や　ヤ　ゆ　ユ　よ　ヨ

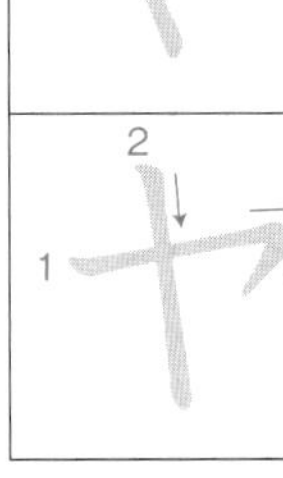

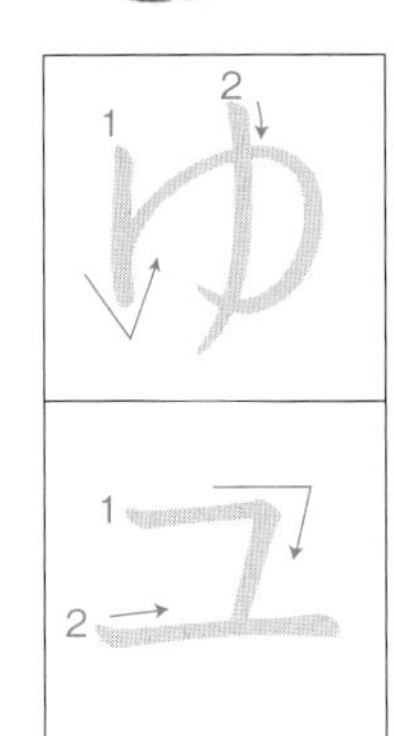

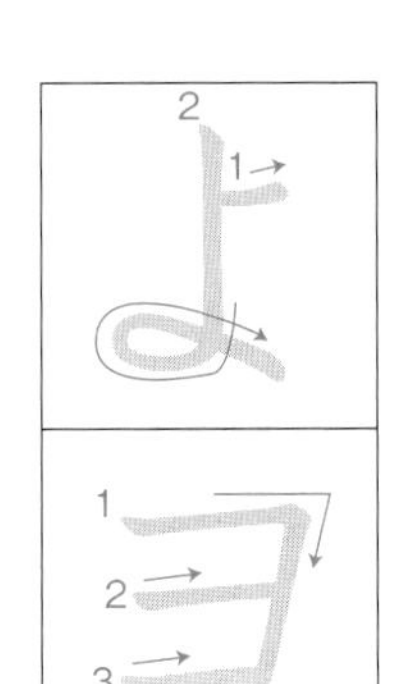

「゛」や「゜」が　つく　かなも、きちんと　かきましょう。

ちいさく　かく　「っ」「ゃ・ゅ・ょ」も、ただしく　つかいましょう。

゛が　つく　じ

がぎぐげご　ガギグゲゴ

ざじずぜぞ　ザジズゼゾ

だぢづでど　ダヂヅデド

ばびぶべぼ　バビブベボ

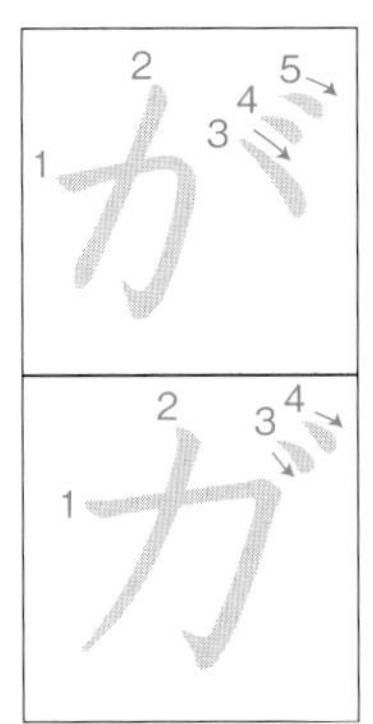

が　ガ

゜が　つく　じ

ぱぴぷぺぽ　パピプペポ

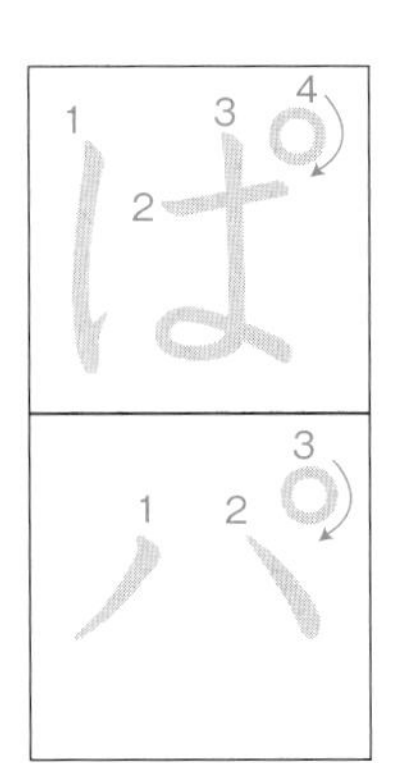

ぱ　パ

きょうかしょ　上9～111ページ

はじめのべんきょう

ひらがな・かたかなの おさらい④

月　日

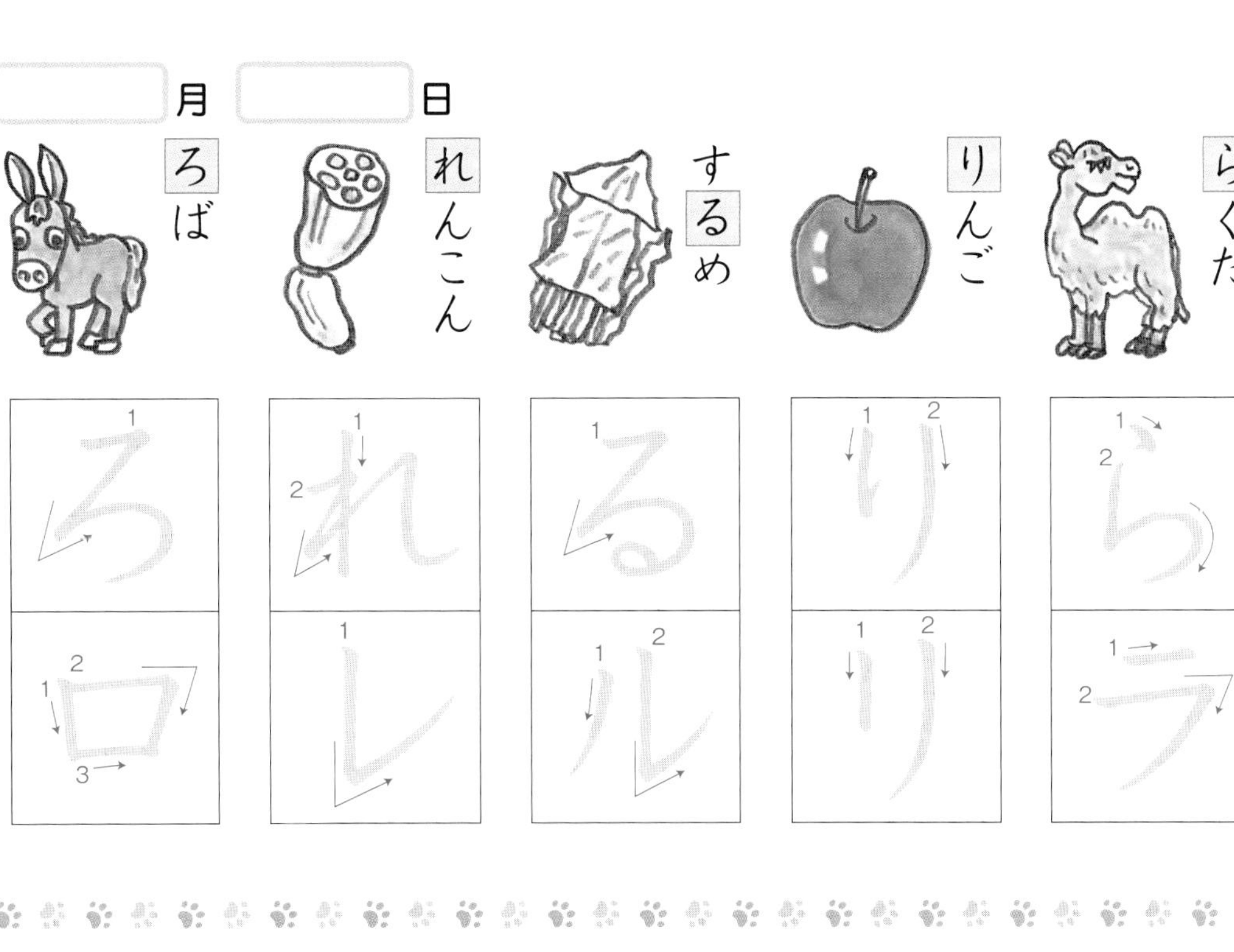

らくだ　りんご　するめ　れんこん　ろば

ら	り	る	れ	ろ
ラ	リ	ル	レ	ロ

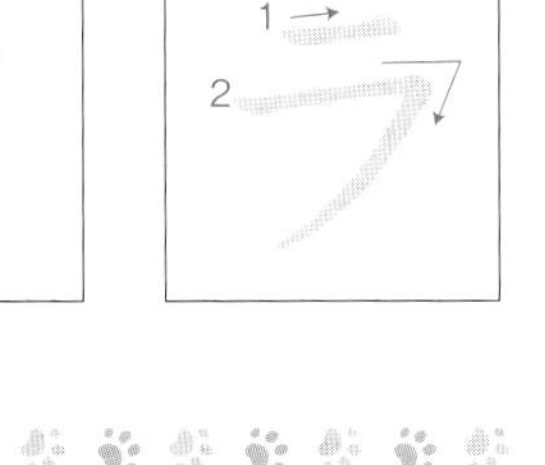

わし　きを きる　みかん

わ	を	ん
ワ	ヲ	ン

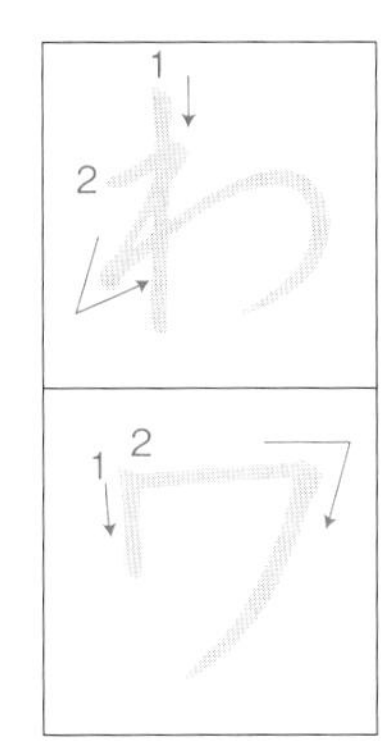
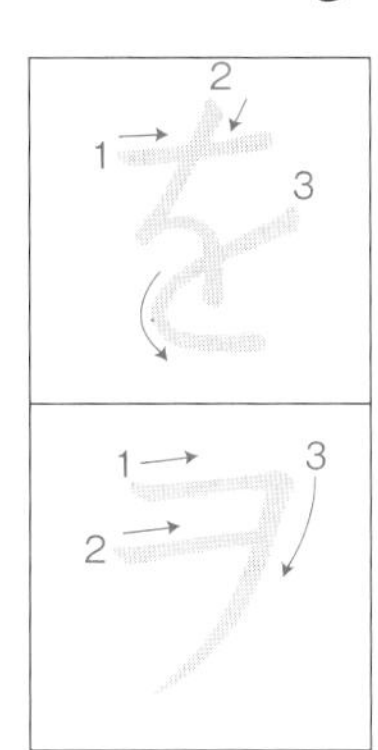
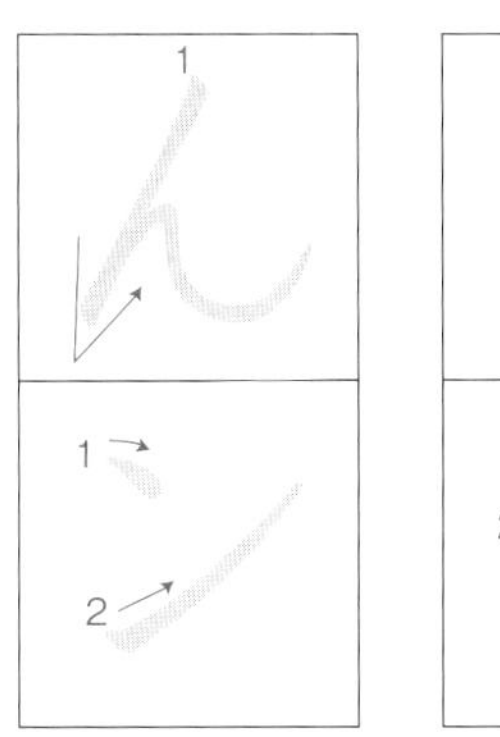

ひらがなも かたかなも、ていねいに なぞれましたか。

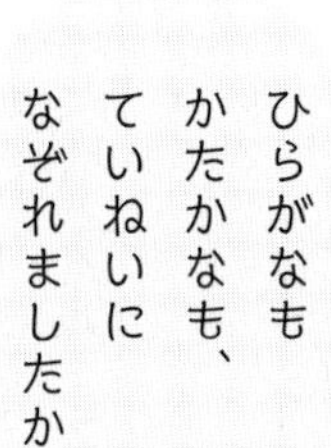

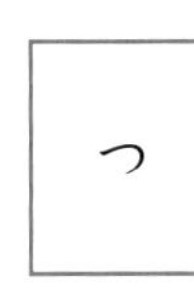

ちいさく かく じ

っ

つ ツ

や ゆ よ

や ャ

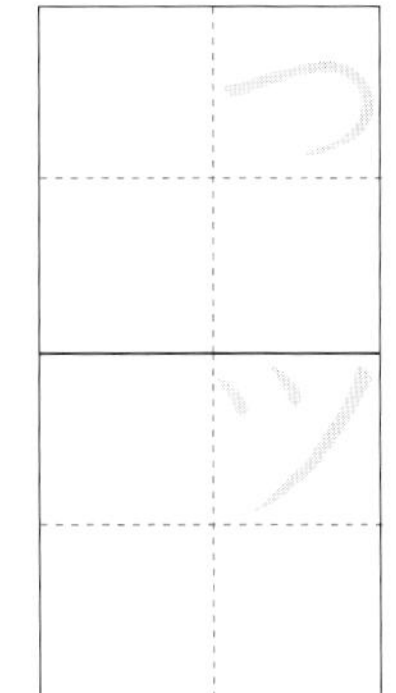

たてに かく ときは、みぎうえに ちいさく。

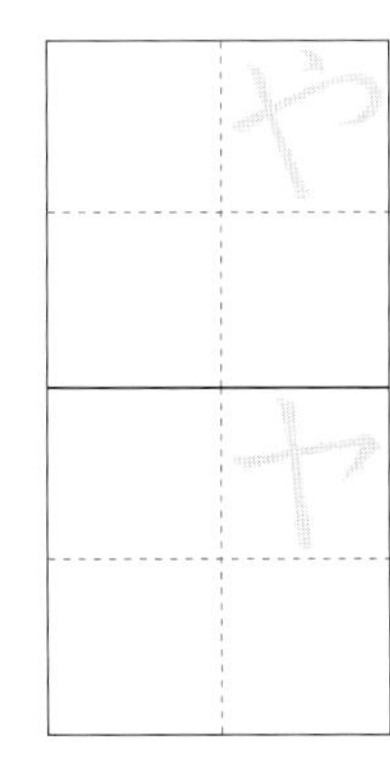

きょうかしょ 上9〜111ページ

なつの チャレンジテスト①

じかん30ぷん
／100
ごうかく80てん
きょうかしょ 上9～111ページ
こたえ 2ページ

1 えを みて、□に あう ひらがなを かきましょう。

一つ4てん(32てん)

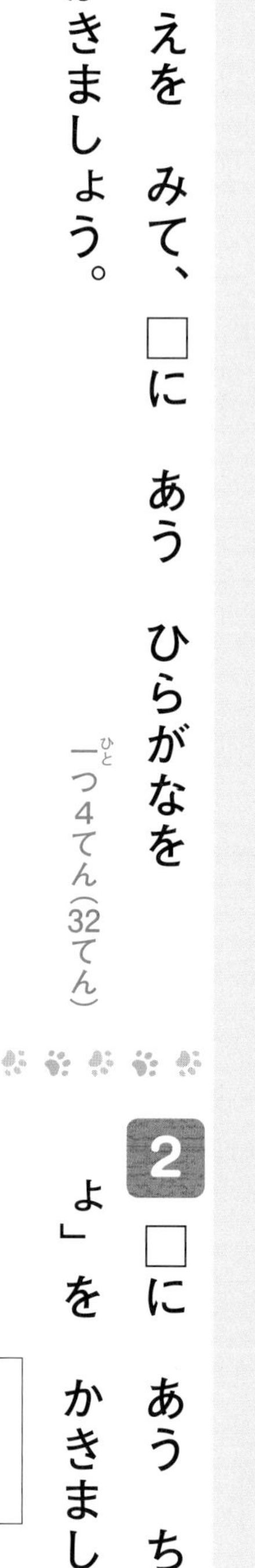

① す□
② い□
③ こ□
④ し□

す□
か□
に□
し□

2 □に あう ちいさい「っ」と「や・ゆ・よ」を かきましょう。

一つ4てん(24てん)

① が□こう
② じ□んけん
③ とし□かん
④ かけ□こ
⑤ ぎ□うに□う

3 「は・へ・を」を　つかわないと　いけない　じに　×を　つけて、みぎに　ただしい　じを　かきましょう。

一つ2てん（20てん）

〈れい〉おとうと~~わ~~は　けんか~~お~~を　した。

① わたしわ　へちまの　えお　かいた。

② やまえ　くりお　ひろいに　いこう。

③ みんなわ　おにごっこお　した。

④ べんとうお　もって　うみえ　いく。

⑤ にわとりわ　にわお　かけまわった。

「は・へ・を」と　かかないと　いけない　「わ・え・お」を　みつけるんだ。

4 かたかなを　なぞって、たべものの　なまえを　かんせいさせましょう。

一つ4てん（24てん）

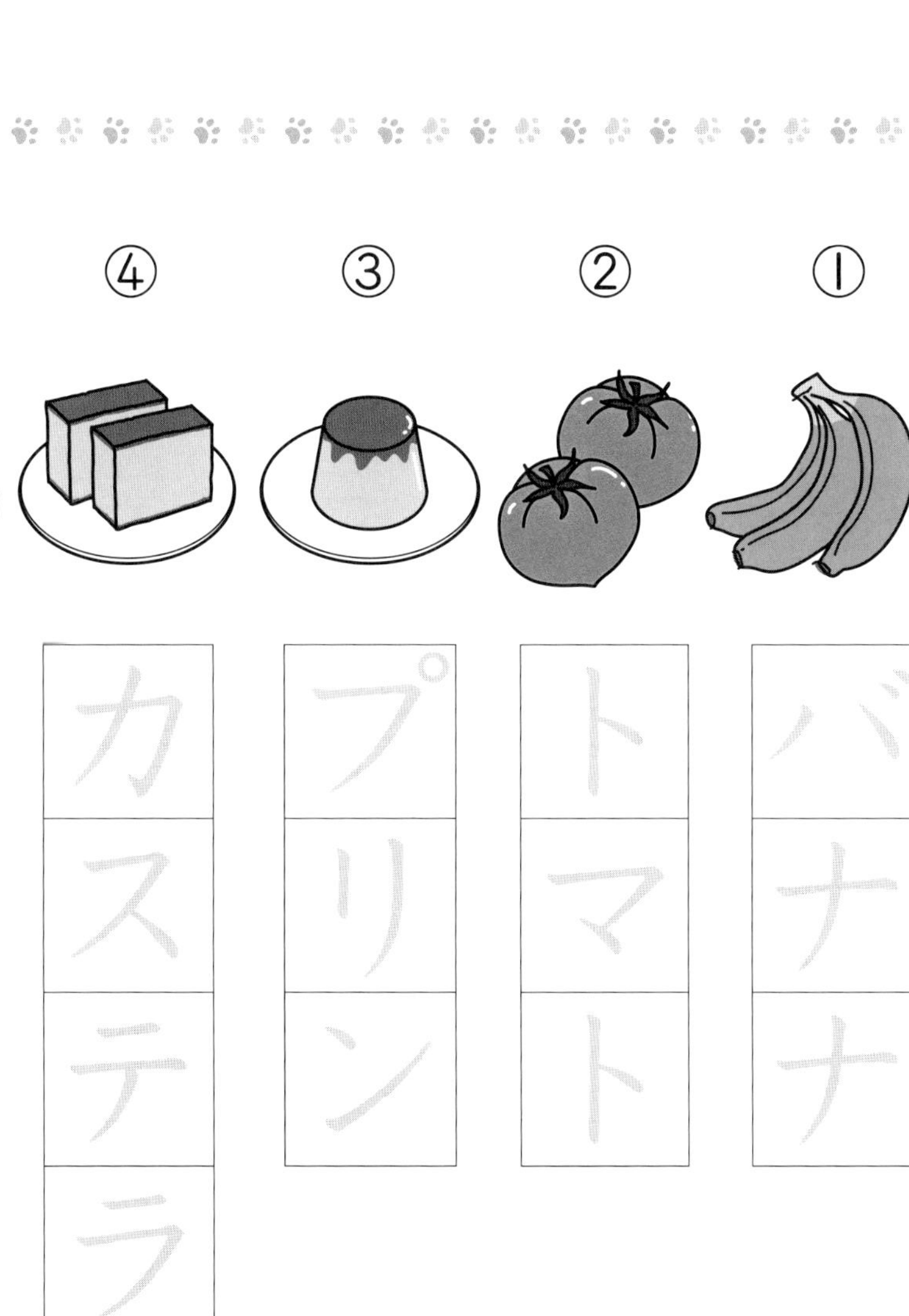

① バナナ

② トマト

③ プリン

④ カステラ

⑤ キャベツ

⑥ ドーナツ

なつの　チャレンジテスト②

じかん30ぷん

／100

ごうかく80てん

きょうかしょ　上9～111ページ

こたえ　2ページ

1 えを　みて、□に　あう　ひらがなを　かきましょう。

一つ4てん（32てん）

① □る

② か□

③ □ね

④ □た

□る

か□

かっ□

きっ□

2 □に　ひらがなを　いれて、かぞくの　よびかたに　しましょう。

一つ4てん（20てん）

① おか□さん

② おと□さん

③ おに□さん

④ おね□さん

⑤ いも□と

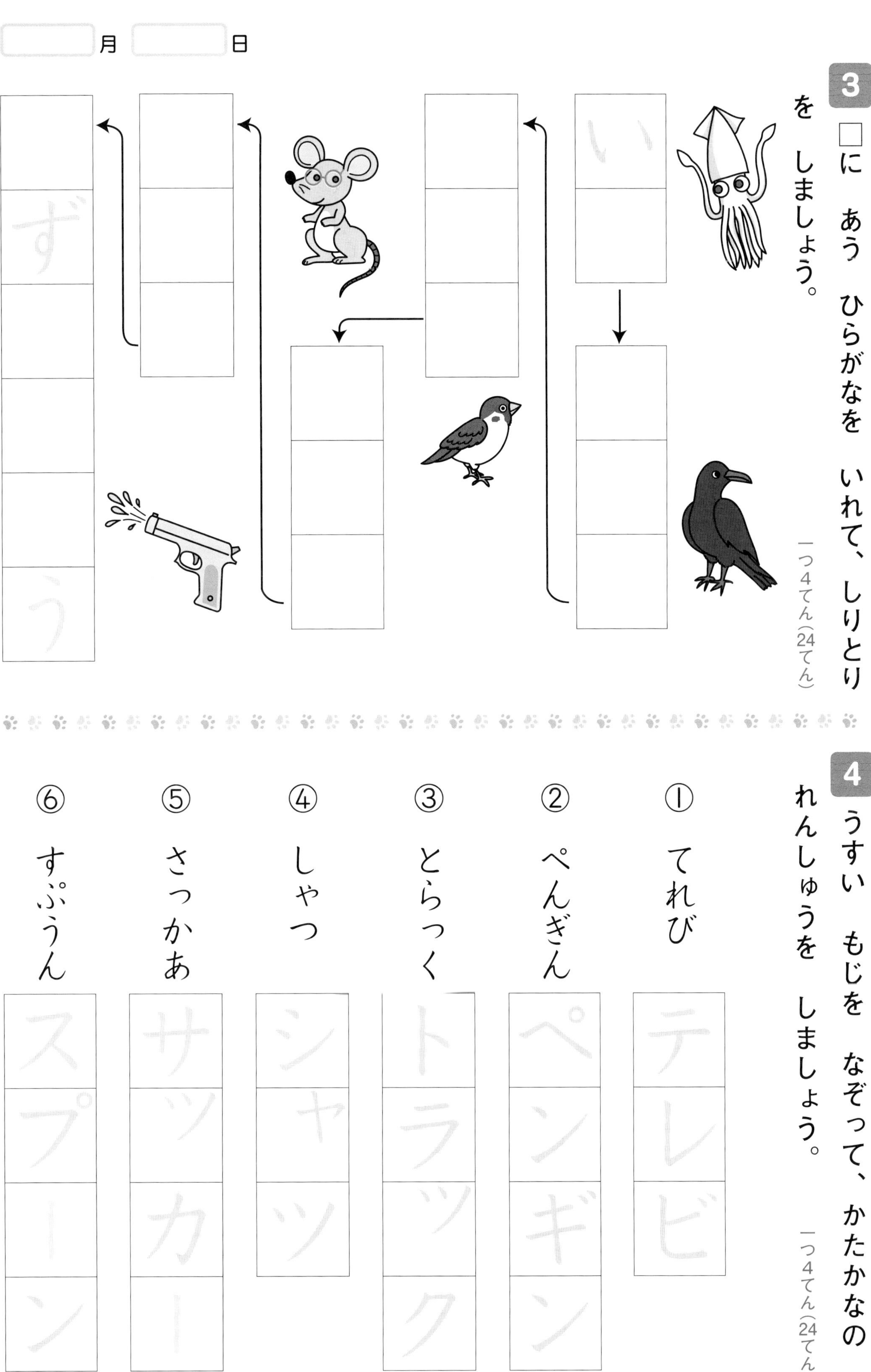

3 □に　あう　ひらがなを　いれて、しりとりを　しましょう。

一つ4てん（24てん）

い

ず　う

4 うすい　もじを　なぞって、かたかなの　れんしゅうを　しましょう。

一つ4てん（24てん）

① てれび　テレビ

② ぺんぎん　ペンギン

③ とらっく　トラック

④ しゃつ　シャツ

⑤ さっかあ　サッカー

⑥ すぷうん　スプーン

月　日

ぴったり1 じゅんび

やくそく　うみの　かくれんぼ

あたらしく　がくしゅうする　かんじ

きょうかしょ　上102〜117ページ

きょうかしょ上102ページ

木

はらう　とめる　はらう

よみかた
ボク
モク
き
こ

つかいかた
大木(たいぼく)を　きる
木(もく)ようび
木(き)に　のぼる

▼かきじゅん ▼かいて おぼえましょう

木(き)　4かく

できかた 
じめんから　きが　はえて　いる　かたちから　できた。

▼なぞりましょう

木を　うえる
ももの木

きょうかしょ上114ページ

大

とめる　はらう

よみかた
ダイ・タイ
おお
おおきい
おおいに

つかいかた
大(だい)すき・大(たい)りょう
大(おお)きな　いわ
大(おお)いに　よろこぶ

▼かきじゅん ▼かいて おぼえましょう

大(だい)　3かく

できかた 
てあしを　ひろげた　ひとの　かたちから　できた。

▼なぞりましょう

こえが　大きい
大きな　くりの　木

かんじの　たしざんを　やって　みよう

一＋人＝□

わかるかな？

こたえは　12ページ

月　日

きょうかしょ上116ページ

小

はらう　はねる　とめる

よみかた
ショウ
ちいさい
こ
お

つかいかた
小学生（しょうがくせい）
小さい（ちいさい）　たこ
小ごえ（こごえ）・小川（おがわ）

かきじゅん
1 小
2 小
3 小

小（しょう）
3かく

かいて　おぼえましょう

できかた 
ちいさな　てんを　みっつ　ならべた　かたちから　できた。

なぞりましょう
小さな　おうち
小さい　いもうと
小さくきる
小さめにする

かんじクイズ 1

かんじが　三つ（みっつ）　かくれて　いるよ。
みつけて　□に　かこう。

こたえ
□・□・□

こたえ→12ページ

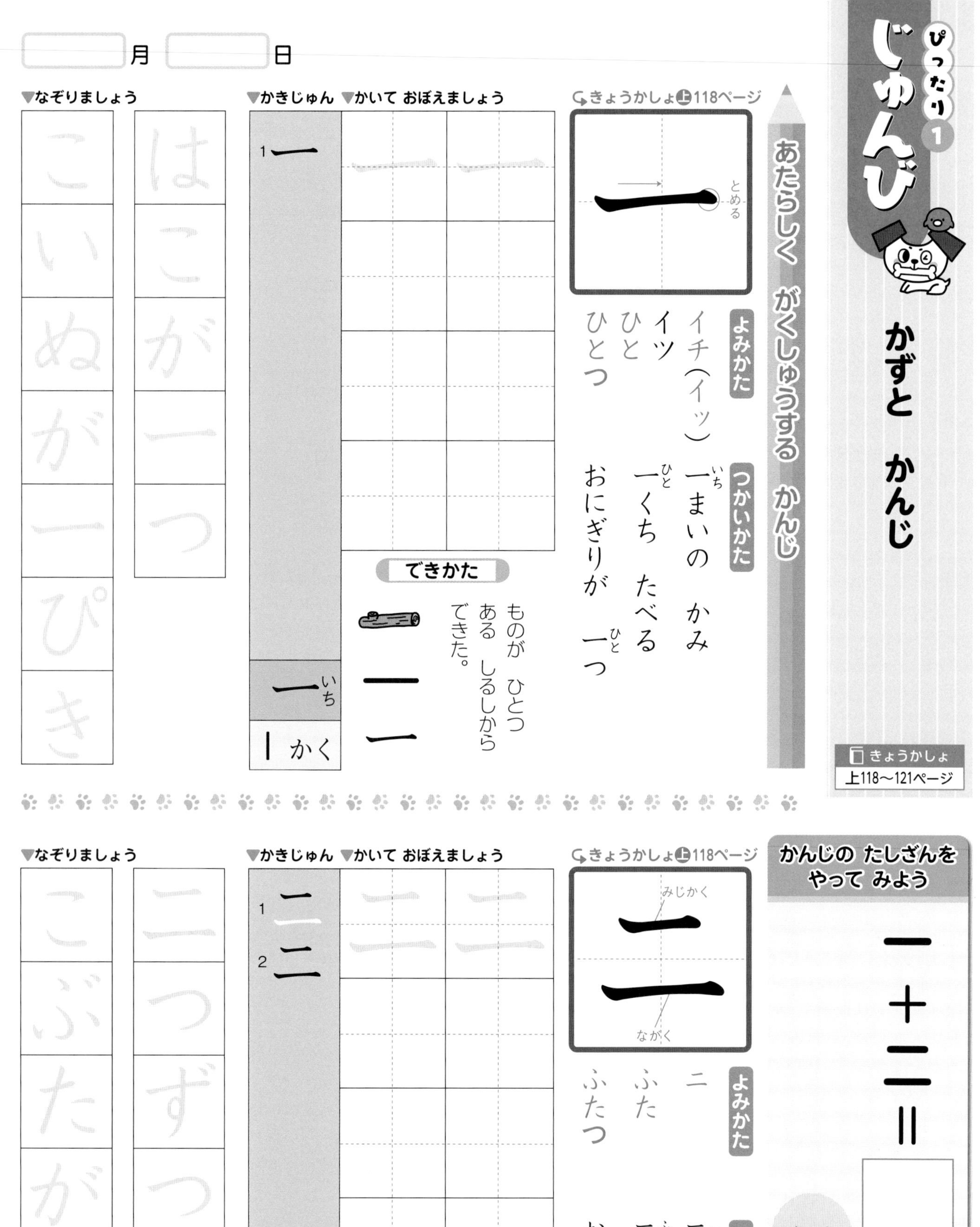

月　　日

ぴったり1 じゅんび

かずと かんじ

きょうかしょ 上118〜121ページ

あたらしく がくしゅうする かんじ

きょうかしょ上118ページ

一（とめる）

よみかた
イチ（イッ）
イツ
ひと
ひとつ

つかいかた
一（いち）まいの かみ
一（ひと）くち たべる
おにぎりが 一（ひと）つ

できかた
ものが ひとつ ある しるしから できた。

▼かきじゅん ▼かいて おぼえましょう
1 一
一（いち）
1かく

▼なぞりましょう
はこが一つ
こいぬが一ぴき

きょうかしょ上118ページ

二（みじかく・ながく）

よみかた
ニ
ふた
ふたつ

つかいかた
二（に）けんの いえ
二（ふた）くち たべる
おにぎりが 二（ふた）つ

できかた
ものが ふたつ ある しるしから できた。

▼かきじゅん ▼かいて おぼえましょう
1 二
2 二
二（に）
2かく

▼なぞりましょう
二つずつくばる
こぶたが二ひき

かんじの たしざんを やって みよう

一＋二＝□

さんすうの 1+2と おなじだね。

こたえは 12ページ

月　日

三

きょうかしょ上118ページ

三

ながく

よみかた

サン
み
みつ
みっつ

つかいかた

三（さん）びきの　ねこ
三（み）つおり
おにぎりが　三（みっ）つ

かきじゅん

1 三
2 三
3 三

一（いち）
3かく

かいて おぼえましょう

できかた

ものが　みっつ　ある　しるしから　できた。

なぞりましょう

みかんが三つ
三つかぞえる
三かいまわる
こうまが三とう

四

きょうかしょ上118ページ

四

はらう

よみかた

シ
よ・よっ
よっつ
よん

つかいかた

三（さん）かくと　四（し）かく
四（よっ）つに　わける
四（よん）ばんめ

かきじゅん

1 四
2 四
3 四
4 四
5 四

囗（くにがまえ）
5かく

かいて おぼえましょう

よみがな

○四（よ）つば　×四（よっ）つば
○四（よ）つかど　×四（よっ）つかど

なぞりましょう

四かく
もも が四つ
四せきのふね
こうしが四とう

ていねいに　かこう。

月　日

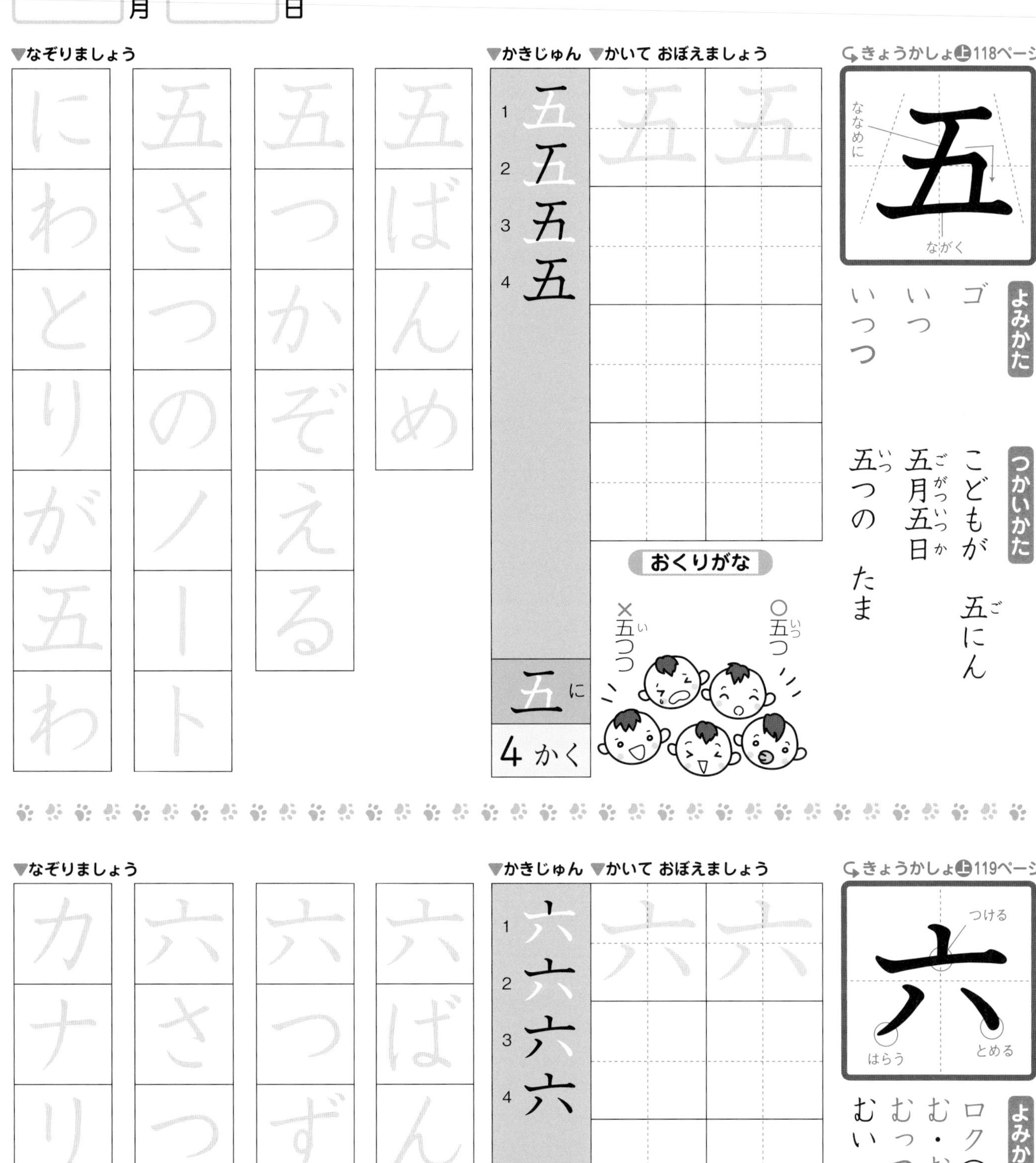

五

きょうかしょ上118ページ

五（ななめに／ながく）

よみかた
ゴ
いつ
いつつ

つかいかた
こどもが　五(ご)にん
五月五日(ごがついつか)
五つ(いつ)の　たま

かきじゅん
1 五　2 五　3 五　4 五
五　に
4 かく

かいて おぼえましょう
五　五

おくりがな
○五つ(いつ)
×五つつ(い)

なぞりましょう
五ばんめ
五つかぞえる
五さつのノート
にわとりが五わ

六

きょうかしょ上119ページ

六（つける／はらう／とめる）

よみかた
ロク（ロッ）
む・むっつ
むっつ
むい

つかいかた
すずめが　六わ(ろく)
六つ(むっ)　かぞえる
六月六日(ろくがつむいか)

かきじゅん
1 六　2 六　3 六　4 六
六　は
4 かく

かいて おぼえましょう
六　六

かたちの にた じ
文(ぶん)　六
ちがいに ちゅうい！

なぞりましょう
六ばんめ
六つずつ
六さつのほん
カナリアが六わ

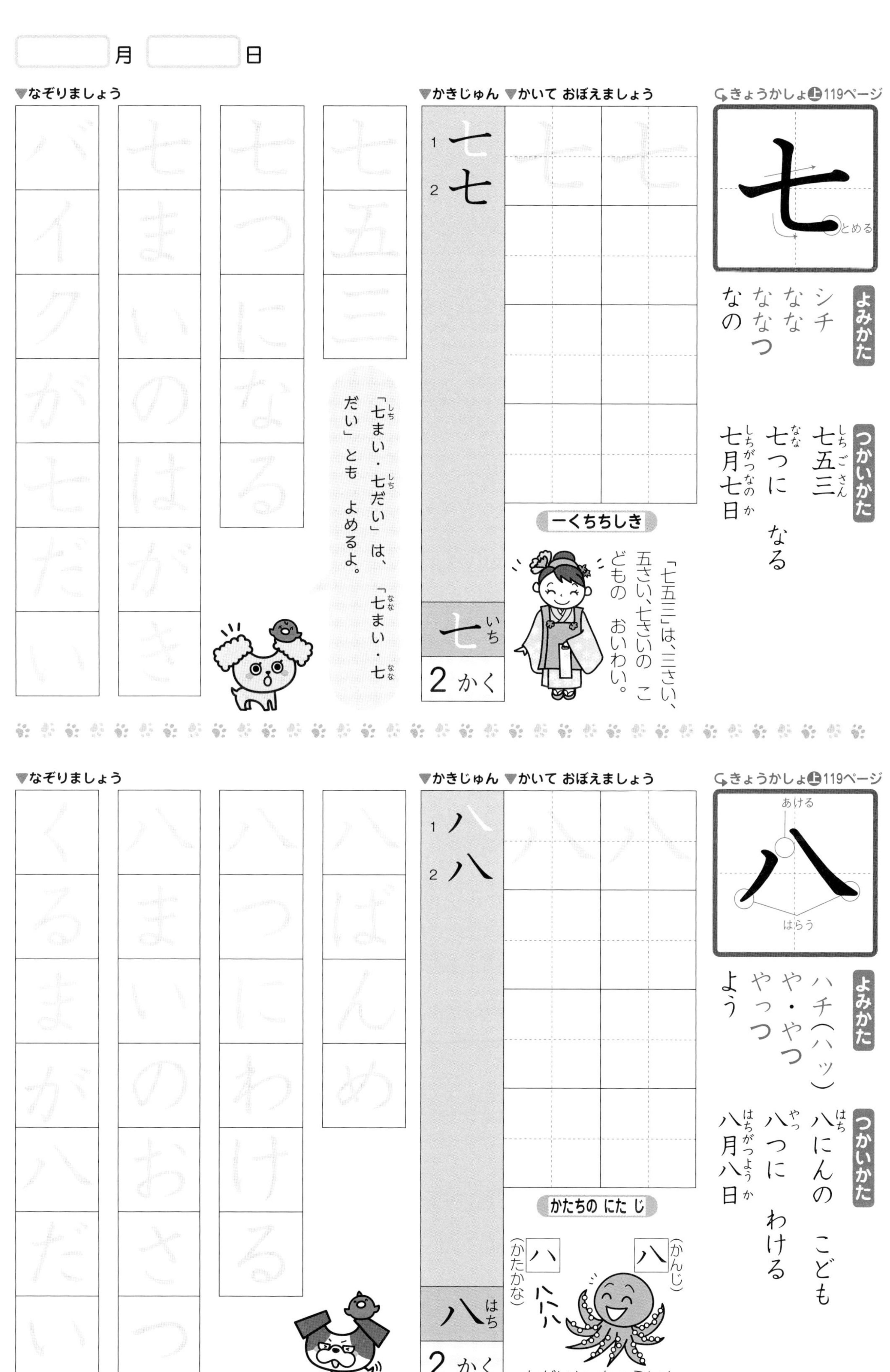
月 日
きょうかしょ上119ページ
七
とめる
よみかた
シチ
なな
ななつ
なの
つかいかた
七五三（しちごさん）
七つ（なな）に なる
七月七日（しちがつなのか）
かきじゅん
1 七
2 七
七（いち）
2 かく
かいて おぼえましょう
一くちちしき
「七五三」は、三さい、五さい、七さいの こどもの おいわい。
「七（しち）まい・七（しち）だい」は、「七（なな）まい・七（なな）だい」とも よめるよ。
なぞりましょう
七五三
七つになる
七まいのはがき
バイクが七だい
きょうかしょ上119ページ
八
あける
はらう
よみかた
ハチ（ハッ）
や・やつ
やっつ
よう
つかいかた
八（はち）にんの こども
八（やっ）つに わける
八月八日（はちがつようか）
かきじゅん
1 八
2 八
八（はち）
2 かく
かいて おぼえましょう
かたちの にた じ
ハ（かたかな）
八（かんじ）
ちがいに ちゅうい！
なぞりましょう
八ばんめ
八つにわける
八まいのおさつ
くるまが八だい

月　日

きょうかしょ上119ページ

九

よみかた
キュウ
ク
ここの
ここのつ

つかいかた
九(きゅう)ひきの　ねずみ
九月九日(くがつここのか)
九つ(ここのつ)　かぞえる

かきじゅん
1 ノ
2 九

九(おつ)
2かく

かいて おぼえましょう

かたちの にた じ
力(ちから)　九 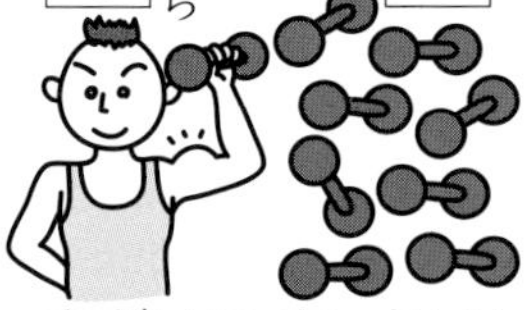
ちがいに ちゅうい！

なぞりましょう
九つ かぞえる
ビルの 九かい
九にんの こども
こざるが 九ひき

きょうかしょ上119ページ

十

おなじ ながさ
まんなかを とおす

よみかた
ジュウ
ジッ（ジュッ）
とお
と

つかいかた
十(じゅう)にんの こども
十(じっ)ぽんの えんぴつ
十月十日(じゅうがつとおか)

かきじゅん
1 一
2 十

十(じゅう)
2かく

かいて おぼえましょう

よみがな
「じっぴき」、「じゅっぴき」と よもう。

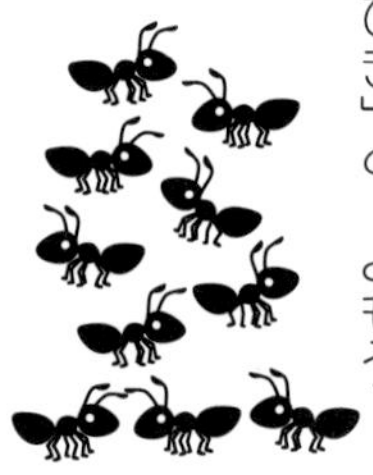

「一」から「十」まで かぞえながら、かずの かんじを れんしゅうしょう。

なぞりましょう
十にん
十ぽん
十まで かぞえる
ひつじが 十とう

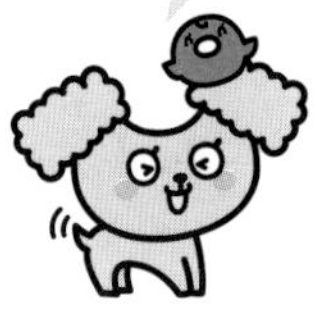

ぴったり2 れんしゅう

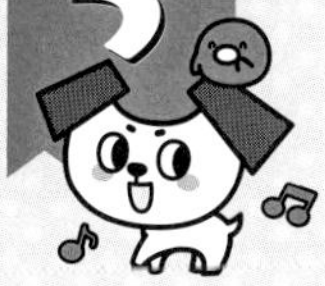

やくそく　かくれんぼ　うみの　かずと　かんじ

1 かんじを　よみましょう。

① おにぎりが　二つ。（　　）

② 三っ（　　）　かぞえる。

③ ほしが　五っ（　　）　ひかる。

④ 七つに（　　）　なる。

⑤ えんぴつが　十（　　）ぽん。

⑥ 小（　　）さく　きる。

2 □に　かんじを　かきましょう。

① はがきが　□（いち）まい。

② □（よん）とうの　うし。

③ いちごが　□（よっ）つ。

④ □（ろっ）けんの　いえ。

⑤ ハンカチが　□（はち）まい。

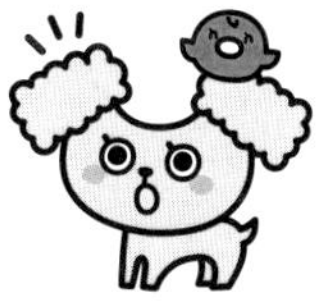

⑥ □（く）がつに　なる。

⑦ □（とお）かかんの　りょこう。

⑧ □（き）を　うえる。

⑨ こえが　□（おお）きい。

⑩ □（ちい）さな　むし。

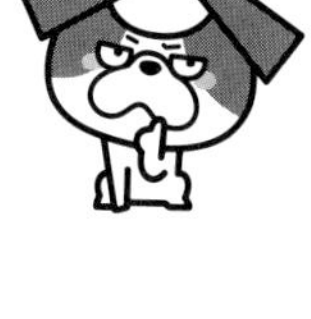

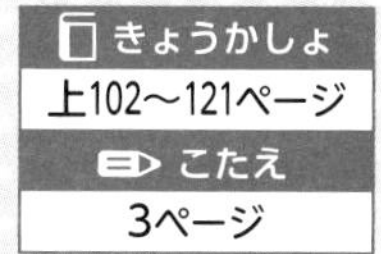

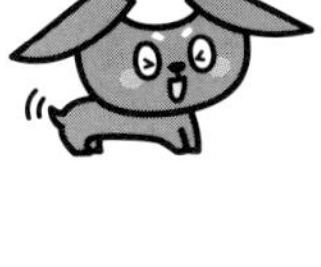

月　　日

ぴったり2 れんしゅう

やくそく
うみの かくれんぼ
かずと かんじ

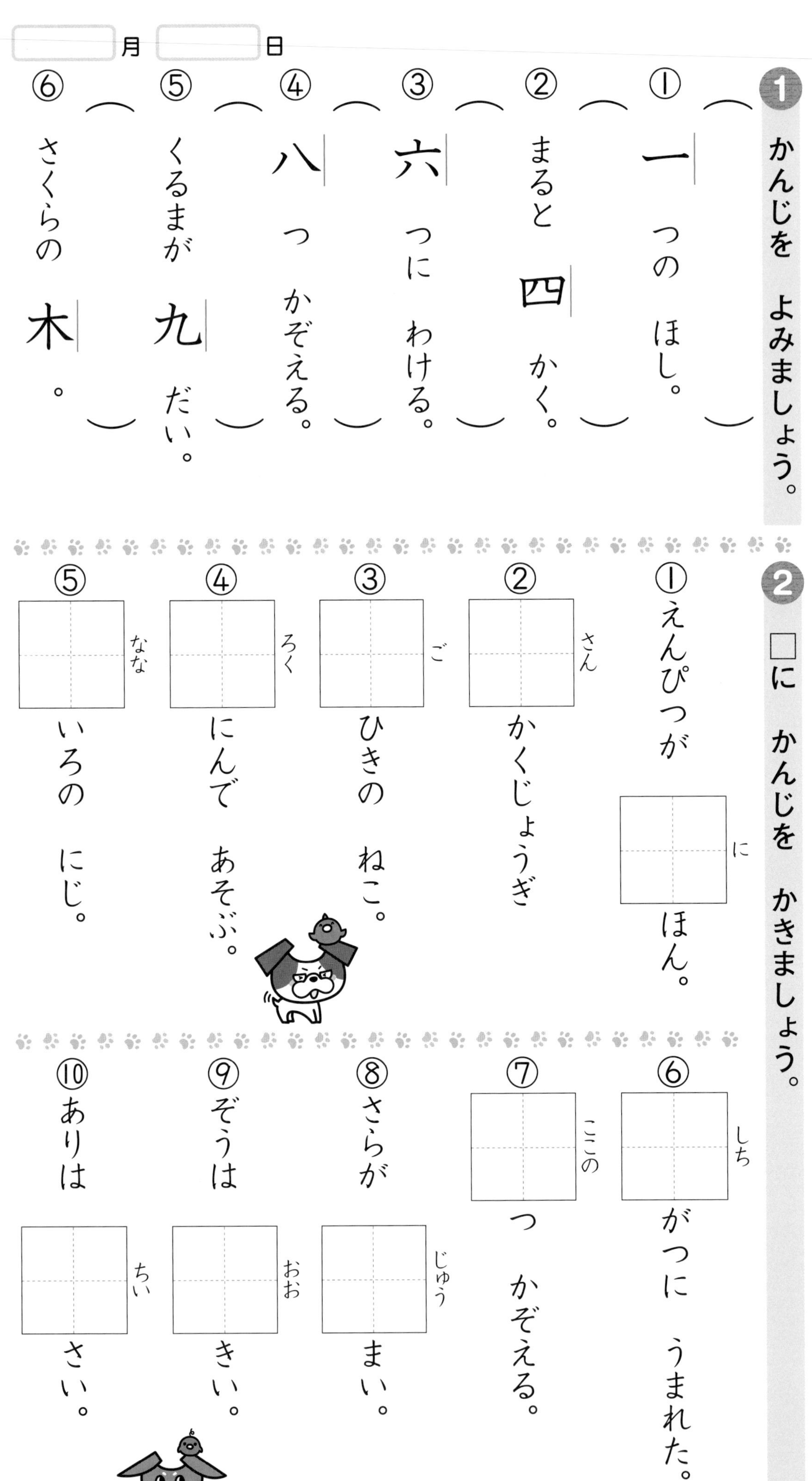

1 かんじを よみましょう。

①（　　）一つの ほし。

②（　　）まると 四かく。

③（　　）六つに わける。

④（　　）八つ かぞえる。

⑤（　　）くるまが 九だい。

⑥（　　）さくらの 木。

2 □に かんじを かきましょう。

① えんぴつが □(に) ほん。

② □(さん) かくじょうぎ

③ □(ご) ひきの ねこ。

④ □(ろく) にんで あそぶ。

⑤ □(なな) いろの にじ。

⑥ □(しち) がつに うまれた。

⑦ □(ここの) つ かぞえる。

⑧ さらが □(じゅう) まい。

⑨ ぞうは □(おお) きい。

⑩ ありは □(ちい) さい。

きょうかしょ 上102〜121ページ
こたえ 3ページ

月　日

ぴったり1 じゅんび

あたらしく がくしゅうする かんじ

くじらぐも

きょうかしょ 下6～18ページ

きょうかしょ下 6ページ

子

すこし まげる
はねる

よみかた
シ　ス　こ

つかいかた
男子(だんし)と　女子(じょし)
様子(ようす)を　みる
子犬(こいぬ)が　あそぶ

できかた
あかちゃんの　かたちから　できた。

かきじゅん
1 2 3

子(こ)
3 かく

かいて おぼえましょう

なぞりましょう
おやと子ども
子どものひろば

きょうかしょ下 6ページ

空

はねる
とめる
ながく

よみかた
クウ
そら
あく・あける
から

つかいかた
すんだ　空気(くうき)
空(そら)を　とぶ
空(から)っぽの　はこ

くみに なる じ
海(うみ)　空
(二年生(ねんせい)で　ならうよ。)

かきじゅん
1 2 3 4 5 6 7 8

空(あなかんむり)
8 かく

かいて おぼえましょう

なぞりましょう
空をみあげる
空にうかぶくも

かんじの たしざんを やって みよう

⺈ ＋ 土 ＝ □

たての　ぼうは　つきでるよ。

こたえは　12ページ

月　日

先

きょうかしょ下7ページ

ながく　はらう　はねる

よみかた
セン
さき

つかいかた
学校の先生
手先が　きよう
目と　はなの　先

かきじゅん
1 先 2 先 3 先 4 先 5 先 6 先

にんにょう
ひとあし
6 かく

かいて おぼえましょう

じの いみ
①さき。
②いまより　まえ。

じの　かたちに
ちゅういして　かこう。

なぞりましょう
先とうにならぶ
先しゅう
ゆう先する
先ぞのはか

生

きょうかしょ下7ページ

つける　ながく

よみかた
セイ・ショウ
うまれる・うむ
いきる・いかす
いける・はえる
はやす・なま
◆おう◆き

つかいかた
生かつ・一生
生まれたばかり
あかるく　生きる

かきじゅん
1 生 2 生 3 生 4 生 5 生

うまれる
5 かく

かいて おぼえましょう

できかた 
草木の　めが　はえて　のびる　ようすから　できた。

なぞりましょう
一ねん生
しょうがく生
こくごの先生
そつぎょう生

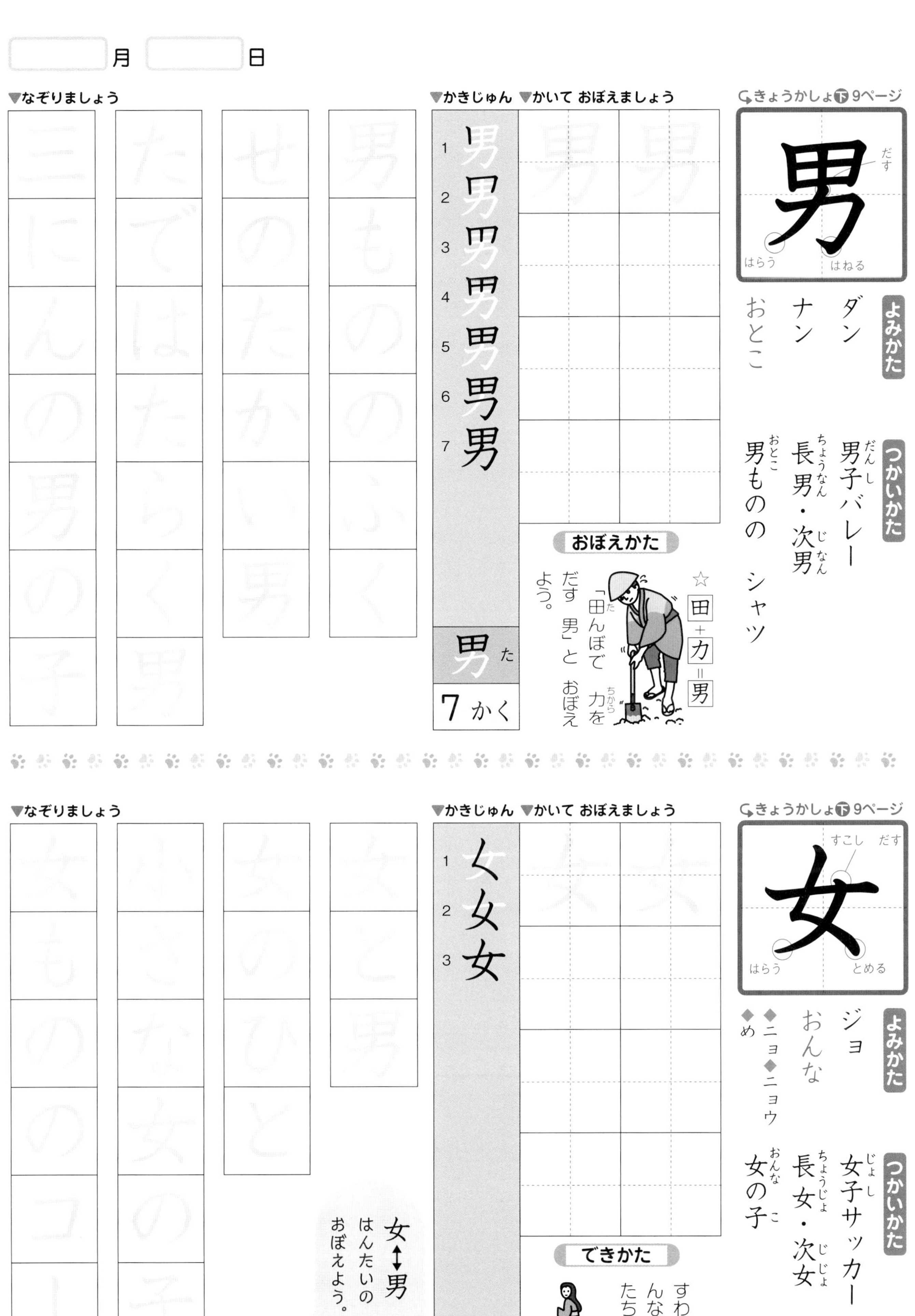

月　日

きょうかしょ下9ページ

男

だす　はらう　はねる

よみかた
ダン
ナン
おとこ

つかいかた
男子(だんし)バレー
長男(ちょうなん)・次男(じなん)
男(おとこ)もの　シャツ

▼かきじゅん ▼かいて おぼえましょう

1 2 3 4 5 6 7

男(た)

7かく

おぼえかた

☆田＋力＝男

「田(た)んぼで　力(ちから)を　だす　男」と　おぼえよう。

▼なぞりましょう

男ものの　ふく

せのたかい男

たではたらく男

三にんの男の子

きょうかしょ下9ページ

女

すこし　だす　はらう　とめる

よみかた
ジョ
おんな
◆ニョ◆ニョウ
◆め

つかいかた
女子(じょし)サッカー
長女(ちょうじょ)・次女(じじょ)
女(おんな)の子(こ)

▼かきじゅん ▼かいて おぼえましょう

1 2 3

女(おんな)

3かく

できかた

すわって　いる　おんなの　ひとの　かたちから　できた。

▼なぞりましょう

女と男

女のひと

小さな女の子

女ものの　コート

女↔男　はんたいの　かんじを　おぼえよう。

きょうかしょ下10ページ

手

よみかた
シュ
て
◆た

つかいかた
かたい あく手(しゅ)
手(て)を つなぐ
手足(てあし)を のばす

▼かきじゅん ▼かいて おぼえましょう

1 2 3 4 手

手(て)
4かく

できかた
ひらいた ての かたちから できた。

▼なぞりましょう

手をたたく
手っとりばやい
りょう手でもつ
手がかりがない

きょうかしょ下10ページ

天

うえより みじかく
はらう

よみかた
テン
あま
◆あめ

つかいかた
天(てん)まで のぼれ
天気(てんき)が よい
天(あま)の川(がわ)

▼かきじゅん ▼かいて おぼえましょう

1 2 3 4 天

大(だい)
4かく

おぼえかた
☆ 一＋大＝天
「天は 一ばん 大きいぞ」と おぼえよう。

▼なぞりましょう

天までとどけ
天ぷらがすき
たかい天じょう
天きがわるい

月　日

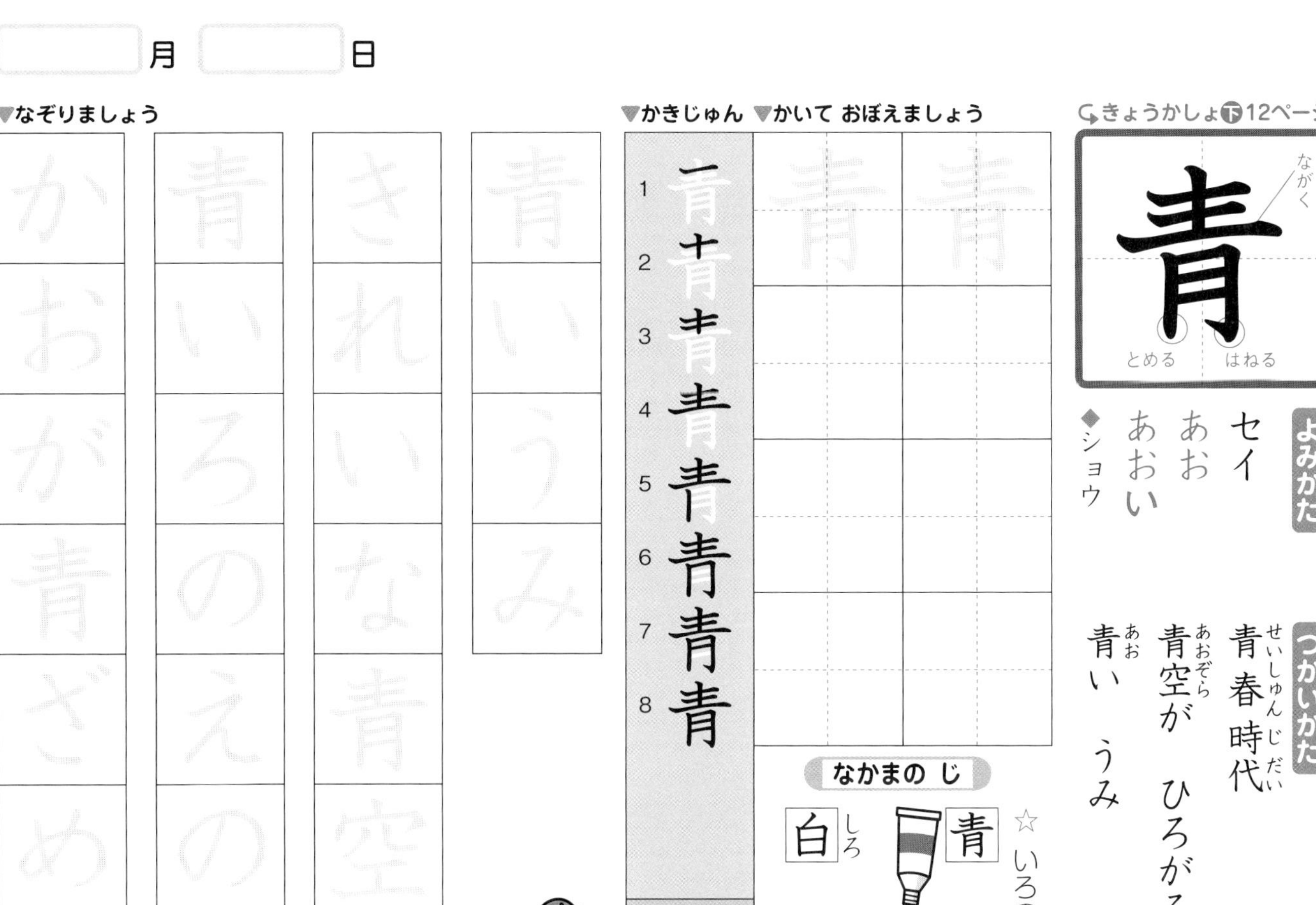

かんじクイズ 2

みんなの　ぼうしが　かぜで　とばされちゃった。
だれの　ぼうしか、――せんで　むすぼう。
（ぼうしと　シャツの　くみあわせで、かんじに　なるよ。）

こたえ↓12ページ

月　　日

ぴったり2 れんしゅう

くじらぐも

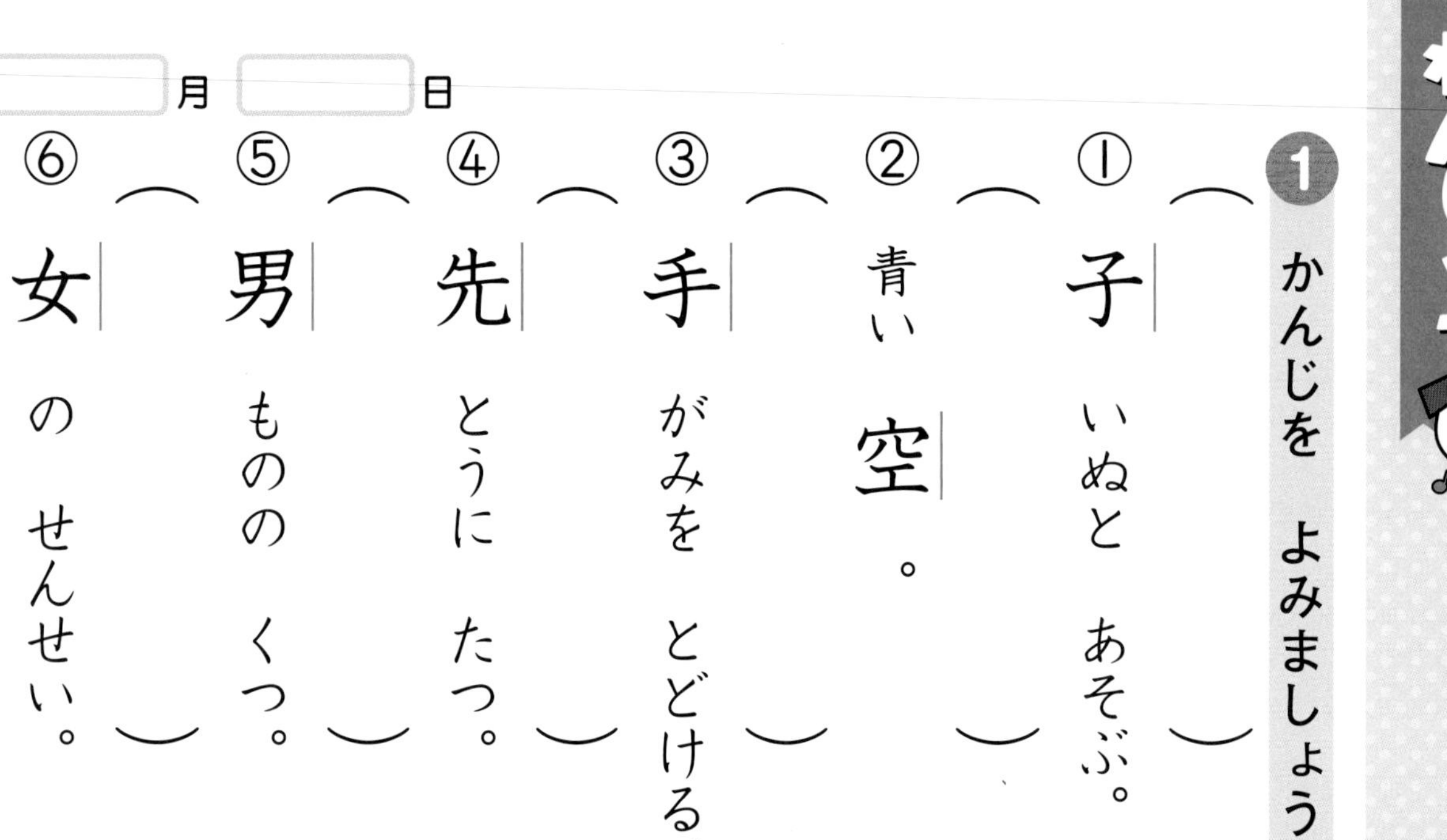

1 かんじを よみましょう。

①（　　）子いぬと あそぶ。

②（　　）青い空。

③（　　）手がみを とどける。

④（　　）先とうに たつ。

⑤（　　）男ものの くつ。

⑥（　　）女の せんせい。

2 □に かんじを かきましょう。

① □（てん）きが わるい。

② □（あお）い うみ。

③ □（て）を あらう。

④ まいにちの □（せい）かつ。

⑤ □□（せんせい）に きく。

⑥ □（そら）を みる。

⑦ □（おとこ）の ひと。

⑧ 小さな □（おんな）の子。

⑨ 三にんの □（こ）どもたち。

⑩ □（てん）ぷらを たべる。

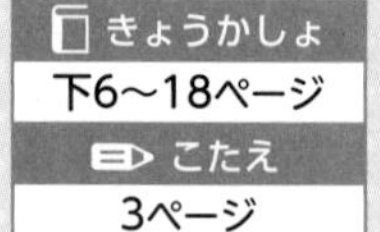

きょうかしょ 下6～18ページ
こたえ 3ページ

ぴったり1 じゅんび
まちがいを なおそう
あたらしく がくしゅうする かん字
きょうかしょ 下19ページ
月 日
文
はらう はらう
よみかた
ブン
モン〈モ〉
◆ふみ
つかいかた
文（ぶん）を よむ
天文台（てんもんだい）
文字（もじ（もんじ））を かく
かきじゅん かいて おぼえましょう
文（ぶん） 4かく
一くちちしき
「文字」は、「もじ」・「もんじ」と よむ。でも、「文」を「も」と よむのは、「文字」くらいだね。
なぞりましょう
文かのひ
文のいみ
×丶亠文文 かきじゅんに ちゅうい！
字
つける はねる とめる はねる
よみかた
ジ
◆あざ
つかいかた
字（じ）を かく
かん字（じ）を ならう
むずかしい 字（じ）
字（こ） 6かく
かたちの にた 字
学（がく） 字
ちがいに ちゅうい！
「かん字」「すう字」「ローマ字」… いろいろな「字」が あるね。
かん字の たしざんを やって みよう
一＋止＝
一を うえに おくよ。
こたえは 12ページ

月　日

きょうかしょ下19ページ

正

つける　ながく

よみかた
セイ
ショウ
ただしい
ただす・まさ

つかいかた
学校(がっこう)の　正門(せいもん)
正月(しょうがつ)やすみ
正(ただ)しい　こたえ

▼かきじゅん
1 正
2 正
3 正
4 正
5 正

正　とめる
5かく

▼かいて おぼえましょう
正　正

一くちちしき 
五かくで　みやすいから、かずを　かぞえる　ときに　つかう。

▼なぞりましょう
正しい　ひと
正しく　こたえる
正しい　おこない
しせいを　正す

「正」を　かく　ときは　かきじゅんにも　きを　つけましょう。

月　日

ぴったり1 じゅんび

あたらしく がくしゅうする かん字

しらせたいな、見せたいな

きょうかしょ 下20〜23ページ

きょうかしょ下20ページ

見

うえに　はねる　はらう

よみかた
ケン
みせる
みる
みえる

つかいかた
工場見学（こうじょうけんがく）
とけいを 見（み）る
山（やま）が 見（み）える

できかた 
目（め）に あしが ある ことを あらわした。かたちで、みる

かきじゅん　かいて おぼえましょう
1 見 2 見 3 見 4 見 5 見 6 見 7 見

見（みる）
7 かく

なぞりましょう
空を見あげる
しゃしんを見た

きょうかしょ下20ページ

学

むきに ちゅうい　はねる　とめる　はねる

よみかた
ガク（ガッ）
まなぶ

つかいかた
小学生（しょうがくせい）
かん字（じ）を 学（まな）ぶ
ねっしんに 学（まな）ぶ

できかた 
子どもが まなぶ から、したに 子 が ある。

かきじゅん　かいて おぼえましょう
1 学 2 学 3 学 4 学 5 学 6 学 7 学 8 学

学（こ）
8 かく

なぞりましょう
にゅうがくしき
こくご学しゅう

かん字の たしざんを やって みよう

儿＋目＝□

これから ならう かん字だよ。

こたえは 12ページ

月　日

きょうかしょ㊦20ページ

校

とめる　はらう　とめる　はらう

よみかた
コウ

つかいかた
学校(がっこう)へ　いく
校長先生(こうちょうせんせい)
校歌(こうか)を　うたう

かきじゅん　かいて おぼえましょう

1〜10　校

校　きへん

10かく

なかまの 字
木(きへん)が　ある　かん字を　あつめよう。
校　林(はやし)　村(むら)

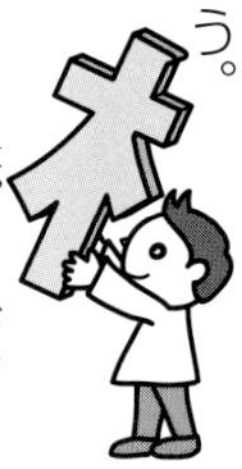

学校へ　いく　→　「とう校」
学校から　かえる→　「げ校」

なぞりましょう

てん校
とう校び
学校の校しゃ
校ていであそぶ

よみかたが　あたらしい　かん字

かん字	よみかた	つかいかた	まえの よみかた
生	いきる いかす いける	生(い)きる　いみ	一(いち)ねん生(せい)
先	さき	先(さき)に　いく	先生(せんせい)

かん字には　いろいろな　よみかたが　あるね。

ひとつ　ひとつ　しっかりと　おぼえて　いきましょう。

月　日

ぴったり2 れんしゅう

まちがいを なおそう しらせたいな、見せたいな

きょうかしょ 下19～23ページ
こたえ 3ページ

1 かん字を よみましょう。

①（　）みじかい 文。
②（　）字を かく。
③（　）こたえが 正しい。
④（　）あたらしい 校しゃ。
⑤（　）なが生きする。
⑥（　）ゆびの 先で ふれる。

2 □に かん字を かきましょう。

① やまが □(み)える。
② □(がく)ねんが あがる。
③ □(ぶん)しょうを よむ。
④ れいぎ□(ただ)しい ひと。
⑤ もりの □(い)きもの。 
⑥ □(さき)に かえる。
⑦ □(こう)ていに あつまる。
⑧ 先生に □(み)せる。
⑨ 一□(がっ)きが おわる。
⑩ まちがいを □(ただ)す。

月　日

ぴったり1 じゅんび

かん字の　はなし

きょうかしょ 下24～27ページ

あたらしく　がくしゅうする　かん字

きょうかしょ下24ページ

山

ながく　すこし　だす

よみかた
サン
やま

つかいかた
アルプス登山（とざん）
山（やま）に　のぼる
たかい　山（やま）

できかた
やまの　かたちから　できた。

かきじゅん 1 2 3

山（やま）　3かく

▼かいて おぼえましょう

山　山

▼なぞりましょう

山みち

たからの山

きょうかしょ下24ページ

水

はなす　はらう　はねる　はらう

よみかた
スイ
みず

つかいかた
水（すい）ようび
水（みず）が　ながれる
水（みず）あそび

できかた 
みずの　ながれる　ようすから　できた。

かきじゅん 1 2 3 4

水（みず）　4かく

▼かいて おぼえましょう

水　水

▼なぞりましょう

つめたい水

水さいばい

かん字の　たしざんを　やって　みよう

ロ ＋ 十 ＝ □

ロの　なかに　いれて　みてね。

こたえは　12ページ

月　日

雨

きょうかしょ下25ページ

むきに ちゅうい　とめる　はねる

よみかた
ウ
あめ
あま

つかいかた
風雨（ふうう）が　つよまる
雨（あめ）が　ふる
雨（あま）ぐつを　はく

かきじゅん　1〜8
雨（あめ）　8かく

かいて おぼえましょう

できかた
空の　くもから　あめが　ふる　ようすから　できた。

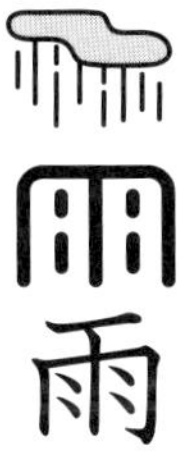

なぞりましょう
雨が　ふる
雨もよう
大雨に　なる
くもりのち雨

「⺀」は、雨つぶなんだね。

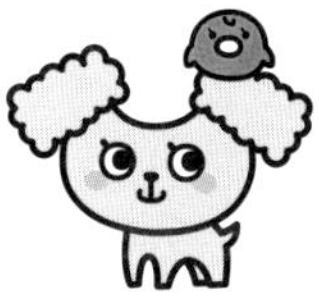

上

きょうかしょ下25ページ

まんなかに　おろす　とめる

よみかた
ジョウ
うえ・うわ
かみ・あげる
あがる・のぼる
◆ショウ
◆のぼせる・のぼす

つかいかた
ビルの　屋上（おくじょう）
つくえの　上（うえ）
もち上（あ）げる

かきじゅん　1〜3
上（いち）　3かく

かいて おぼえましょう

できかた
うえに　ものが　あることを　しめす　しるしから　できた。

なぞりましょう
山の上
くもの上
上にのせる
上から見おろす

○上（あ）げる　×上（あげ）る
○上（のぼ）る　×上（の）ぼる
おくりがなに　ちゅうい！

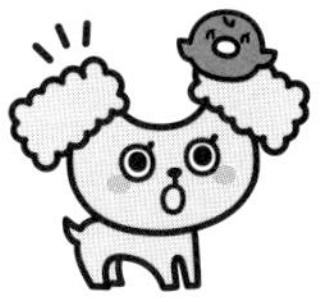

月　日

きょうかしょ下25ページ

下

とめる

よみかた
カ・ゲ
した・しも・さげる
さがる・くだる
くだす・くださる
おろす・おりる
◆もと

つかいかた
地下（ちか）・上下（じょうげ）
つくえの　下（した）
あたまを　下（さ）げる

かきじゅん
1 下
2 下
3 下
下（いち）
3かく

かいて おぼえましょう

できかた
したに　ものが　ある　ことを　しめす　しるしから　できた。

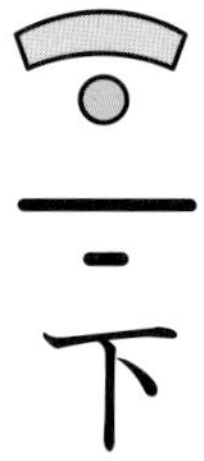

上↕下　はんたいの　かん字を　おぼえよう。

なぞりましょう
木の下
上と下
下じきを　つかう
としの子ども

きょうかしょ下26ページ

日

あきが　おなじ

よみかた
ニチ
ジツ
ひ
か

つかいかた
日（にち）よう日（び）
日（ひ）が　のぼる
三日（みっか）ぼうず

かきじゅん
1 日
2 日
3 日
4 日
日（ひ）
4かく

かいて おぼえましょう

できかた
おひさまの　かたちから　できた。

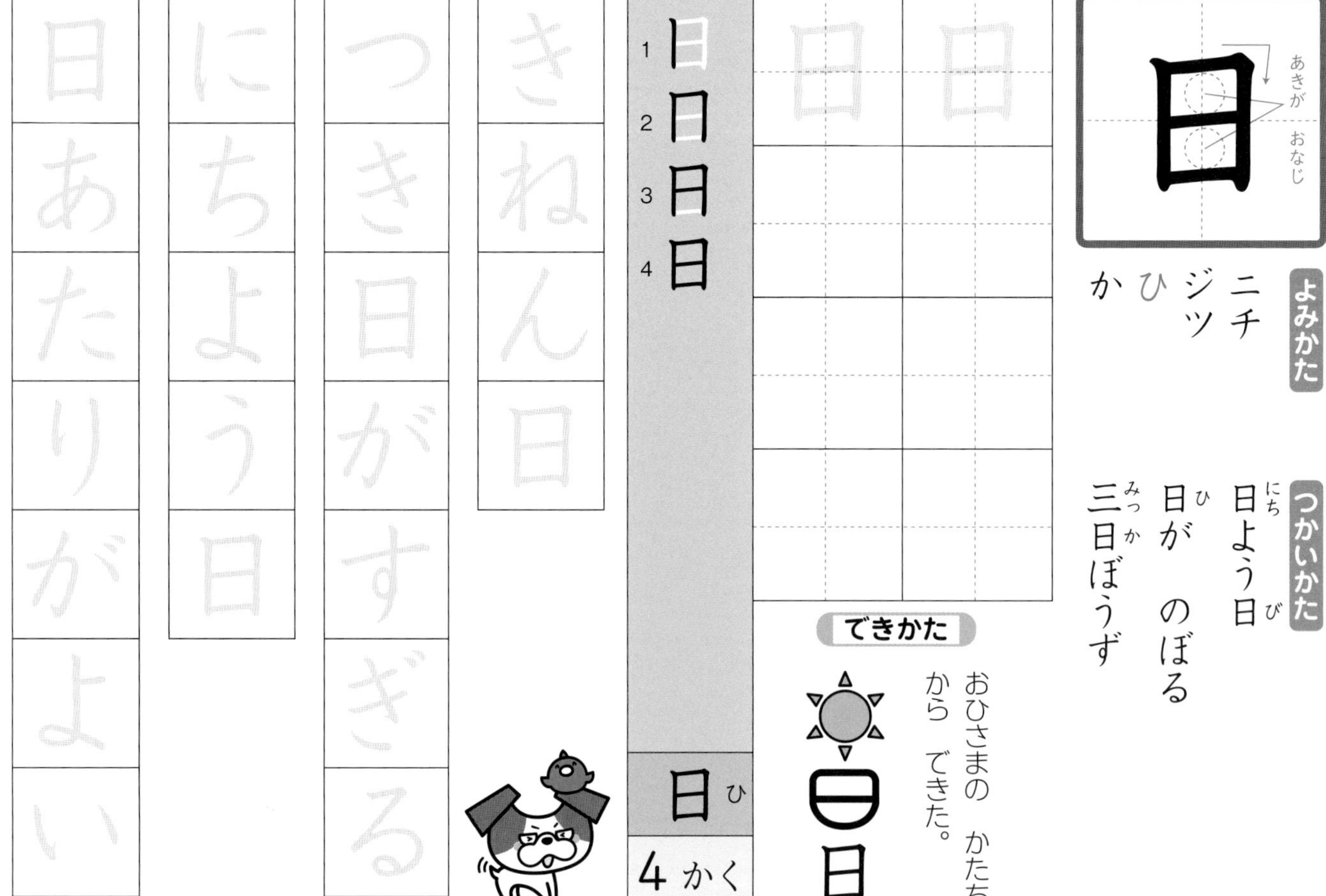

なぞりましょう
きねん日
つき日が　すぎる
にちよう日
日あたりが　よい

月　日

きょうかしょ下26ページ

火

とめる　はらう

よみかた
カ　ひ　◆ほ

つかいかた
火(か)よう日(び)
火(ひ)のようじん
火(ひ)を　つける

▼かきじゅん
1 火　2 火　3 火　4 火

火(ひ)
4 かく

▼かいて おぼえましょう
火　火

できかた
ひが　もえて　いる
ようすから　できた。
火　火

▼なぞりましょう
ろうそくの火
はなび火があがる
火をけす
火ばながとぶ

きょうかしょ下26ページ

田

ださない　ださない

よみかた
デン　た

つかいかた
水田(すいでん)が　ひろがる
田(た)を　たがやす
田(た)うえの　きせつ

▼かきじゅん
1 田　2 田　3 田　4 田　5 田

田(た)
5 かく

▼かいて おぼえましょう
田　田

できかた
たんぼの　かたちか
ら　できた。
田　田

▼なぞりましょう
田やはたけ
田をたがやす
ひろがる田はた
田んぼのかえる

月　日

川

きょうかしょ下26ページ

はらう　とめる　ながく

よみかた
かわ
◆セン

つかいかた
川（かわ）が　ながれる
川上（かわかみ）と　川下（かわしも）
はるの　小川（おがわ）

かきじゅん
1 2 3

川（かわ）
3かく

かいて　おぼえましょう

できかた
水の　ながれて　いる　かわの　かたちから　できた。

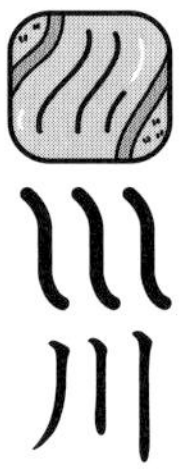

かきじゅんは　ひだりから　みぎへ、1・2・3。

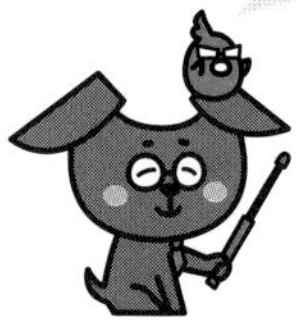

なぞりましょう
川ぎし
川で　あそぶ
たに川の　ながれ
あまの川を　見る

竹

きょうかしょ下27ページ

はらう　とめる　はねる

よみかた
チク
たけ

つかいかた
竹林（ちくりん）
竹（たけ）の子を　ほる
竹（たけ）うまで　あそぶ

かきじゅん
1 2 3 4 5 6

竹（たけ）
6かく

かいて　おぼえましょう

できかた
たけが　はえて　いる　かたちから　できた。

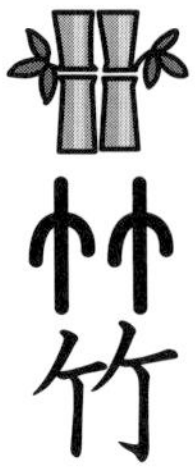

なぞりましょう
竹かごを　あむ
ながい　竹ざお
竹うまで　あそぶ
おいしい　竹の子

月　日

▼なぞりましょう

月のひかり

たいようと月

月にてらされる

まるいお月さま

▼かきじゅん ▼かいて おぼえましょう

1 月 2 月 3 月 4 月

月（つき）

4 かく

きょうかしょ下27ページ

月

はらう　はねる

よみかた

ガツ　ゲツ　つき

つかいかた

お正月（しょうがつ）
月（げつ）よう日（び）
月（つき）が　でた

できかた

みかづきの　かたちから　できた。

かいて　おぼえる　ときは　はらう　とめる　はねるに　ちゅういしましょう。

かん字クイズ３

ひだりの　三つの　えだの　どれかを　みぎがわに　もって　きて　かさねると　できる　かん字を　かこう。

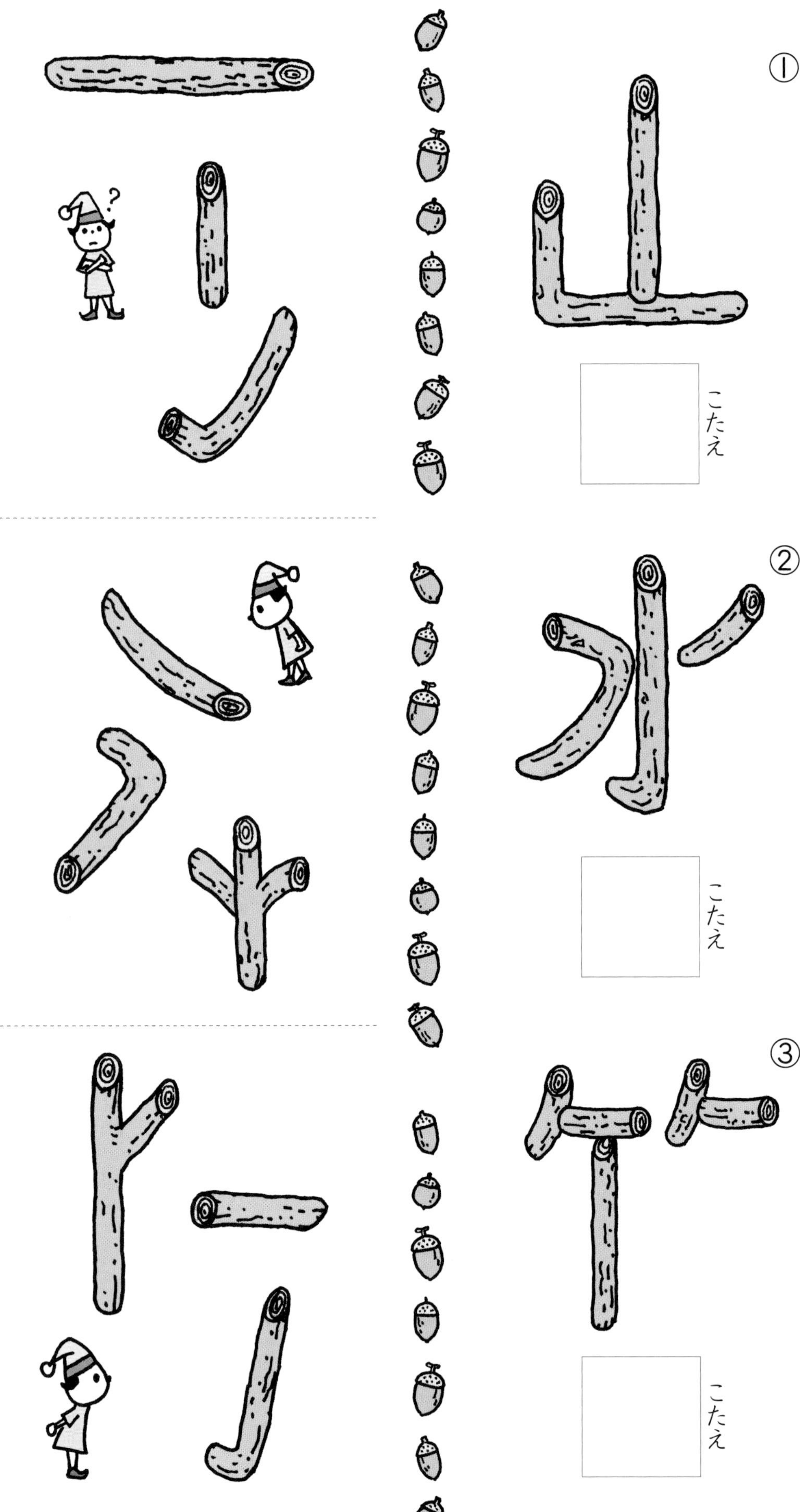

こたえ↓12ページ

かん字の はなし

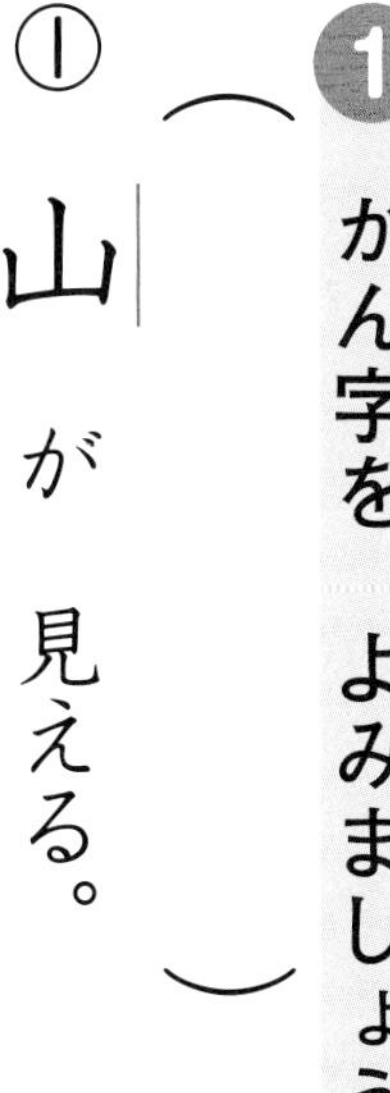

きょうかしょ 下24～27ページ
こたえ 4ページ

1 かん字を よみましょう。

①（　　）山が 見える。

②（　　）水でっぽう。

③（　　）雨が ふる。

④（　　）上を むく。

⑤（　　）下を 見る。

⑥（　　）田の あぜみち。

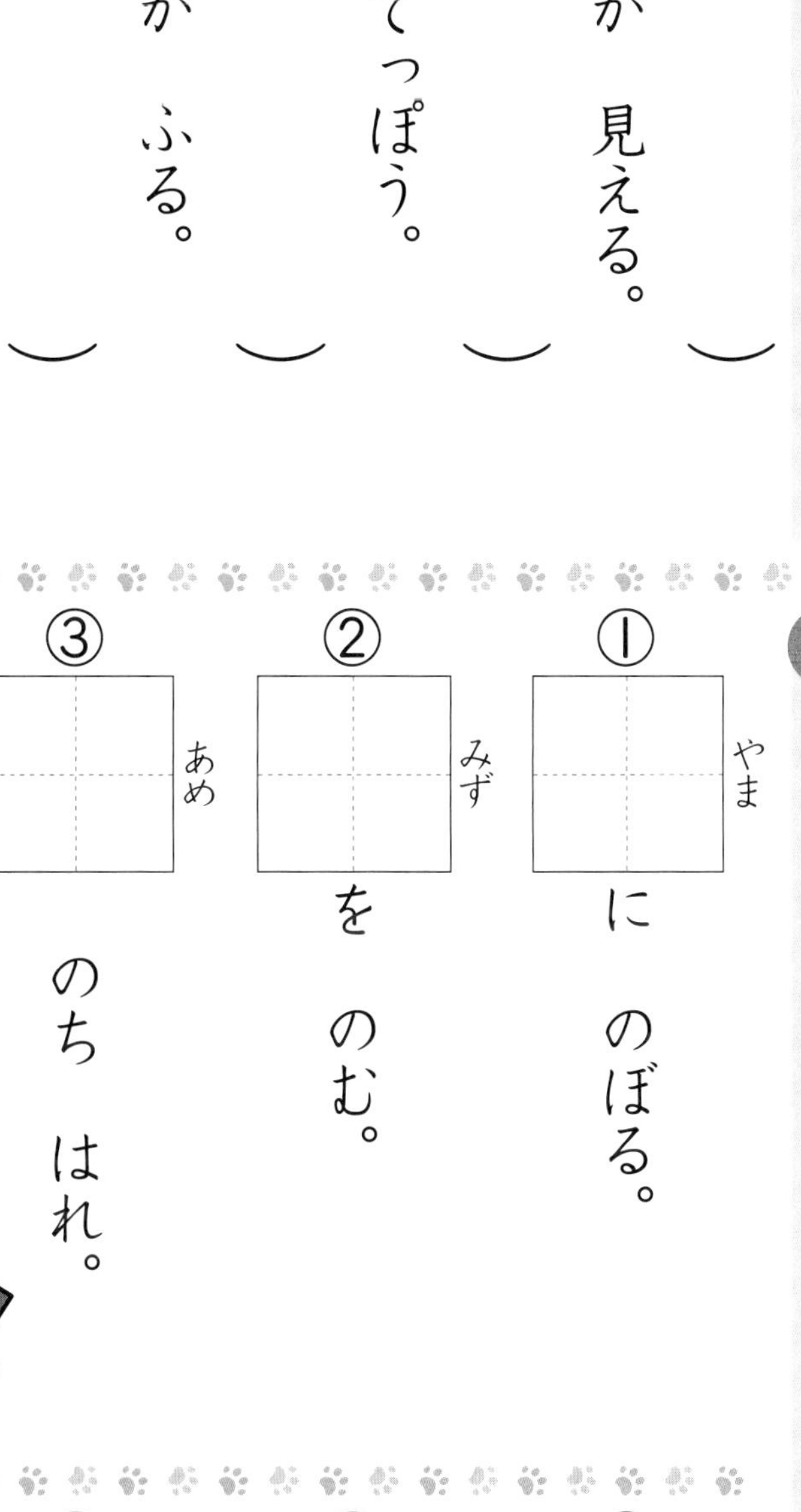

2 □に かん字を かきましょう。

① □（やま）に のぼる。

② □（みず）を のむ。

③ □（あめ）のち はれ。

④ おかの □（うえ）。

⑤ さかの □（した）。

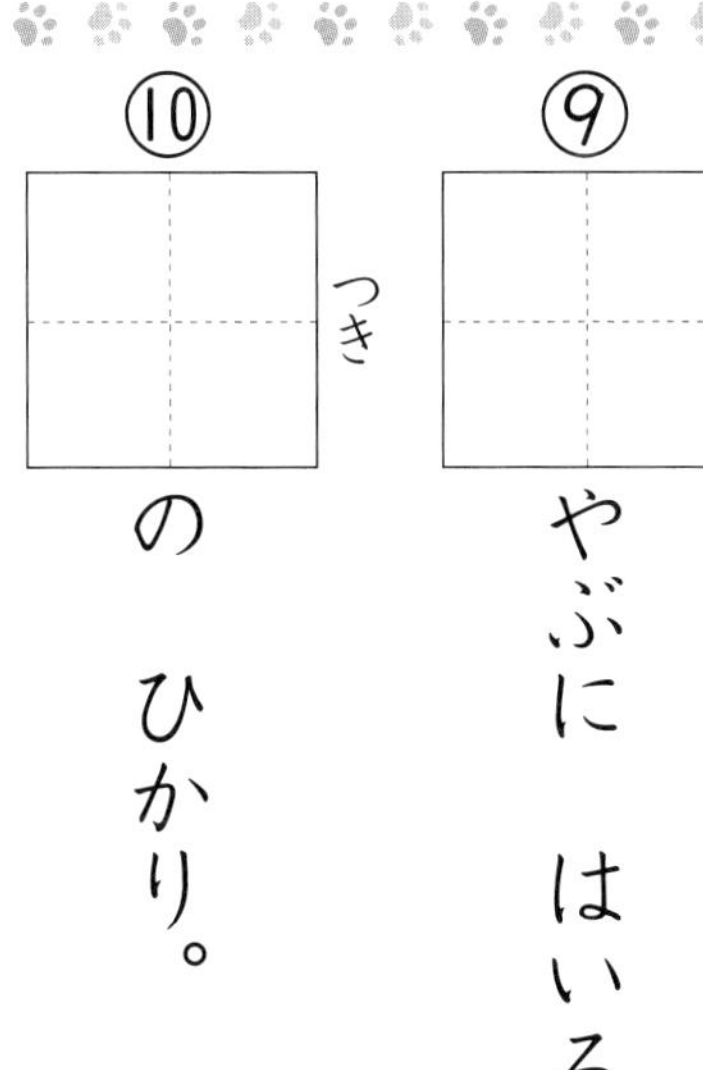

⑥ □（ひ）にちを かぞえる。

⑦ □（ひ）を もやす。

⑧ □（かわ）が ながれる。

⑨ □（たけ）やぶに はいる。

⑩ □（つき）の ひかり。

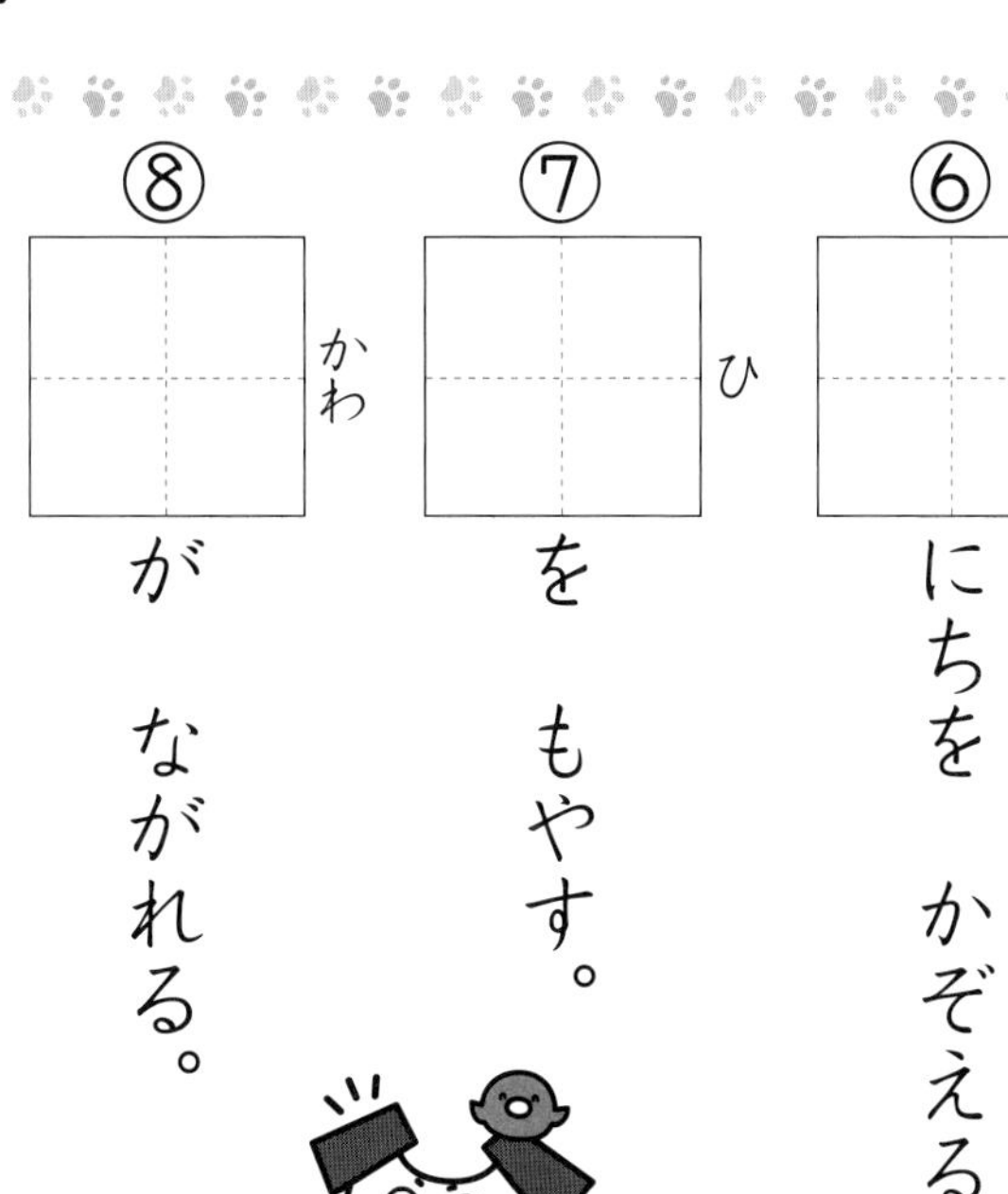

月　日

ぴったり2 れんしゅう

かん字の　はなし

きょうかしょ 下24～27ページ
こたえ 4ページ

1 かん字を　よみましょう。

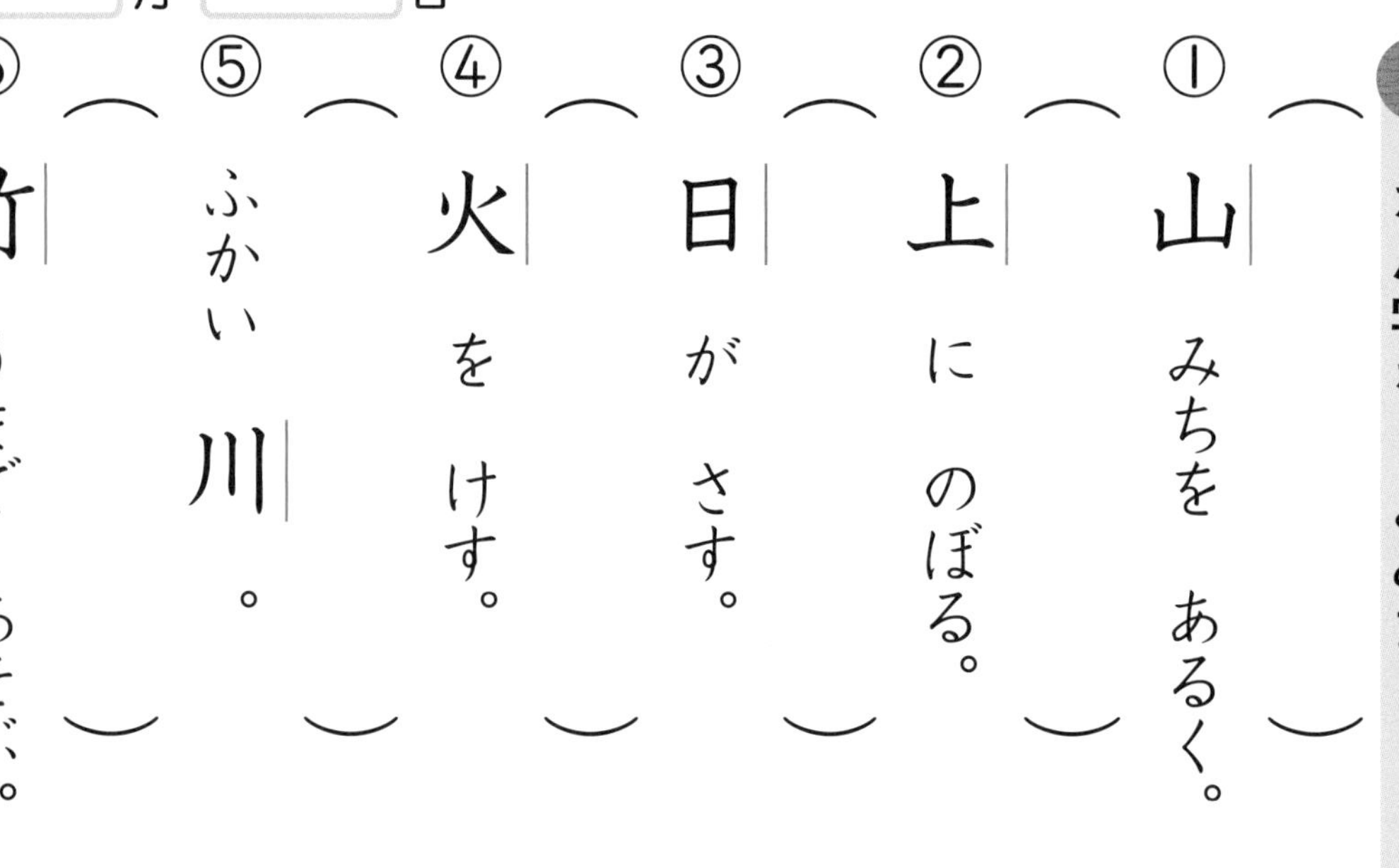

①（　）山　みちを　あるく。
②（　）上に　のぼる。
③（　）日が　さす。
④（　）火を　けす。
⑤ ふかい（　）川。
⑥（　）竹うまで　あそぶ。

2 □に　かん字を　かきましょう。

① □（ひ）が　しずむ。
② たかい　□（やま）。
③ つめたい　□（みず）。
④ □（あめ）に　ぬれる。
⑤ □（した）に　おりる。

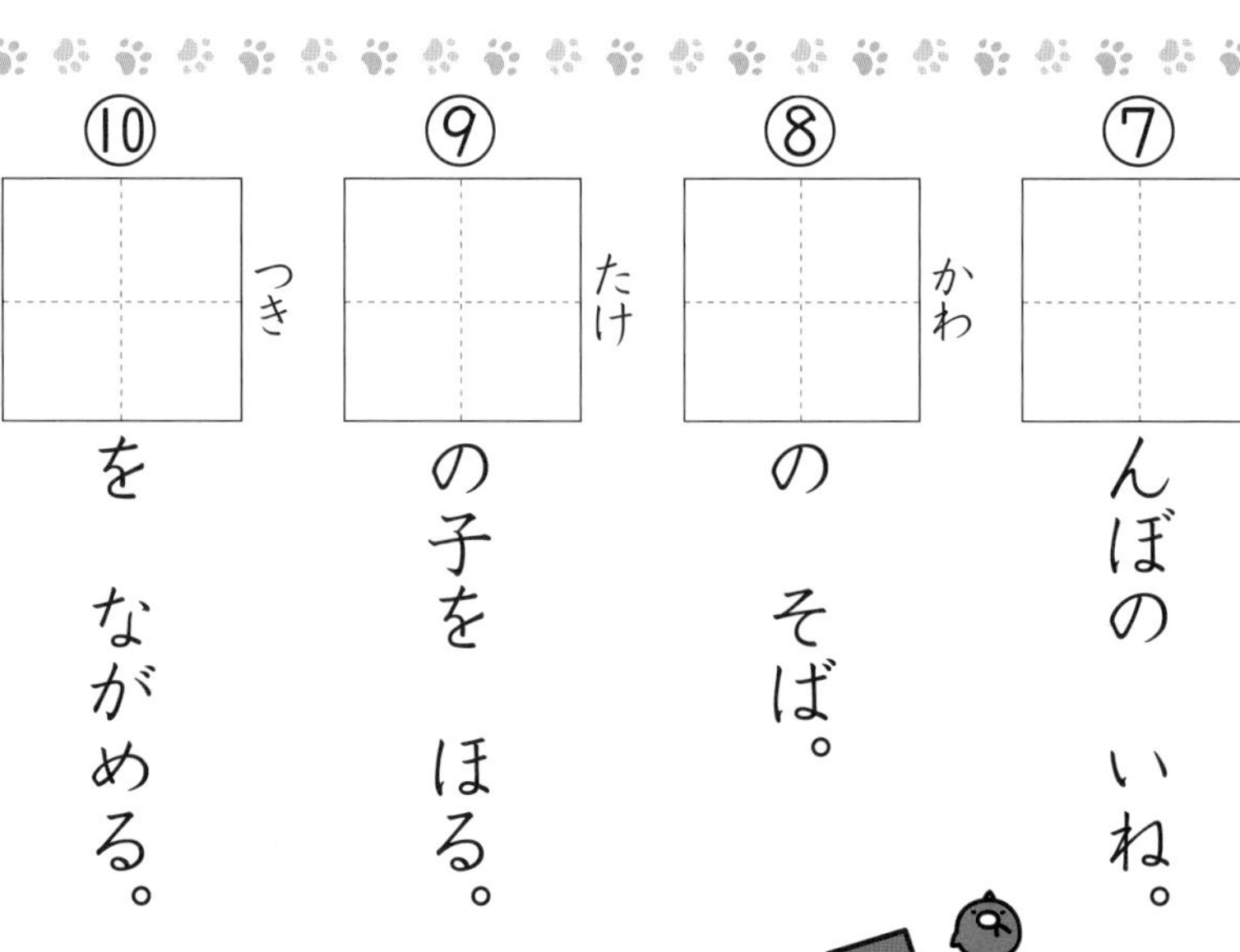

⑥ ろうそくの　□（ひ）。
⑦ □（た）んぼの　いね。
⑧ □（かわ）の　そば。
⑨ □（たけ）の子を　ほる。
⑩ □（つき）を　ながめる。

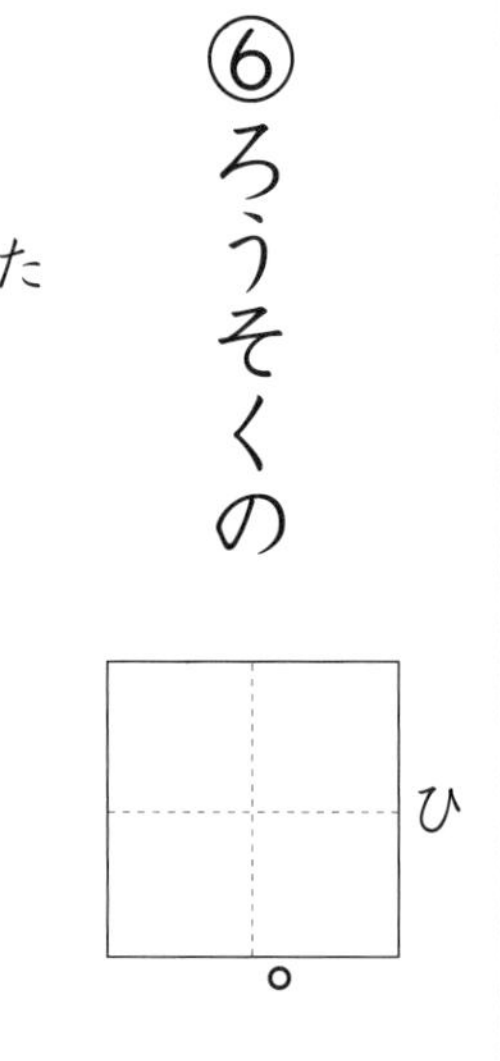

月　日

ぴったり1 じゅんび

じどう車くらべ
じどう車ずかんを つくろう

あたらしく がくしゅうする かん字

きょうかしょ 下30～37ページ

きょうかしょ下30ページ

車

ながく

まんなかを とおす

よみかた

シャ

くるま（ぐるま）

つかいかた

じどう車（しゃ）

車（くるま）が はしる

車（くるま）の うんてん

かきじゅん

1 2 3 4 5 6 7

車（くるまへん）

7 かく

できかた

くるまの ついた のりものの かたちから できた。

かいて おぼえましょう

なぞりましょう

クレーン車

きゅうきゅう車

きょうかしょ下31ページ

人

はらう　はらう

よみかた

ジン

ニン

ひと

つかいかた

にっぽん人（じん）

三人（さんにん）の 女（おんな）の子（こ）

人（ひと）と はなす

かきじゅん

1 2

人（ひと）

2 かく

できかた

たって いる ひとの かたちから できた。

かいて おぼえましょう

なぞりましょう

となりの人

まちで人とあう

かん字の たしざんを やって みよう

亘 ＋ 十 ＝ □

これから ならう かん字だよ。

こたえは 12ページ

月　日

きょうかしょ下37ページ

気

はらう　とめる　はねる

よみかた
キ
ケ

つかいかた
気(き)を　つける
天気(てんき)が　よい
さむ気(け)が　する

かきじゅん
1 2 3 4 5 6
気　きがまえ
6かく

かいて　おぼえましょう
気　気

字の　いみ
①くうき。
②きもち。
すんだ　空気(くうき)で　いい　気もち。

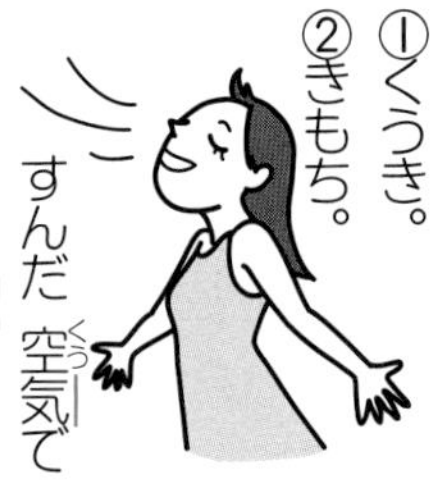

なぞりましょう
げんき気
気もちが　よい
気の　つよい　人
かなしい　気もち

よみかたが　あたらしい　かん字

かん字	よみかた	つかいかた	まえの　よみかた
上	あげる あがる	つり上(あ)げる	つくえの　上(うえ)

月　日

ぴったり1 じゅんび

たぬきの 糸車

きょうかしょ 下44～55ページ

あたらしく がくしゅうする かん字

きょうかしょ下44ページ

糸

はらう　とめる　とめる

よみかた

シ

いと

つかいかた

金糸（きんし）

糸（いと）を まく

つり糸（いと）を たらす

かきじゅん

1〜6

糸（いと） 6かく

かいて おぼえましょう

できかた

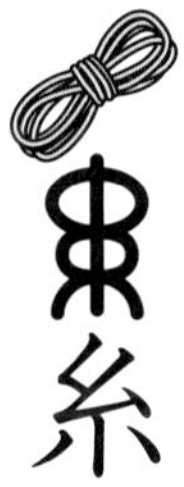

いとを たばねた かたちから できた。

なぞりましょう

糸でつりさげる

くもが糸をだす

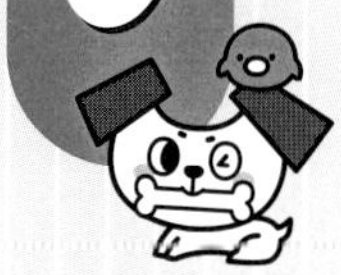

きょうかしょ下46ページ

目

あきが おなじ

よみかた

モク

め

◆ボク

◆ま

つかいかた

目（もく）てきの ばしょ

目（め）の まえ

目（め）が さめた

かきじゅん

1〜5

目（め） 5かく

かいて おぼえましょう

できかた

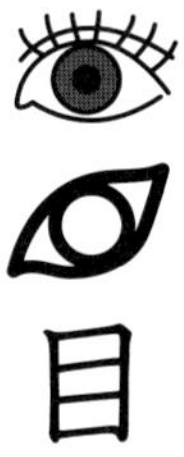

めの かたちから できた。

なぞりましょう

はなと目とくち

ひどい目にあう

かん字の たしざんを やって みよう

十 ＋ 一 ＝ □

どちらが 上に なるのかな。

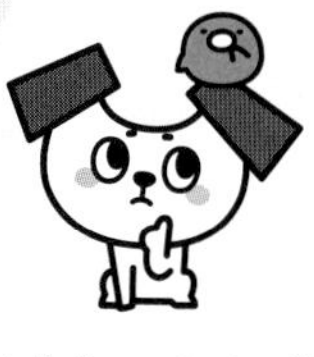

こたえは 12ページ

月　日

きょうかしょ下46ページ

玉

わすれないで
ながく

よみかた

ギョク
たま（だま）

つかいかた

玉石（ぎょくせき）
とんぼの 目玉（めだま）
水玉（みずたま）もよう

かきじゅん

1 一　2 丅　3 干　4 王　5 玉

玉（たま）
5かく

かいて おぼえましょう

玉 玉

かたちの にた 字

王（おう）　玉

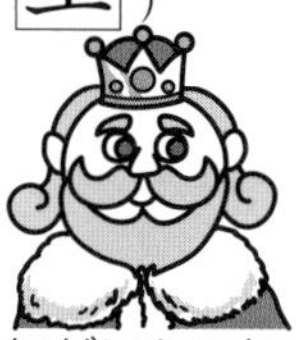

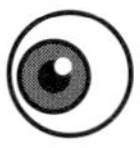

ちがいに ちゅうい！

×王 ○玉
「、」を つけると いみが かわるね。

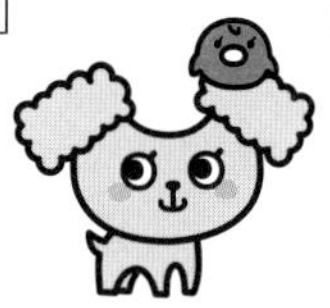

なぞりましょう

玉ねぎ
ガラス玉
玉をころがす
玉のようなあせ

きょうかしょ下49ページ

村

みじかく とめる
とめる　はねる

よみかた

ソン
むら

つかいかた

山村（さんそん）の くらし
しずかな 村（むら）
村人（むらびと）たち

かきじゅん

1 一　2 十　3 才　4 木　5 木一　6 村　7 村

村（きへん）
7かく

かいて おぼえましょう

村 村

かたちの にた 字

林（はやし）　村

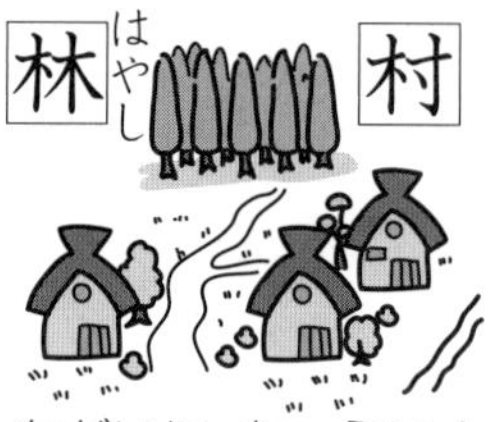

ちがいに ちゅうい！

なぞりましょう

村の田んぼ
村まつり
山おくの村
村をながれる川

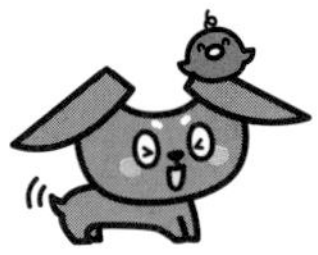

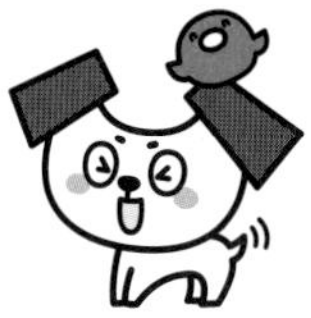

月　日

きょうかしょ下50ページ

白

つける

よみかた
ハク
しろ・しら
しろい
◆ビャク

つかいかた
白鳥(はくちょう)が　はばたく
白(しろ)ざとう
白(しろ)い　糸(いと)

▼かきじゅん
1 2 3 4 5
白(しろ)　5 かく

▼かいて おぼえましょう
白 白

できかた
どんぐりの　かたちから　できた。
どんぐりの　みは　しろいからだよ。

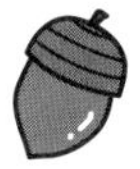

▼なぞりましょう
白い　糸
白い　ゆき
白くまの　おや子
白はたを　あげる

「白い　ゆき」↔「白(しら)ゆき」
よみかたが　かわるよ。
おぼえて　おこう。

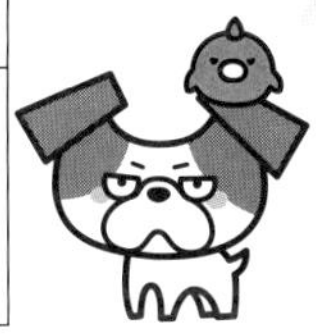

きょうかしょ下50ページ

土

ながく

よみかた
ド
ト
つち

つかいかた
土(ど)よう日(び)
土地(とち)を　たがやす
土(つち)を　ほりかえす

▼かきじゅん
1 2 3
土(つち)　3 かく

▼かいて おぼえましょう
土 土

できかた
くさの　めが　つちから　でる　ようすから　できた。

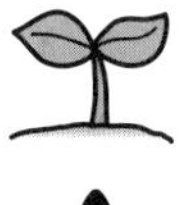

▼なぞりましょう
ねん土
土よう日
土手を　のぼる
土そくきんし

この　あとで　よう日の　かんじを　がくしゅうします。

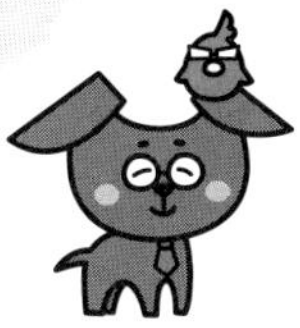

月　日

きょうかしょ下50ページ

音

ながく

よみかた

オン

おと

ね

◆イン

つかいかた

音(おん)がくを　きく

音(おと)が　きこえる

ふえの　音(ね)

かきじゅん

1 音
2 音
3 音
4 音
5 音
6 音
7 音
8 音
9 音

音(おと)

9かく

かいて　おぼえましょう

音　音

一くちちしき

「音(ね)」は、ほそくて　きれいな　音の　ときに　いう。

ふえの　音(ね)
虫(むし)の　音(ね)

なぞりましょう

あし音

なみの音

音がきこえる

車のはしる音

よみかたが　あたらしい　かん字

かん字	よみかた	つかいかた	まえの よみかた
車	くるま	車(くるま)に　のる	じどう車(しゃ)
下	おりる おろす	とび下(お)りる	木(き)の　下(した)

よみかたが　あたらしい　かん字は　まえの　よみかたも　わすれないように。

ぴったり2 れんしゅう

じどう車くらべ
じどう車ずかんを　つくろう
たぬきの　糸車

月　　日

1 かん字を　よみましょう。

① 車が　はしる。（　）
② 人を　のせる。（　）
③ もち上げる。（　）
④ 気もちが　いい。（　）
⑤ 山を　下りる。（　）
⑥ 目が　かゆい。（　）

2 □に　かん字を　かきましょう。

① じどう□（しゃ）に　のる。
② おおぜいの　□（ひと）。
③ □（き）が　つく。
④ シャボン□（だま）
⑤ □（むら）に　すむ。

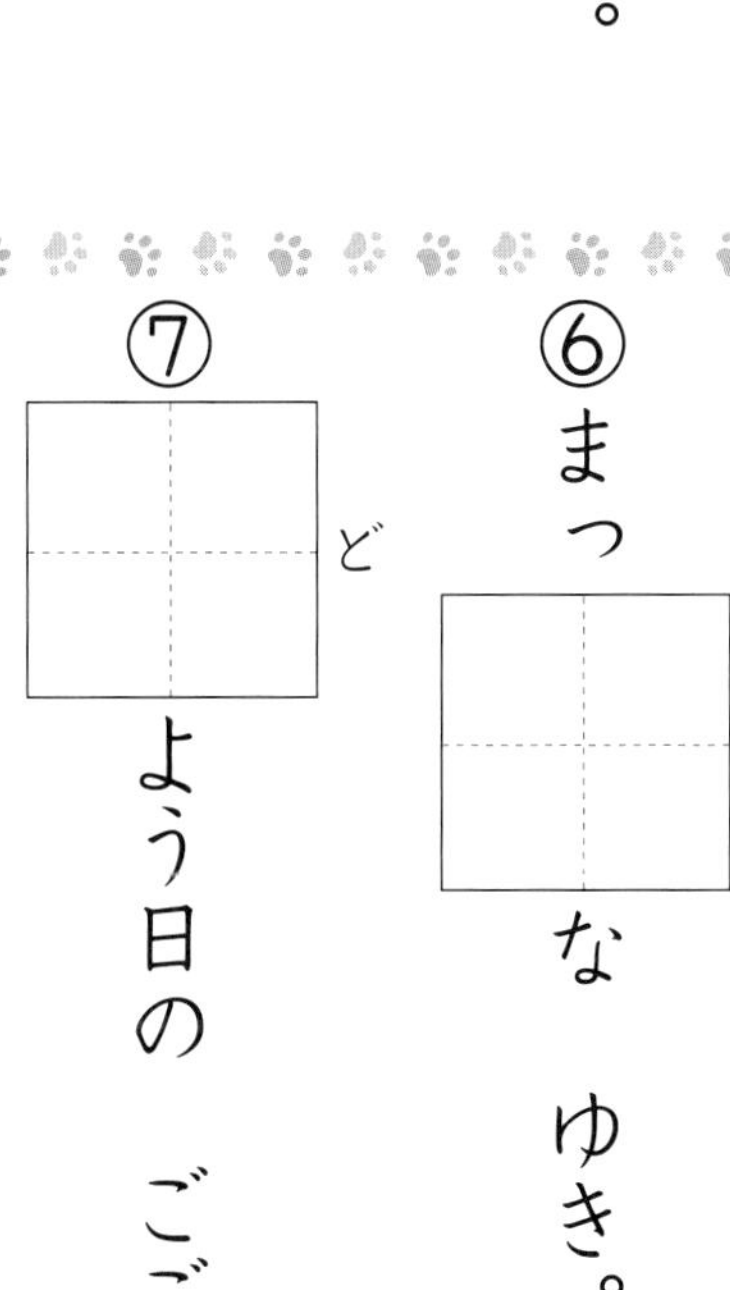

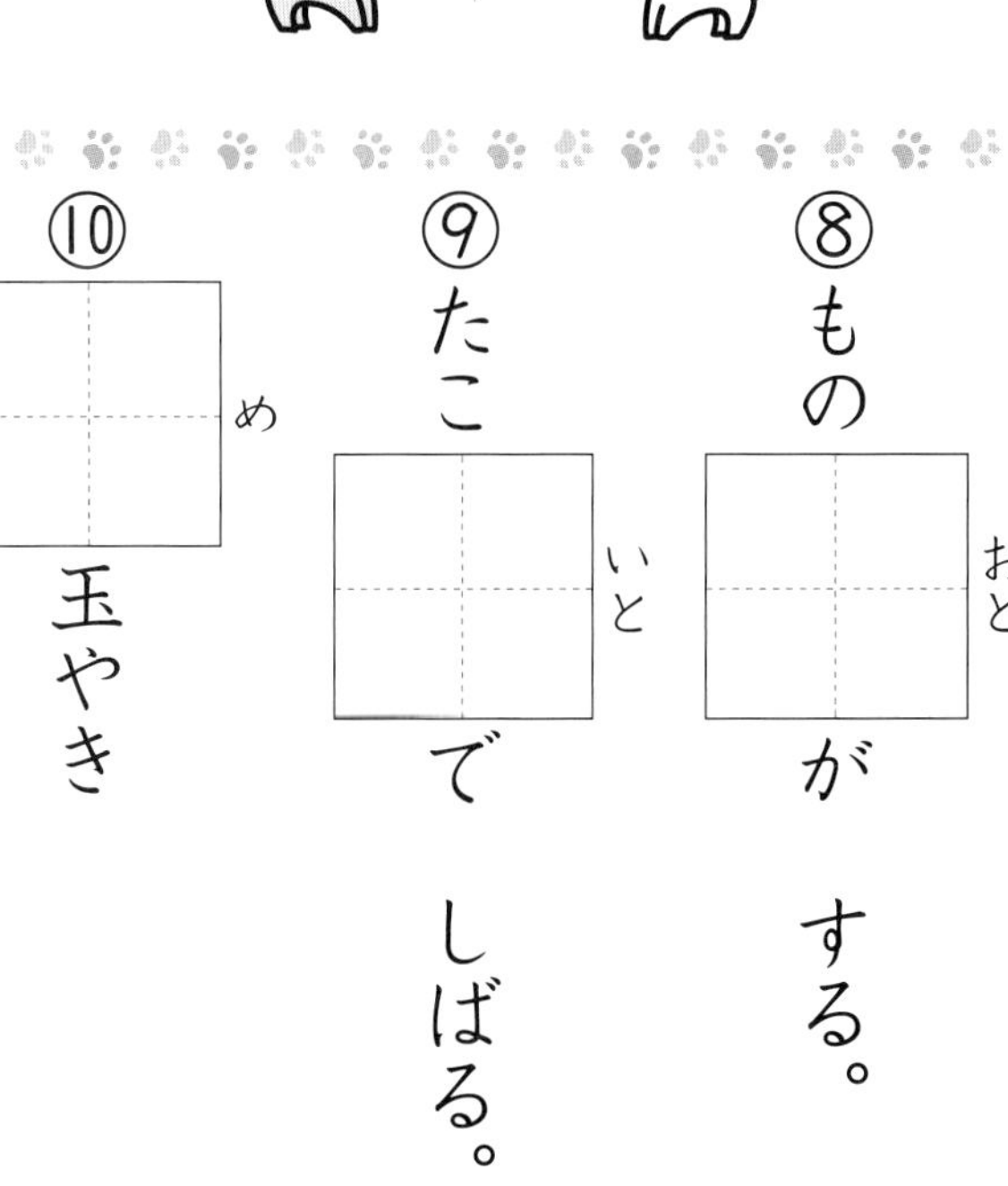

⑥ まっ□（しろ）な　ゆき。
⑦ □（ど）よう日の　ごご。
⑧ もの□（おと）が　する。
⑨ たこ□（いと）で　しばる。
⑩ □（め）玉やき

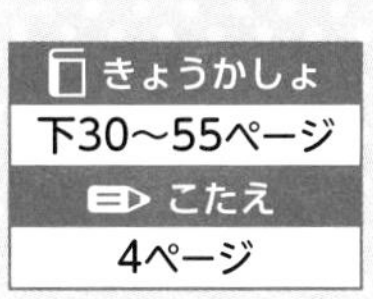
きょうかしょ 下30〜55ページ
こたえ 4ページ

じどう車くらべ
じどう車ずかんを　つくろう
たぬきの　糸車

1 かん字を　よみましょう。

①（　）となり村の　人。
②（　）白い　うさぎ。
③（　）ねん土で　あそぶ。
④（　）音が　うるさい。
⑤（　）でん車を　見る。
⑥（　）人に　あう。

2 □に　かん字を　かきましょう。

① にん［き］が　ある。
② あかい［いと］。
③ ［め］を　とじる。
④ 十えん［だま］
⑤ ［むら］の　おまつり。 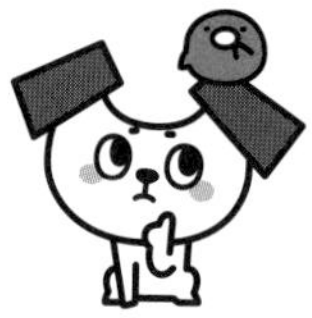 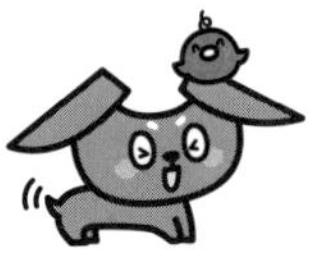
⑥ ［しろ］ぐみと　あかぐみ。
⑦ ［ど］手を　あるく。
⑧ ［おと］を　きく。
⑨ たなに［あ］げる。
⑩ ［ひと］が　あつまる。

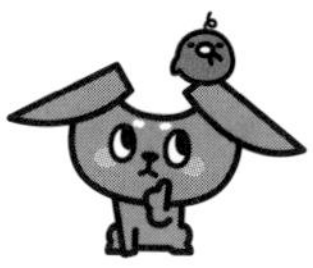

きょうかしょ　下30〜55ページ
こたえ　4ページ

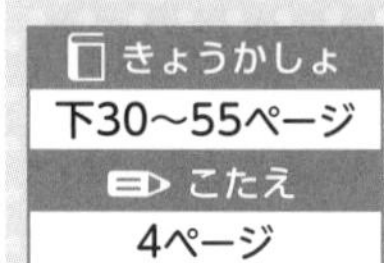

じどう車くらべ
じどう車ずかんを　つくろう
たぬきの　糸車

月　　日

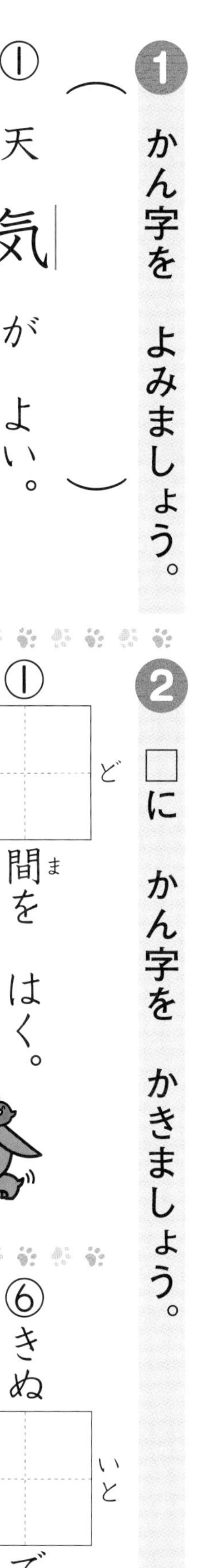

1 かん字を　よみましょう。

①（　　）天気が　よい。

②（　　）くもの　糸。

③（　　）目ぐすりを　さす。

④（　　）玉むしが　とぶ。

⑤（　　）小さな　村。

⑥（　　）白い　くもが　うかぶ。

2 □に　かん字を　かきましょう。

① □（ど）間（ま）を　はく。

② あし□（おと）が　する。

③ あたらしい　□（くるま）。

④ □（ひと）に　みちを　きく。

⑤ やる□（き）を　だす。

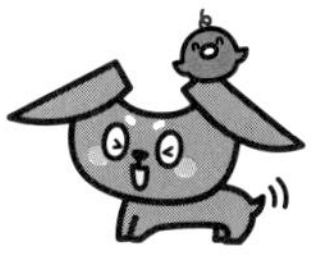

⑥ きぬ□（いと）で　ぬう。

⑦ □（め）を　つぶる。

⑧ □（たま）手ばこを　あける。

⑨ □（しろ）い　ふくを　きる。

⑩ 山を　□（お）りる。

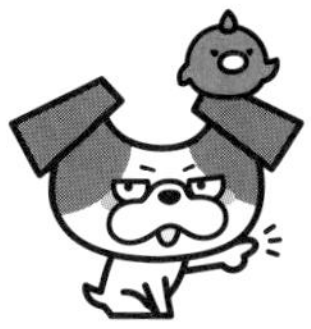

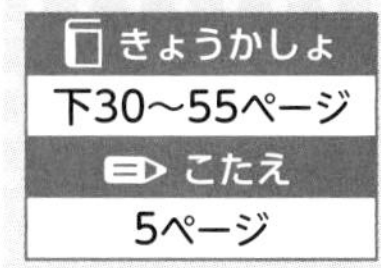

きょうかしょ
下30〜55ページ
こたえ
5ページ

月　日

あたらしく がくしゅうする かん字

日づけと　よう日

きょうかしょ 下56～57ページ

きょうかしょ下56ページ

花

はらう　はねる　とめる

よみかた
カ
はな

つかいかた
花(か)びん
ももの　花(はな)
花(はな)たばを　おくる

かきじゅん 1 2 3 4 5 6 7

花 くさかんむり

7 かく

かいて おぼえましょう

なかまの 字
艹（くさかんむり）が ある かん字を あつめよう。
花　草(くさ)

なぞりましょう
にわの　くさ花
うめの花が　さく

きょうかしょ下57ページ

休

はらう　はらう　とめる

よみかた
キュウ
やすむ（やすみ）
やすまる
やすめる

つかいかた
休(きゅう)ようを　とる
ふゆ休(やす)み
からだを　休(やす)める

かきじゅん 1 2 3 4 5 6

休 にんべん

6 かく

かいて おぼえましょう

できかた
人が　木の　そばで やすむ　ようすから できた。

なぞりましょう
休むひまもない
ゆっくりと休む

かん字の たしざんを やって みよう

亻
＋
木
＝
□

よこに　ならべるよ。

こたえは　12ページ

月　　日

きょうかしょ下57ページ

虫

よみかた
チュウ
むし

つかいかた
こん虫(ちゅう)さいしゅう
虫(むし)を　さがす
虫(むし)めがね

かきじゅん
1 2 3 4 5 6

虫(むし)
6かく

できかた
まむしが　はう　ようすから　できた。

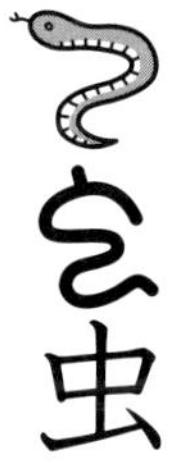

かいて　おぼえましょう

なぞりましょう
なき虫
虫のこえ
虫にさされる
虫ばをなおす

きょうかしょ下57ページ

金

つける　つきでない　はらう　はらう

よみかた
キン
コン
かね
かな

つかいかた
金(きん)よう日(び)
お金(かね)を　ためる
金(かな)あみを　はる

かきじゅん
1 2 3 4 5 6 7 8

金(かね)
8かく

できかた
山の　土の　なかで　きんの　つぶが　ひかる　ようすから　できた。

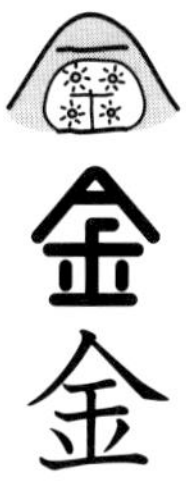

かいて　おぼえましょう

なぞりましょう
金いろのこな
お金もち
金メダルをとる
お金をきふした

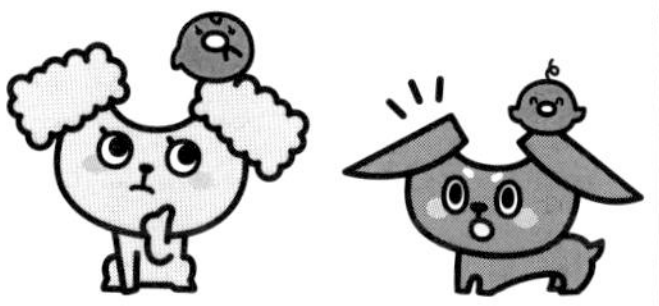

月　　日

よみかたが あたらしい かん字

かん字	よみかた	つかいかた	まえの よみかた
月	ガツ	一月(いちがつ)、二月(にがつ)	月(つき)が でる
正	ショウ	お正月(しょうがつ)	正(ただ)しい 正(ただ)す
日	か	三日(みっか)ぼうず	日(ひ)が のぼる
六	むい	六月(ろくがつ)六日(むいか)	六(ろく)まい・六(ろっ)ぴき 六(むっ)つ・六月目(むつきめ) 六(む)つおり
七	なの	七月(しちがつ)七日(なのか)	七(しち)にん・七(なな)ひき 七(なな)つ
天	あま	天(あま)の川(がわ)	天(てん)に とどく
大	ダイ	大(だい)すきな人(ひと)	大(おお)きい 大(おお)・大(おお)いに
日	ニチ	日(にち)よう日(び)	日(ひ)が のぼる 三日(みっか)ぼうず
月	ゲツ	月(げつ)よう日(び)	月(つき)が でる 一月(いちがつ)
火	カ	火(か)よう日(び)	火(ひ)を けす

かん字	よみかた	つかいかた	まえの よみかた
水	スイ	水(すい)よう日(び)	水(みず)が ながれる
八	よう	八月(はちがつ)八日(ようか)	八(はち)まい・八(はっ)ぴき 八(やっ)つ・八(や)つおり
木	モク	木(もく)よう日(び)	大(おお)きな 木(き)
土	つち	田(た)んぼの土(つち)	土(ど)よう日(び)

よう日の かん字を しっかり おぼえま したか。

ぴったり2 れんしゅう

日づけと よう日

月　日

1 かん字を よみましょう。

① お正月が くる。（　）

② 一月三日（　）

③ 七月七日（　）

④ 月よう日（　）

⑤ 八月八日（　）

⑥ 金メダル（　）

2 □に かん字を かきましょう。

① □（はな）たばを おくる。

② 六月□（むい）日

③ きれいな□（あま）の川。

④ □（だい）すきな 人。

⑤ □（か）よう日

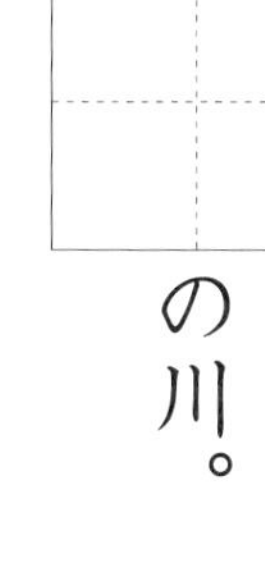

⑥ □（すい）よう日

⑦ □（やす）みじかん

⑧ □（もく）よう日

⑨ お□（かね）を つかう。

⑩ □（つち）あそび

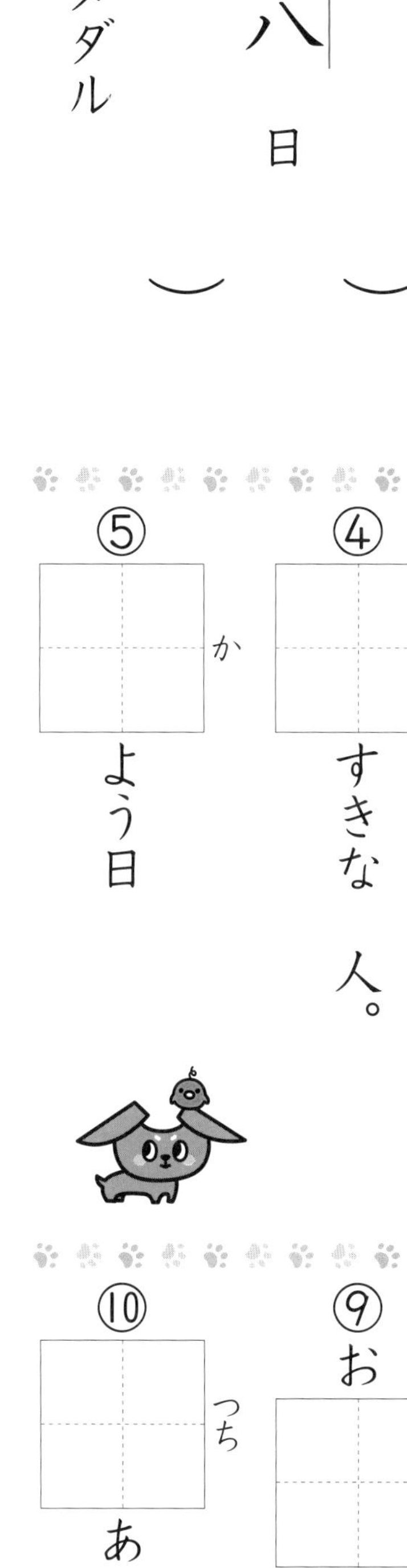

きょうかしょ 下56～57ページ
こたえ 5ページ

ぴったり2
れんしゅう

日づけと　よう日

きょうかしょ　下56〜57ページ
こたえ　5ページ

　月　　日

1 かん字を　よみましょう。

①（　）虫めがねで　見る。

②（　）四月　はじまり。

③（　）正じきに　はなす。

④（　）五日かんの　たび。

⑤（　）花が　さく。

⑥（　）七月　六日

2 □に　かん字を　かきましょう。

① 一月 □(なの)日

② □(だい)じに　する。

③ □(にち)よう日

④ こん□(げつ)の　こんだて。

⑤ しょう□(か)きを　つかう。

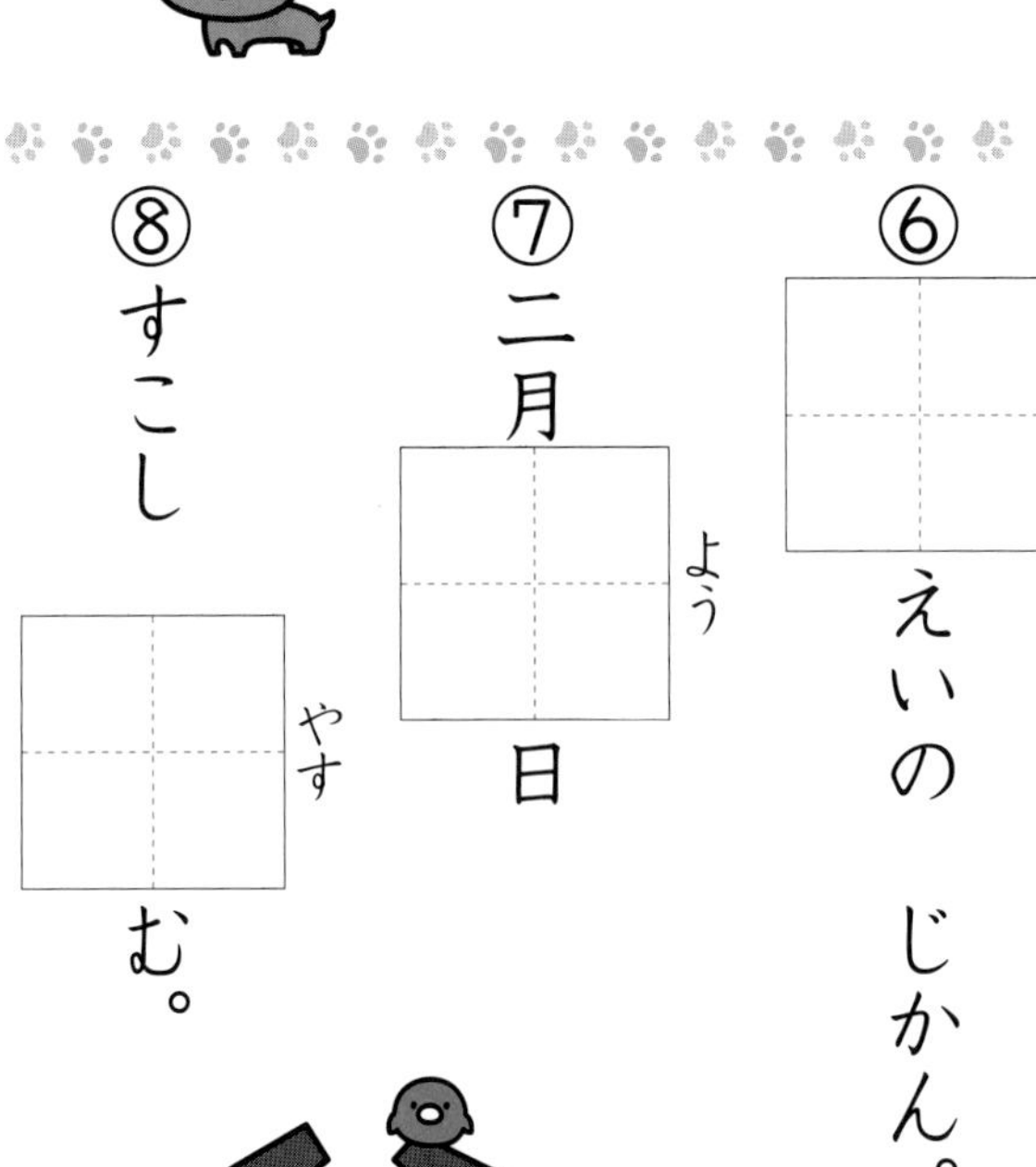

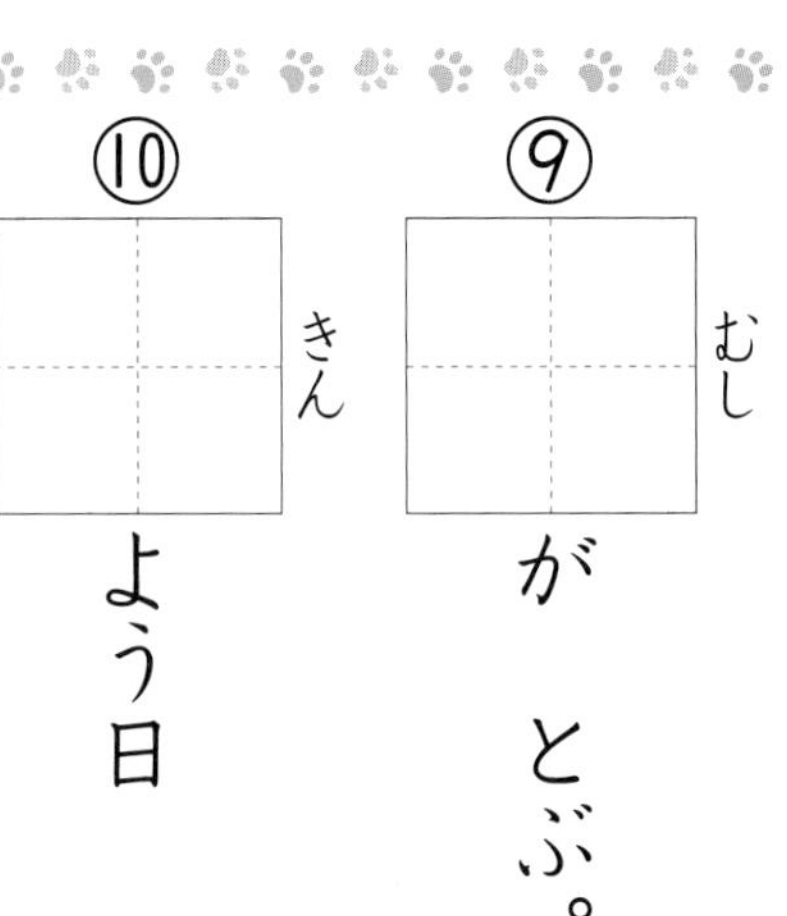

⑥ □(すい)えいの　じかん。

⑦ 二月□(よう)日

⑧ すこし□(やす)む。

⑨ □(むし)が　とぶ。

⑩ □(きん)よう日

月　日

ぴったり1 じゅんび

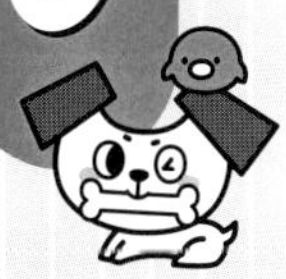

むかしばなしを よもう
おかゆの おなべ

きょうかしょ 下60〜73ページ

あたらしく がくしゅうする かん字

きょうかしょ下60ページ

本

はらう　はらう　とめる

よみかた
ホン
もと

つかいかた
本(ほん)を よむ
本人(ほんにん)に たずねる
本(もと)を ただす

▼かきじゅん
1 本
2 本
3 本
4 本
5 本

木(き)
5かく

▼かいて おぼえましょう
本　本

できかた

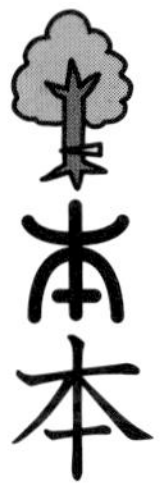

木の ねもとに しるしを つけた かたちから できた。

▼なぞりましょう
本をかりる
学校で本をよむ

かん字の たしざんを やって みよう

口 ＋ 丨 ＝ □

口の まんなかを とおそう。

こたえは 12ページ

きょうかしょ下63ページ

森

はらう　みじかく　とめる

よみかた
シン
もり

つかいかた
ふかい 森林(しんりん)
大(おお)きな 森(もり)
森(もり)の どうぶつ

▼かきじゅん
1 森
2 森
3 森
4 森
5 森
6 森
7 森
8 森
9 10 森
11 12 森

木(き)
12かく

▼かいて おぼえましょう
森　森

できかた

木を 三つ あつめて、木が たくさん ある「もり」を あらわした。

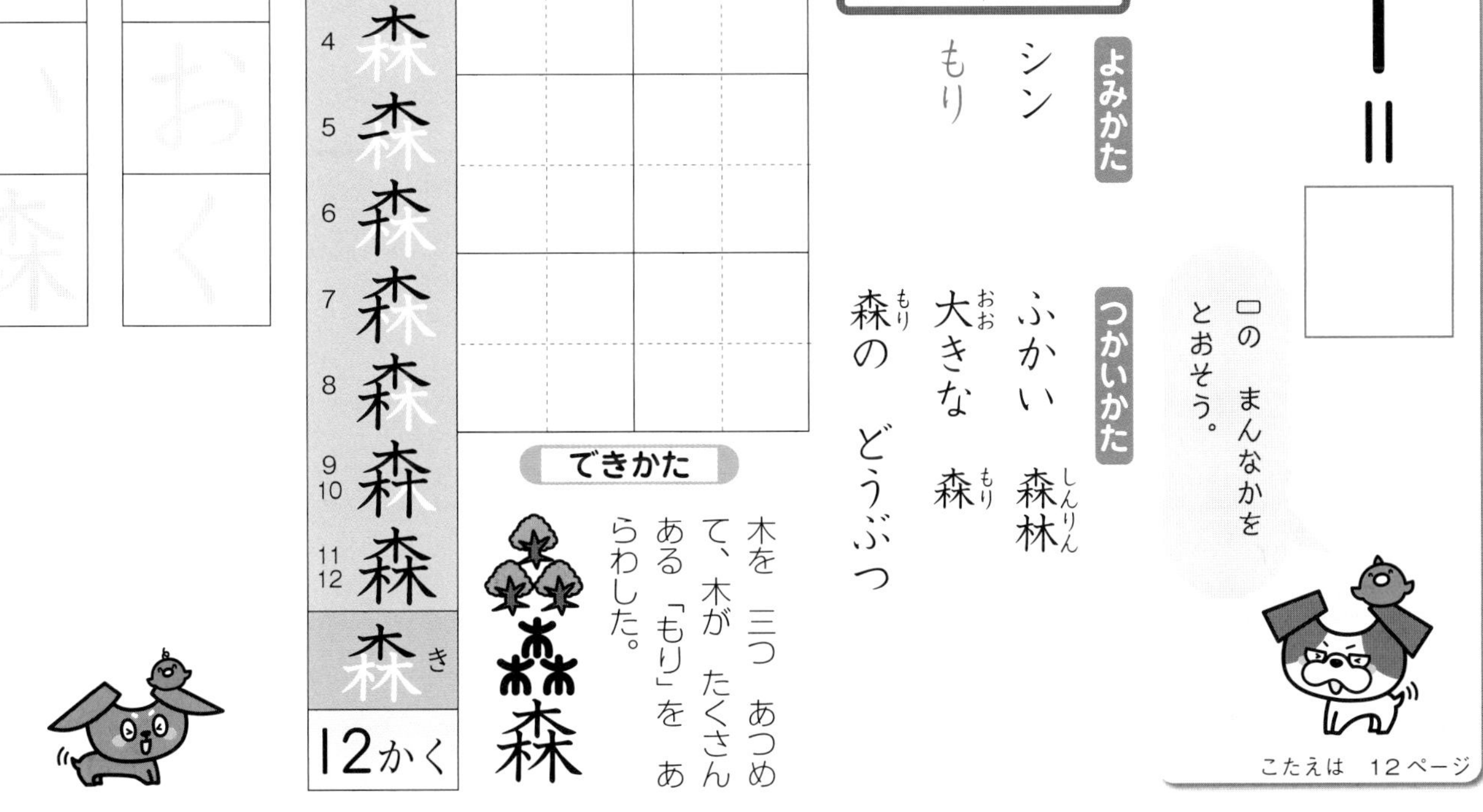

▼なぞりましょう
森のおく
ふかい森

月　日

出

きょうかしょ下64ページ

ながく　すこし　だす

よみかた

シュツ
でる
だす
◆スイ

つかいかた

たびに　出発（しゅっぱつ）する
そとへ　出（で）る
手（て）がみを　出（だ）す

▼かきじゅん

1 2 3 4 5

出（うけばこ）

5かく

▼かいて おぼえましょう

はんたいの 字

入（はい）る　出る

出ぐちは
どこ？

▼なぞりましょう

たびに出る
人と出あう
ねつが出る
車で出かける

中

きょうかしょ下65・70ページ

まんなかに　まっすぐ

よみかた

チュウ
ジュウ
なか

つかいかた

中学生（ちゅうがくせい）
せかい中（じゅう）
おはなしの　中（なか）

▼かきじゅん

1 2 3 4

中（たてぼう）

4かく

▼かいて おぼえましょう

できかた

はたざおを　まんなかに　たてた　かたちから　できた。

上・中・下
ひとまとめで
おぼえよう。

▼なぞりましょう

まん中
学校中
一日中ある
雨の中をいく

月　日

町

きょうかしょ下67ページ

はねる

よみかた
チョウ
まち

つかいかた
町内(ちょうない)の　人(ひと)たち
にぎやかな　町(まち)
町(まち)かどの　ポスト

かきじゅん
1 2 3 4 5 6 7

町 たへん

7かく

かいて おぼえましょう

くみに なる 字
村　町

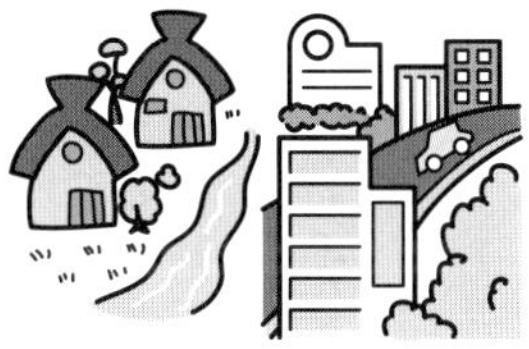

なぞりましょう

おしやれな町

ふるさとの町

町はずれのいえ

町まで出かける

入

きょうかしょ下72ページ

つける　はらう　はらう

よみかた
ニュウ
いる
いれる
はいる

つかいかた
入学式(にゅうがくしき)
はこに　入(い)れる
へやに　入(はい)る

かきじゅん
1 2

入 いる

2かく

かいて おぼえましょう

できかた 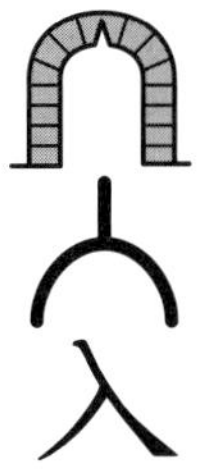
いえの　いりぐちの　かたちから　できた。

なぞりましょう

目にごみが入る

人がへやに入る

森の中に入る

田に水が入った

月　日

かん字クイズ4

かん字を　かいた　かみが　はんぶん　やぶれて　しまったよ。
もとの　かん字を　かこう。

ヒント　どれも、二つに　おると　かさなる　かん字だよ。

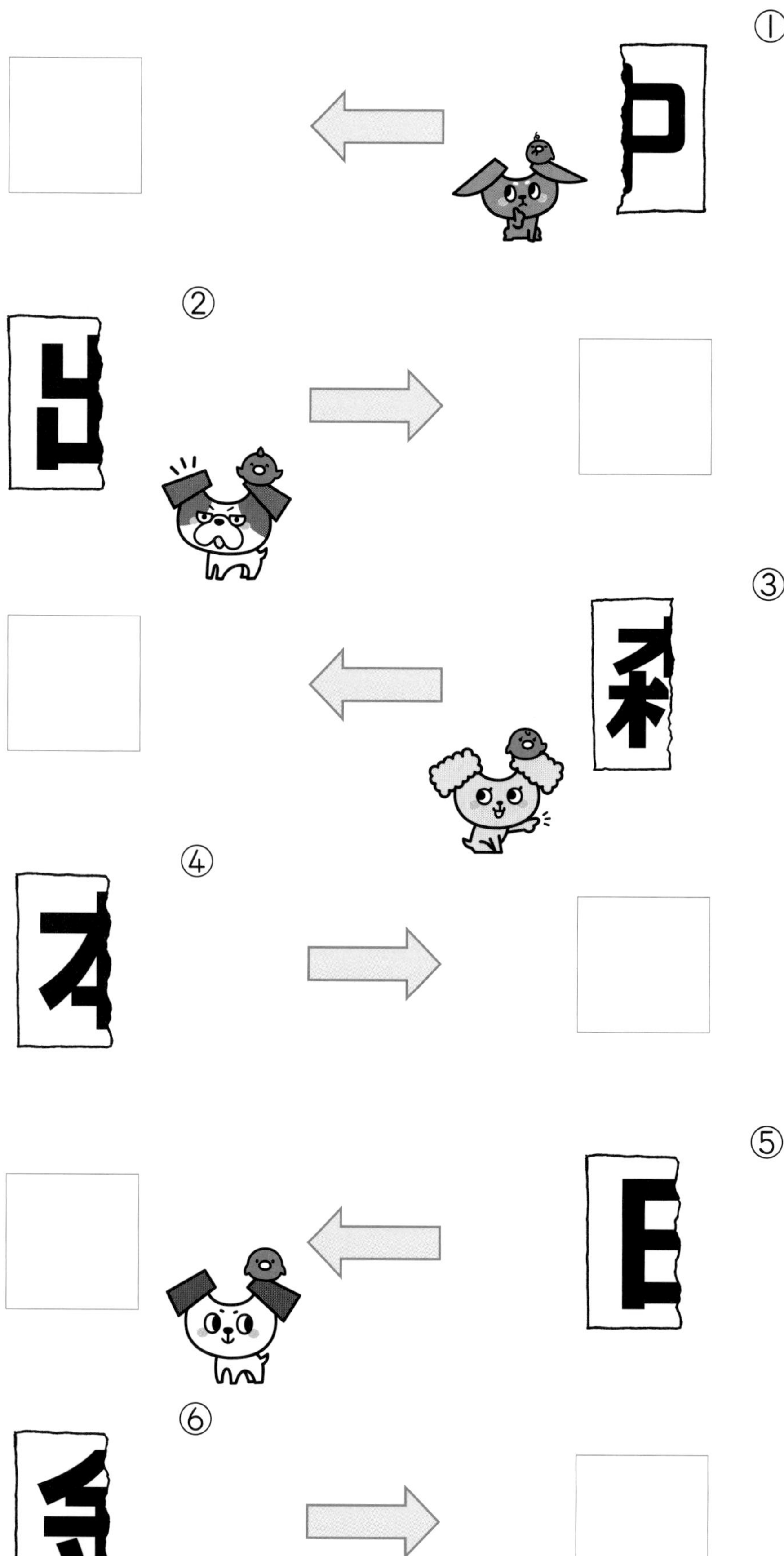

①

②

③

④

⑤

⑥

こたえ↓12ページ

むかしばなしを よもう
おかゆの おなべ

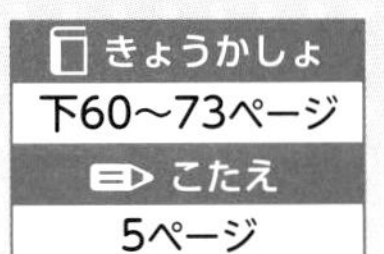

　　月　　　日

1 かん字を よみましょう。

①（　　）
本を よむ。

②（　　）
ふかい **森**。

③（　　）
月が **出**る。

④（　　）
おはなしの **中**。

⑤（　　）
町へ いく。

⑥（　　）
なかまに **入**る。

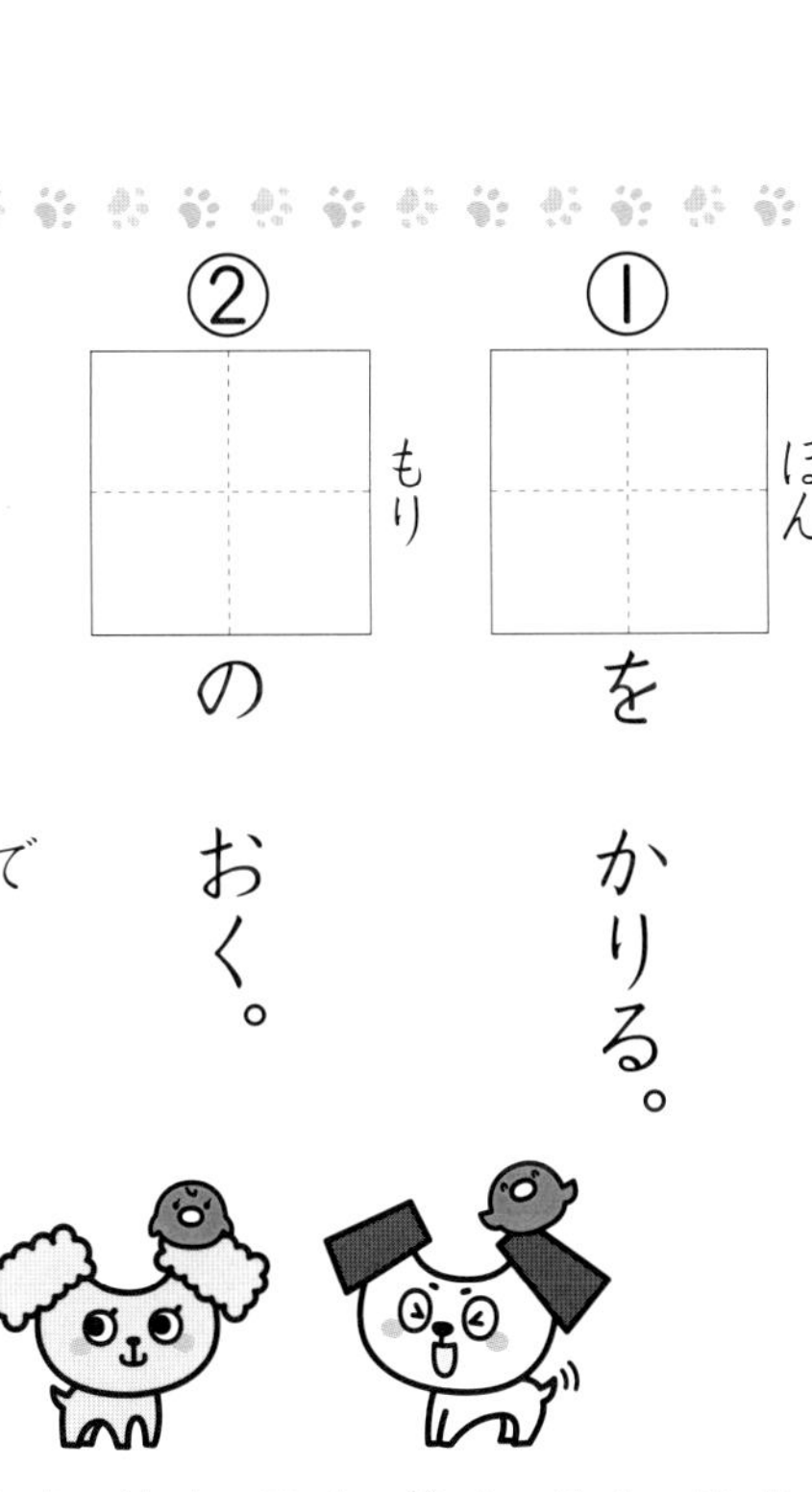

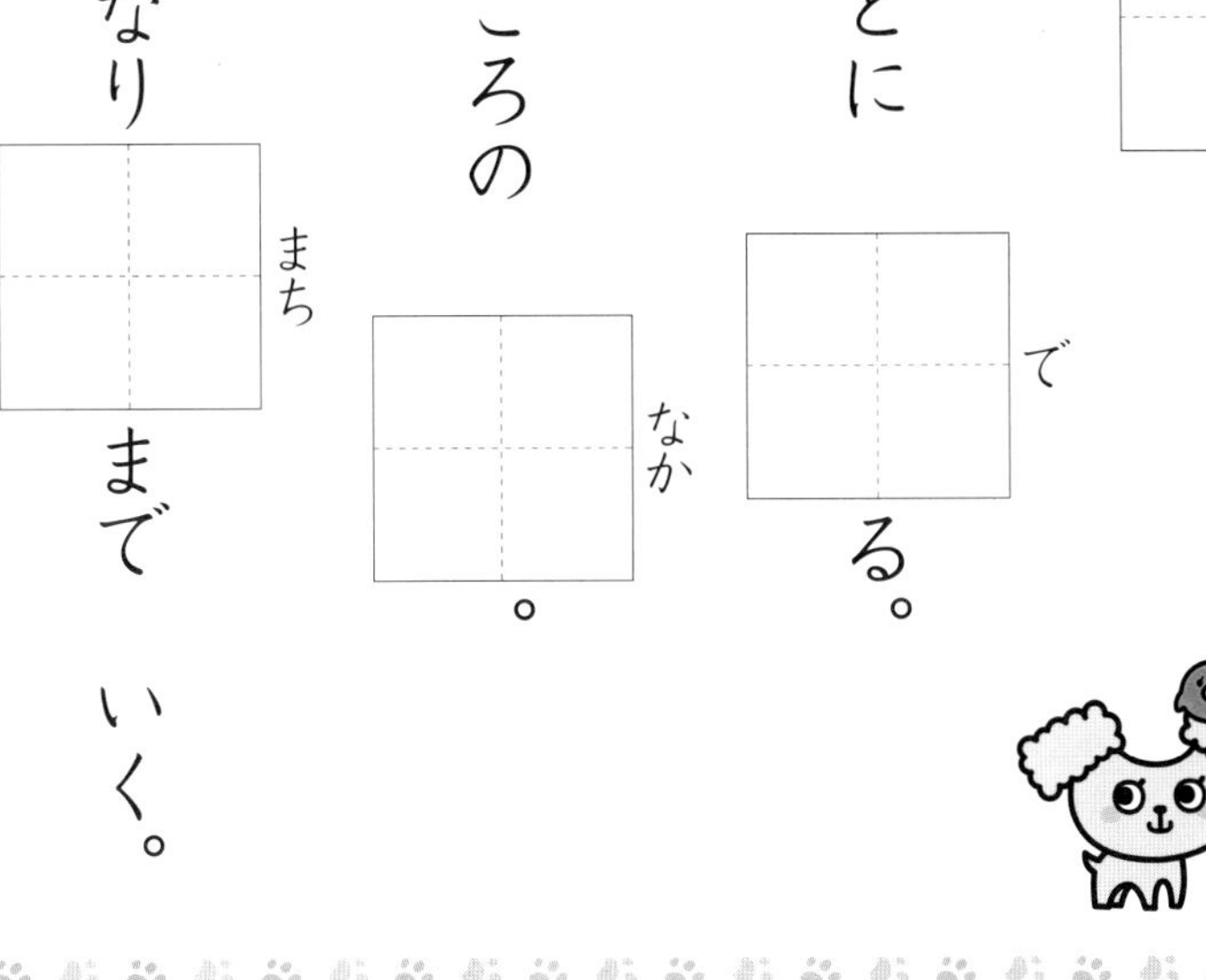

2 □に かん字を かきましょう。

① □（ほん）を かりる。

② □（もり）の おく。

③ そとに □（で）る。

④ こころの □（なか）。

⑤ となり □（まち）まで いく。

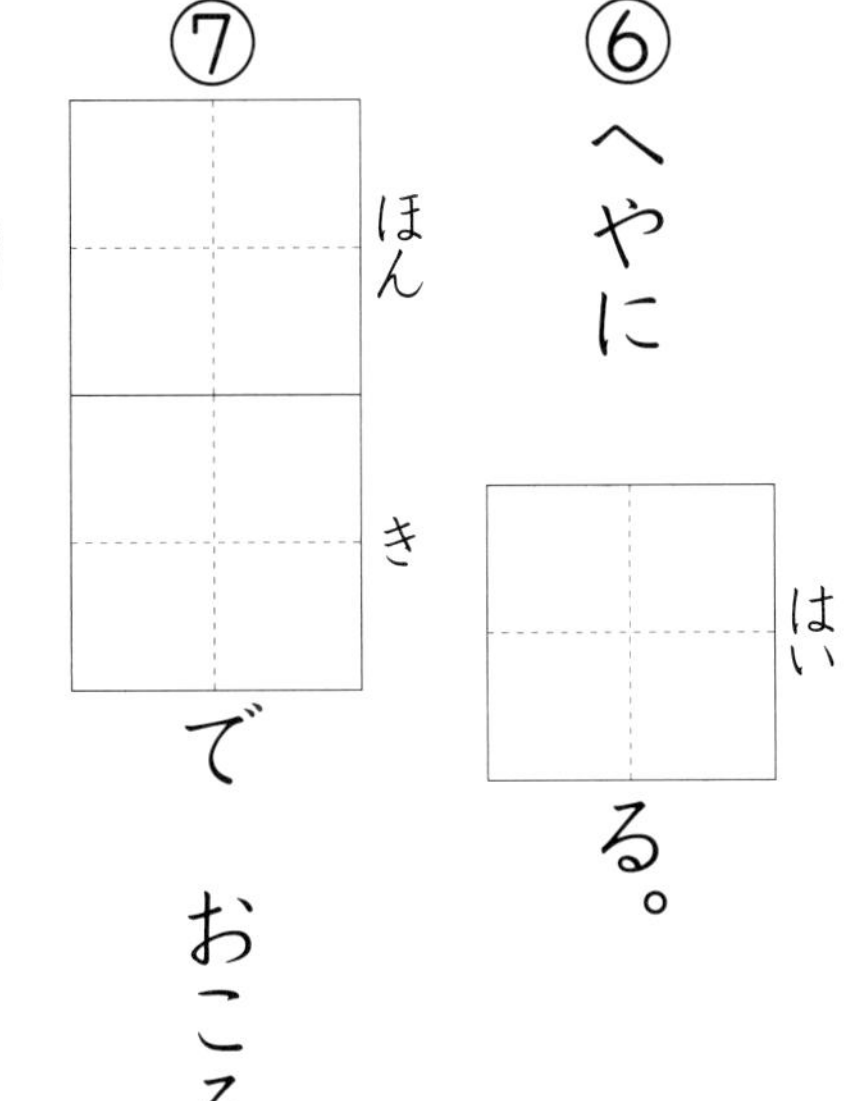

⑥ へやに □（はい）る。

⑦ □（ほん）□（き）で おこる。

⑧ □（もり）で くらす。

⑨ ゆう気が □（で）る。

⑩ 一日 □（じゅう） はれる。

ふゆの チャレンジテスト①

じかん 30 ぷん

／100

ごうかく 80 てん

きょうかしょ 上102〜下73ページ

こたえ 6ページ

1 ――せんの かん字の よみがなを かきましょう。 一つ2てん(20てん)

① じどう車（　　）で 町（　　）へ いく。

② 手（　　）を つないだ 女（　　）の子。

③ 正（　　）しい 文（　　）を かく。

④ いえの 中（　　）から そとへ 出（　　）る。

⑤ 本（　　）を 十（　　）ページ よむ。

2 つぎの かたちから できた かん字を かきましょう。 一つ4てん(20てん)

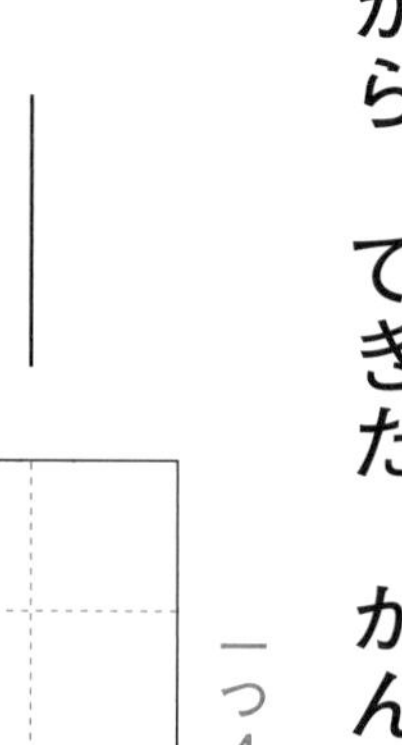

①

②

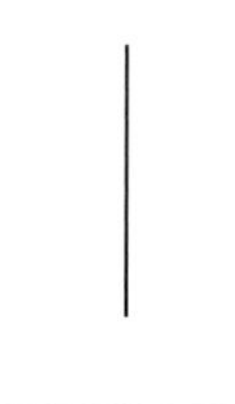

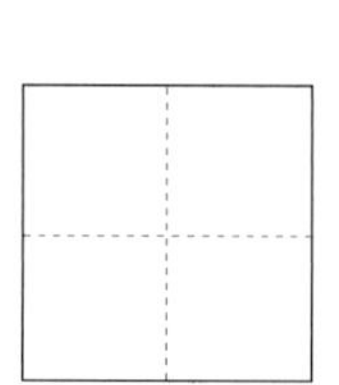

③

④

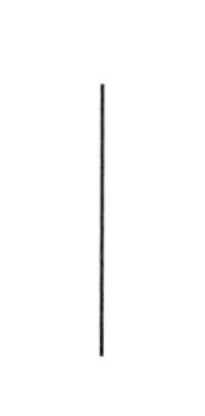

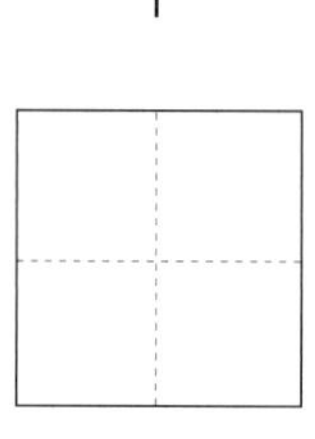

⑤

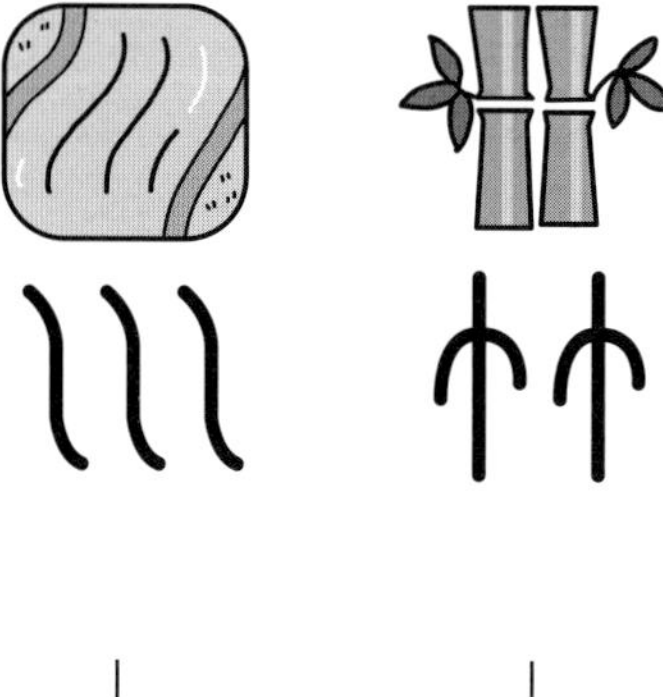

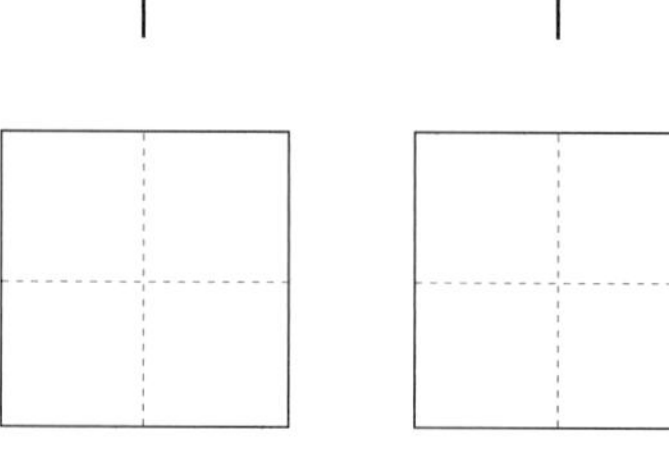

月　日

3 じゅんばんに　よう日を　あらわす　かん字を　かきましょう。

一つ4てん（24てん）

☆ 日よう日

① □よう日

② □よう日

③ □よう日

④ □よう日

⑤ □よう日

⑥ □よう日

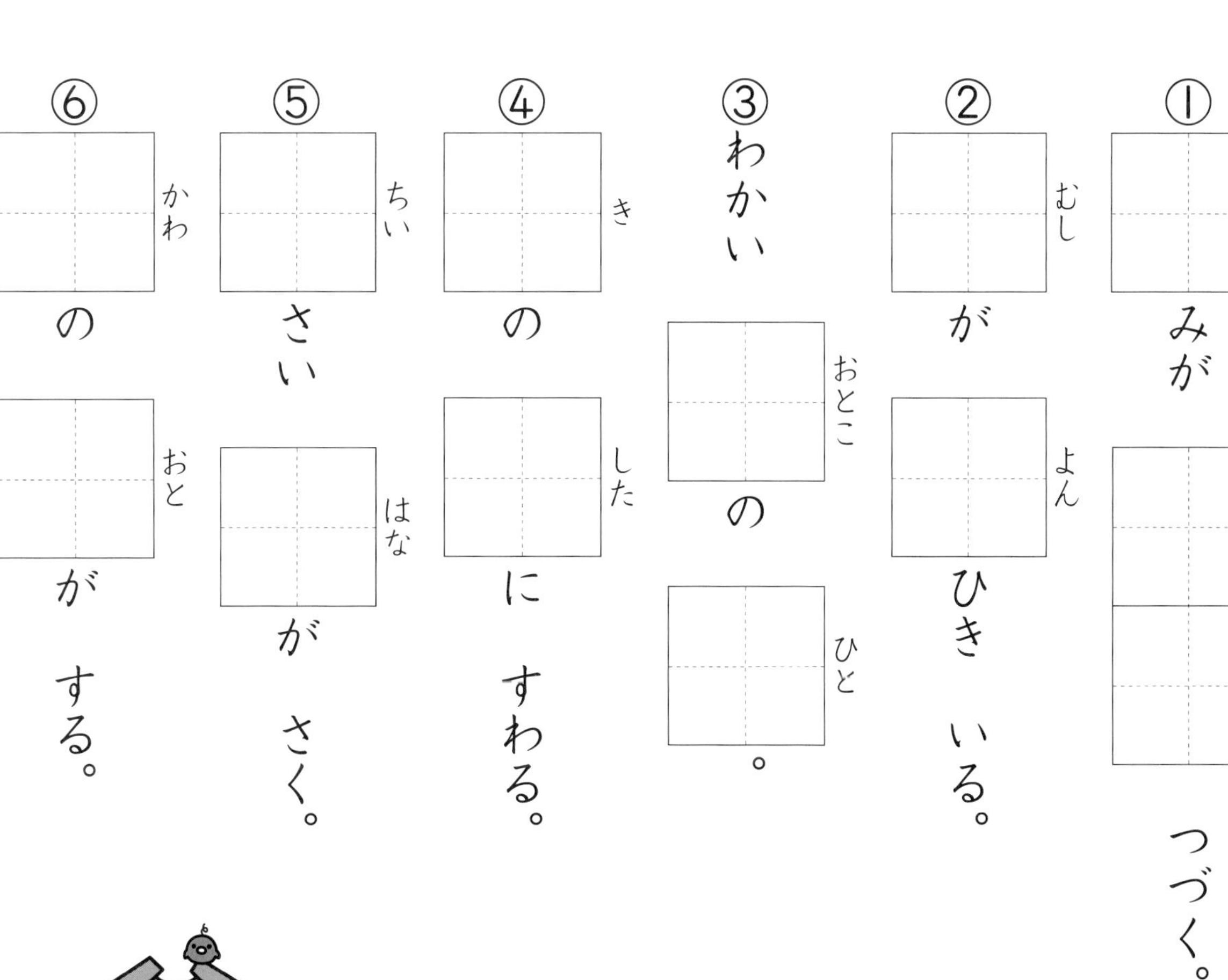

4 つぎの　□に　かん字を　かきましょう。

一つ3てん（36てん）

① □（やす）みが　□（みっ）□（か）　つづく。

② □（むし）が　□（よん）ひき　いる。

③ わかい　□（おとこ）の　□（ひと）。

④ □（き）の　□（した）に　すわる。

⑤ □（ちい）さい　□（はな）が　さく。

⑥ □（かわ）の　□（おと）が　する。

ふゆの チャレンジテスト②

じかん30ぷん　／100　ごうかく80てん

きょうかしょ　上102〜下73ページ
こたえ　6ページ

1 ——せんの かんじの よみがなを かきましょう。 一つ2てん(20てん)

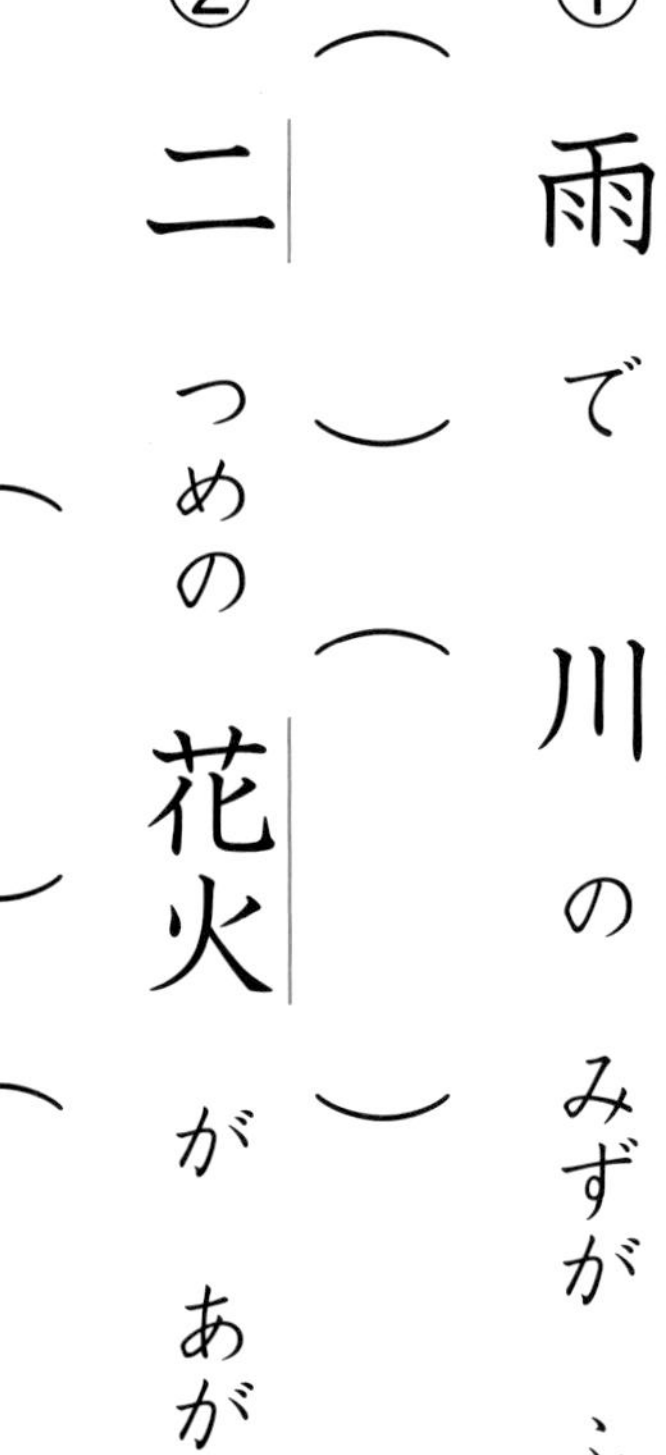

① 雨（　　）で 川（　　）の みずが ふえる。

② 二（　　）つめの 花火（　　）が あがった。

③ さいふの 中（　　）に お金（　　）が ある。

④ 山（　　）に かかる 天（　　）の川。

⑤ 一日中（　　）、森（　　）で あそぶ。

2 うえと はんたいの いみの ことばを かんじで かきましょう。 一つ4てん(20てん)

① 下 ― □（うえ）

② 小さい ― □（おお）きい

③ 男 ― □（おんな）

④ 出る ― □（はい）る

⑤ おや ― □（こ）

月　日

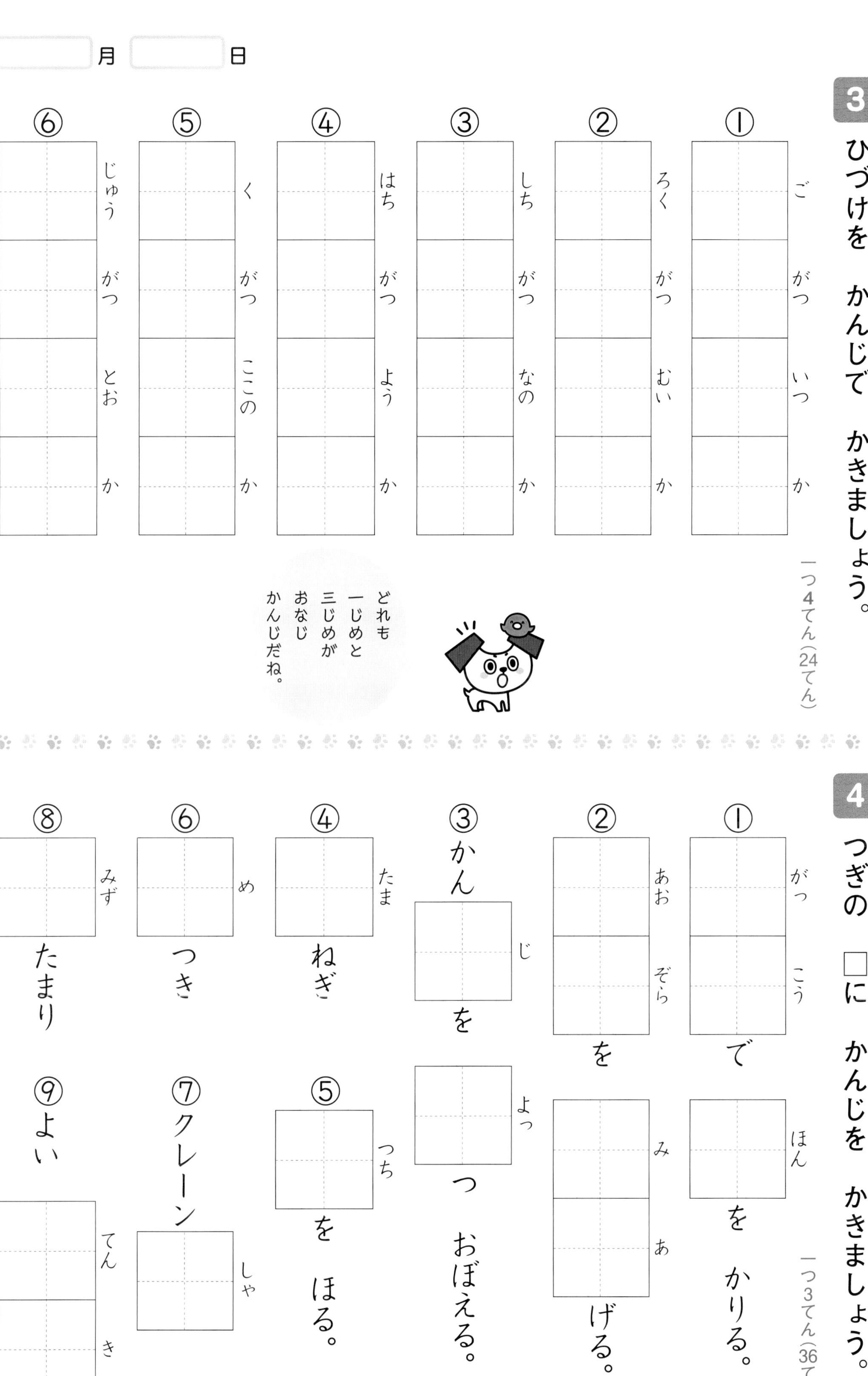
3 ひづけを　かんじで　かきましょう。
一つ4てん（24てん）
① ご　がつ　いつ　か
② ろく　がつ　むい　か
③ しち　がつ　なの　か
④ はち　がつ　よう　か
⑤ く　がつ　ここの　か
⑥ じゅう　がつ　とお　か
どれも
一じめと
三じめが
おなじ
かんじだね。
4 つぎの □に　かんじを　かきましょう。
一つ3てん（36てん）
① がっ こう で　ほん を　かりる。
② あお ぞら を　み あ げる。
③ かん じ を　よっ つ　おぼえる。
④ たま ねぎ
⑤ つち を　ほる。
⑥ め つき
⑦ クレーン しゃ
⑧ みず たまり
⑨ よい　てん き。

ぴったり1 じゅんび

どうぶつの 赤ちゃん

きょうかしょ 下80〜87ページ

あたらしく がくしゅうする かん字

きょうかしょ下80ページ

赤

ながく　とめる　はねる　はらう　はらう

よみかた

セキ
あか・あかい
あからむ
あからめる
◆シャク

つかいかた

赤(せき)はん
赤(あか)ちゃんが わらう
かおが 赤(あか)らむ

できかた

「大」と「火」を くみあわせて、もえあがった 火の あかい いろを あらわした。

▼かきじゅん 1 2 3 4 5 6 7

赤(あか) 7かく

▼かいて おぼえましょう

▼なぞりましょう

赤ちゃん

かおを赤らめる

かん字の たしざんを やって みよう

土 ＋ 一 ＝ □

どちらが 上に なるのかな。

こたえは 12ページ

きょうかしょ下81ページ

耳

出す　ながく　おろす

よみかた

みみ
◆ジ

つかいかた

耳(みみ)を すます
耳(みみ)もとで ささやく
耳(みみ)かき

できかた

みみの かたちから できた。

▼かきじゅん 1 2 3 4 5 6

耳(みみ) 6かく

▼かいて おぼえましょう

▼なぞりましょう

耳がいい

パンの耳

目・口・耳
かおの ぶぶんを あらわす かん字。

月　日

王

きょうかしょ下81ページ

王

ながく

よみかた：オウ

つかいかた：
はだかの　王さま（おうさま）
王子と　王女（おうじと　おうじょ）
ホームラン王（おう）

かきじゅん：1 2 3 4

王（おう）　4かく

かいて　おぼえましょう

よみがな：○王さま（おうさま）　×王さま（おおさま）

王↓玉
「、」を　つけたら「玉」だ。

なぞりましょう：
王さま
えんま大王
ホームラン王
王かんを　かぶる

口

きょうかしょ下82ページ

口

よみかた：コウ　ク　くち

つかいかた：
にっぽんの　人口（じんこう）
きびしい　口調（くちょう）
口ぶえを　ふく（くち）

かきじゅん：1 2 3

口（くち）　3かく

かいて　おぼえましょう

できかた：くちの　かたちから　できた。

なぞりましょう：
口ぶえ
大きな口
口を　うごかす
口に　くわえる

月　日

きょうかしょ下82ページ

年

つける　ながく

よみかた

ネン
とし

つかいかた

年月(ねんげつ)が　すぎる
年下(としした)の　子(こ)
年(とし)の　はじめ

▼かきじゅん

1 2 3 4 5 6

いちじゅう　年　かん

6 かく

▼かいて おぼえましょう

年　年

なかまの 字

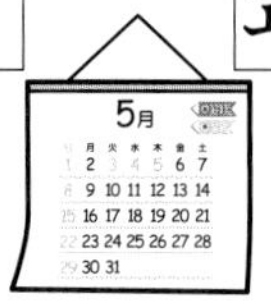

月　年

日

☆つきひの かん字

▼なぞりましょう

一年が　すぎた

年月を　かく

きょ年の　年まつ

年れいが　下の　子

きょうかしょ下83ページ

立

ながく

よみかた

リツ
たつ
たてる
◆リュウ

つかいかた

どく立(りつ)する
立(た)ち上(あ)がる
ぼうを　立(た)てる

▼かきじゅん

1 2 3 4 5

立　たつ

5 かく

▼かいて おぼえましょう

立　立

できかた

立

人が　たって　いる
かたちから　できた。

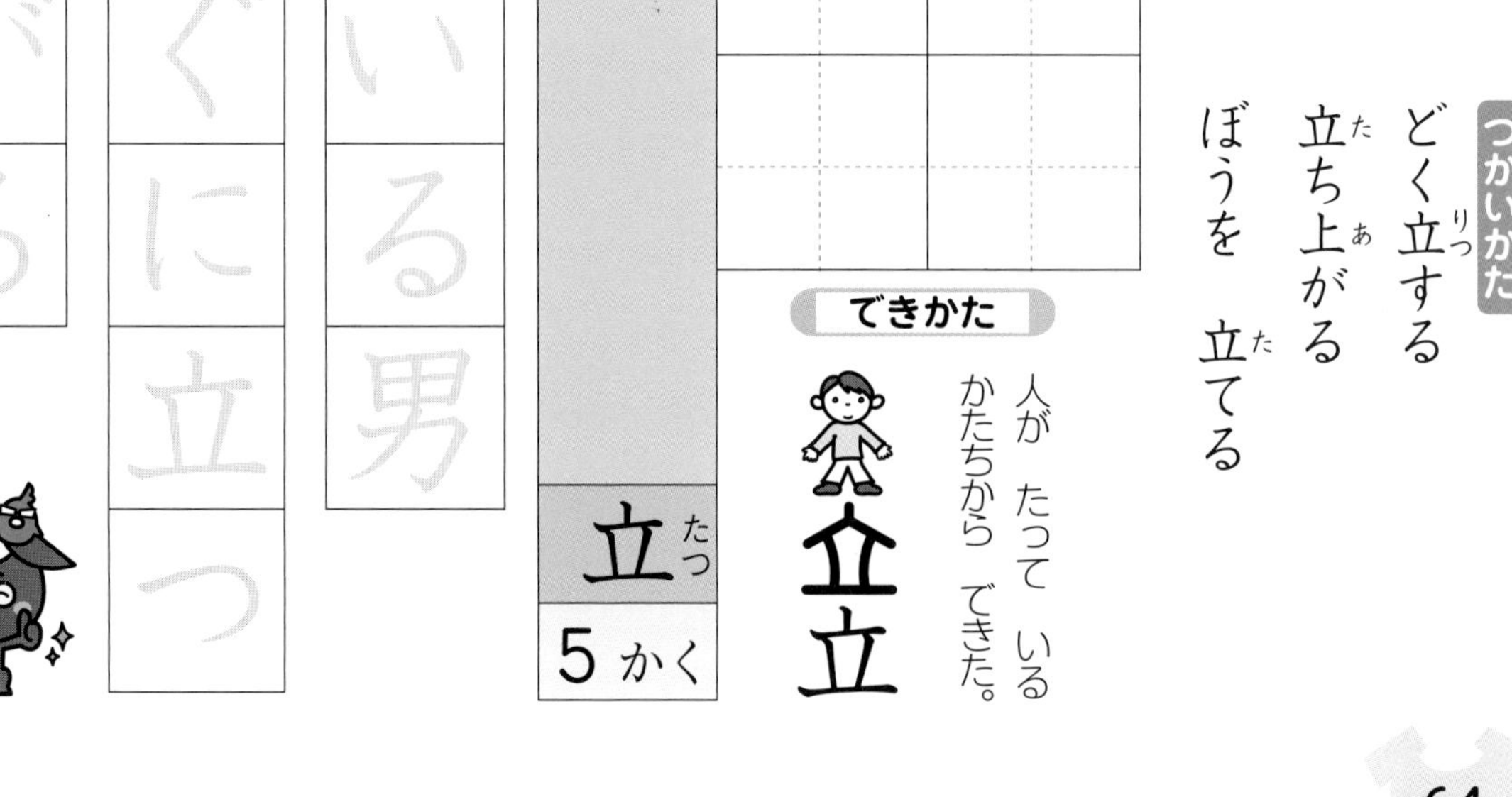

▼なぞりましょう

立って　いる　男

まっすぐに　立つ

立ち上がる

はしらを　立てる

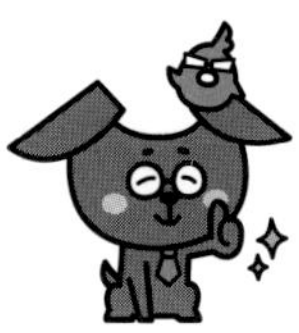

月　日

きょうかしょ下85ページ

草

とめる　ながく

よみかた

ソウ

くさ

つかいかた

ひろい 草原（そうげん）（くさはら）

草花（くさばな）を そだてる

草（くさ）を かる

かきじゅん

1 草
2 草
3 草
4 草
5 草
6 草
7 草
8 草
9 草

草 くさかんむり

9かく

かいて おぼえましょう

草　草

できかた

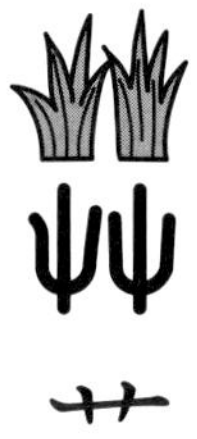

艹の ぶぶんは くさの かたちから できた。

なぞりましょう

草が ぼうぼう

ほし草を つくる

草の上に すわる

いけの 水草

よみかたが あたらしい かん字

かん字	生
よみかた	うまれる うむ
つかいかた	生（う）まれた 日（ひ）
まえの よみかた	先生（せんせい） 生（い）きる 生（い）かす 生（い）ける

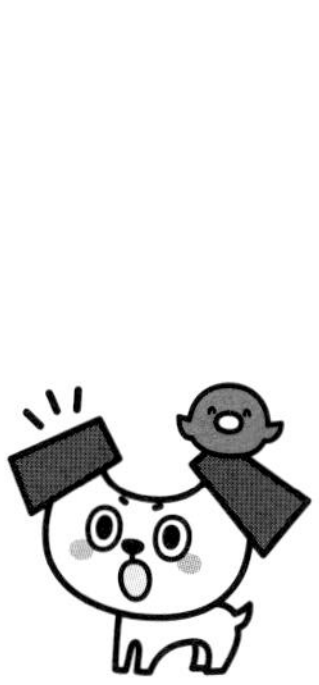

「花」や「草」の ように しょくぶつを あらわす かん字には 「艹」が ついて いるね。

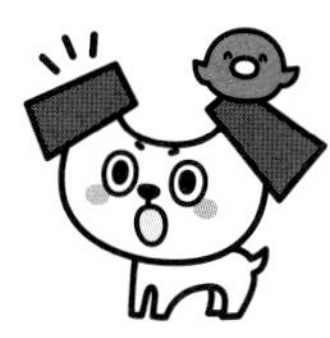

月　日

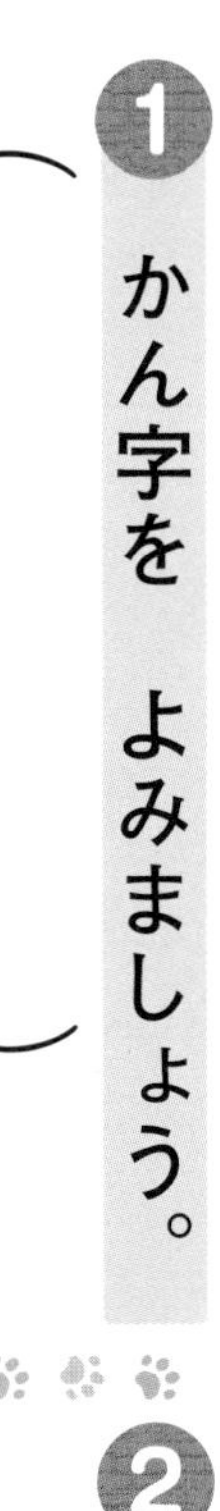

どうぶつの　赤ちゃん

1 かん字を　よみましょう。

①かわいい　赤（　）ちゃん。
②ロバの　耳（　）。
③りっぱな　王（　）さま。
④一年（　）が　すぎる。
⑤立（　）ち上がる。
⑥草（　）むしりを　する。

2 □に　かん字を　かきましょう。

①□（あか）い　もみじ。
②子どもが　□（う）まれる。
③□（みみ）を　すます。
④ひゃくじゅうの　□（おう）。
⑤□（くち）を　あける。

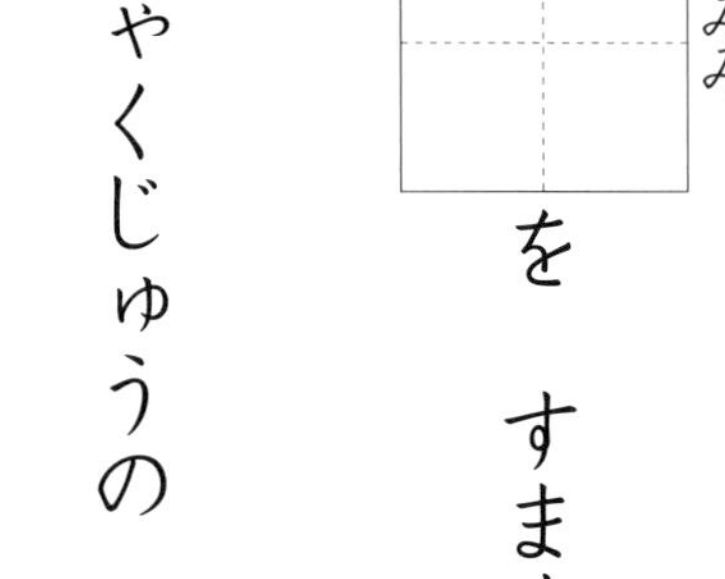
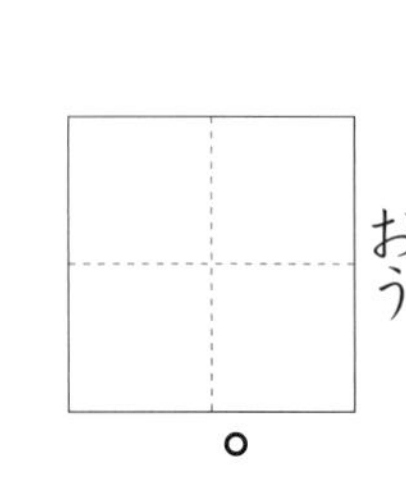
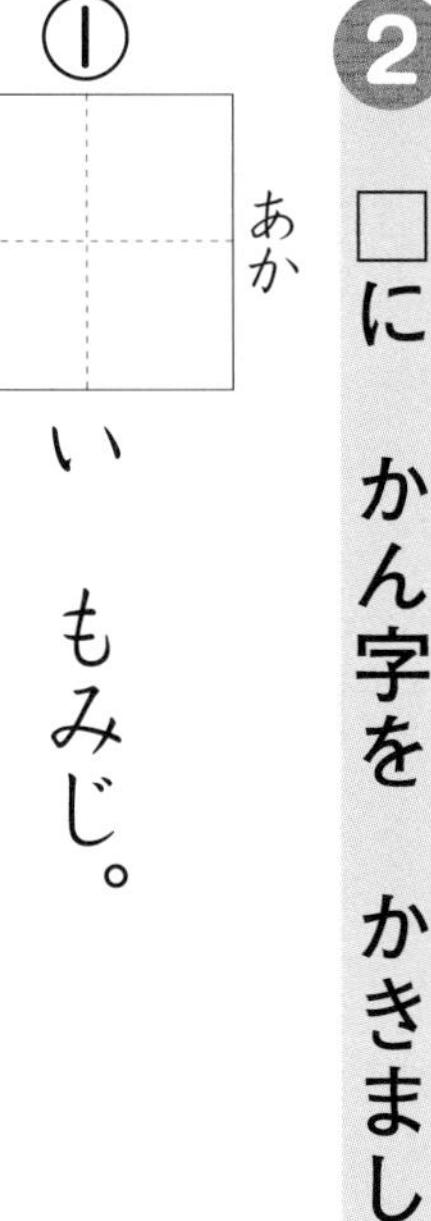

⑥□□（でぐち）を　さがす。
⑦□□（ねんげつ）が　たつ。
⑧ぶたいに　□（た）つ。
⑨ぼうを　□（た）てる。
⑩□（くさ）を　かる。

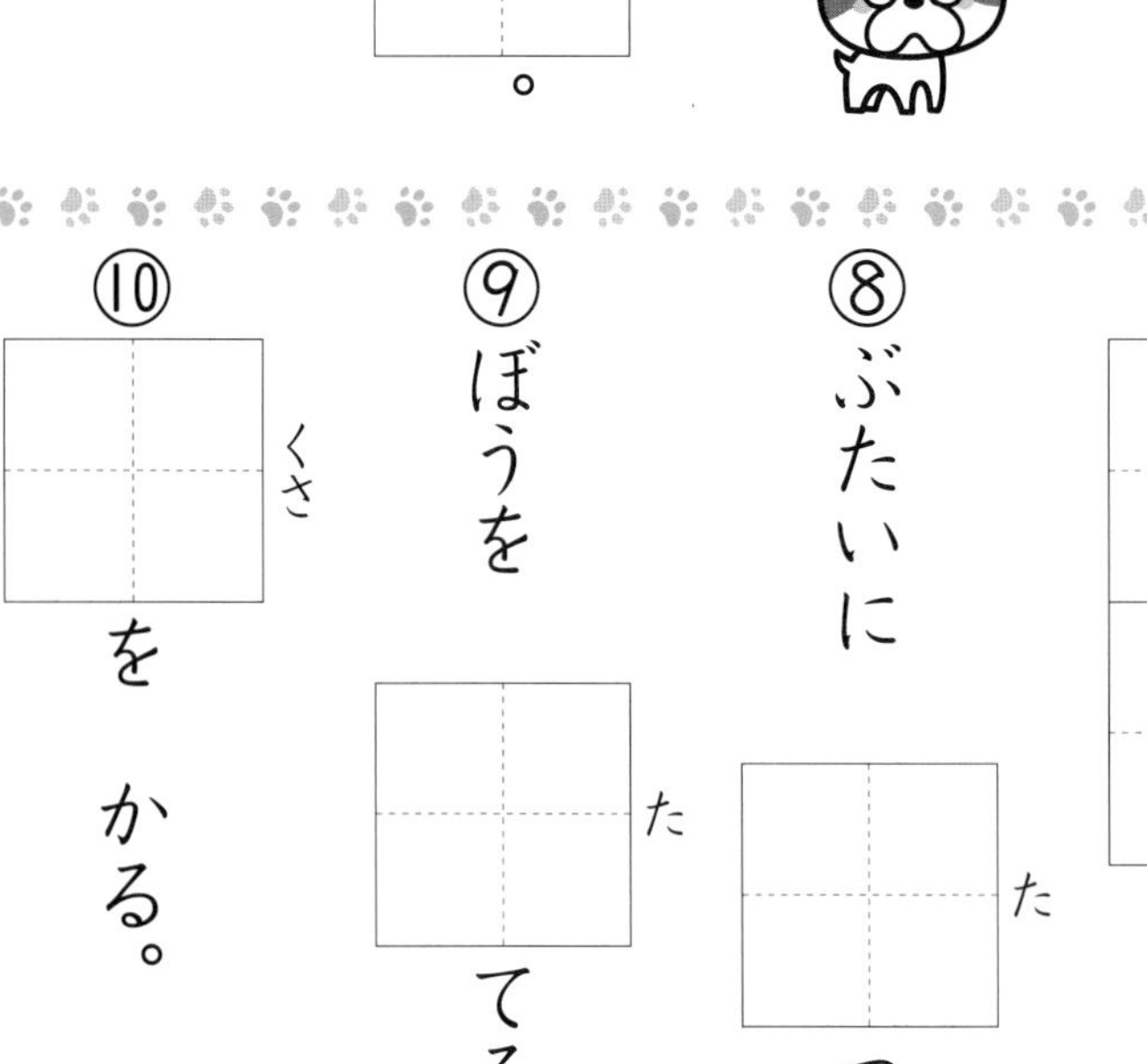
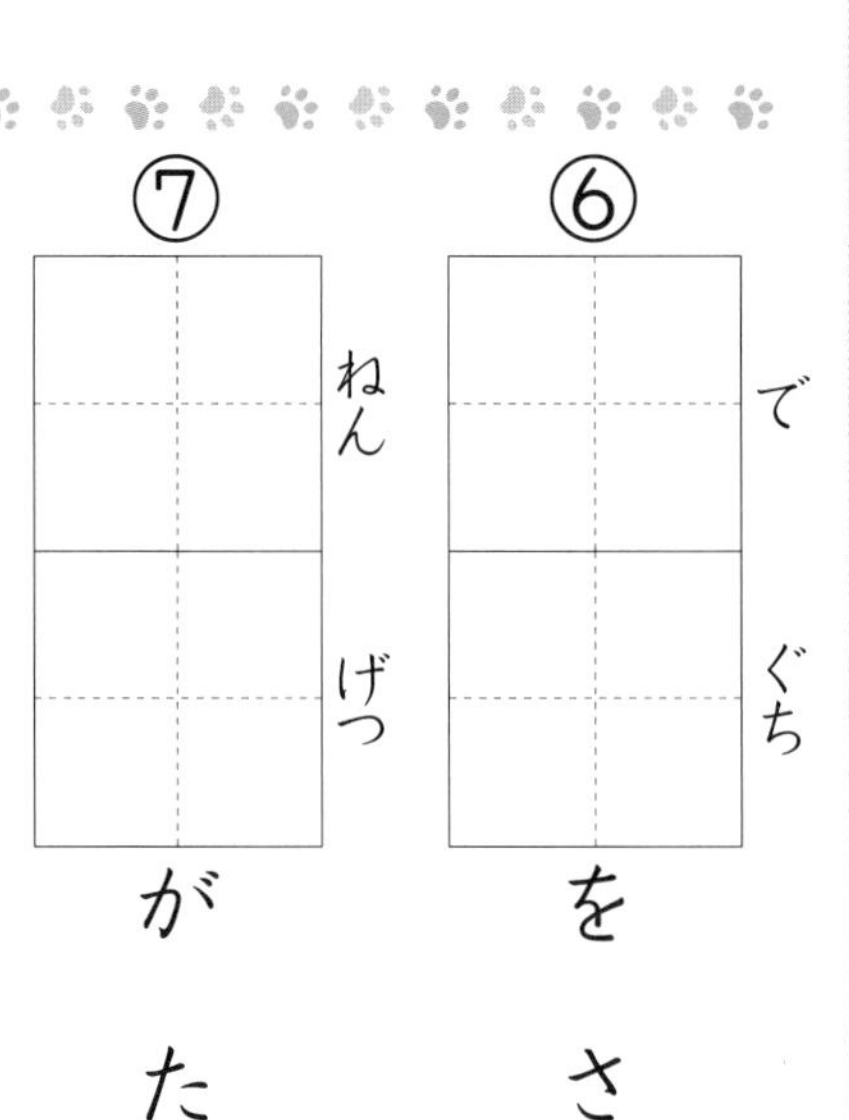
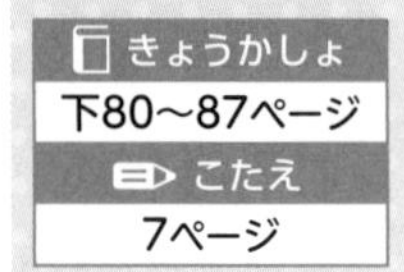

きょうかしょ　下80〜87ページ
こたえ　7ページ

月　　日

ぴったり2 れんしゅう

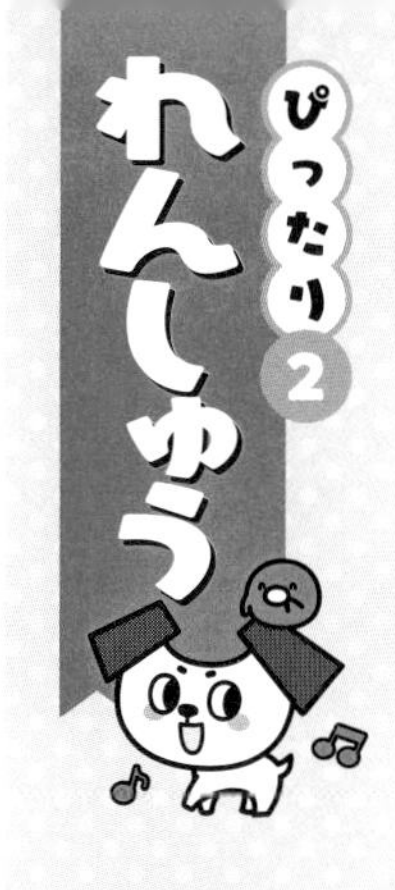

どうぶつの 赤ちゃん

1 かん字を よみましょう。

①（　　）赤い しょうぼう車。

②（　　）生まれた 月。

③（　　）耳を ふさぐ。

④（　　）こく王に あう。

⑤（　　）大きな 口。

⑥（　　）一年生に なる。

2 □に かん字を かきましょう。

① はたを □（た）てる。

② □（くさ）もちを たべる。

③ ほおが □（あか）らむ。

④ □（みみ）が とおい。

⑤ じょ□（おう）ばち

⑥ □（くち）を すすぐ。

⑦ おなじ □（がく）□（ねん）。

⑧ まっすぐ □（た）つ。

⑨ いけの □（みず）□（くさ）。

⑩ ゆう日が □（あか）い。

きょうかしょ 下80〜87ページ
こたえ 7ページ

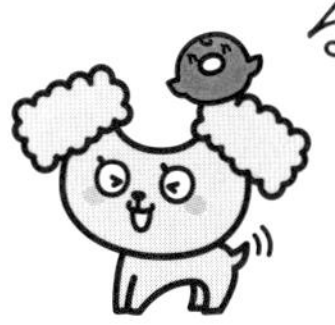

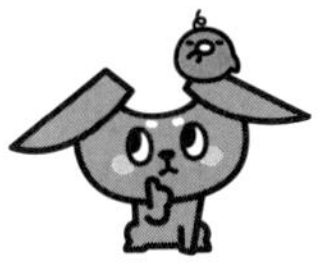

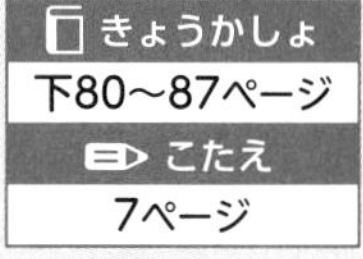

月　日

ぴったり1 じゅんび

ものの 名まえ

あたらしく がくしゅうする かん字

きょうかしょ 下90～95ページ

きょうかしょ 下90ページ

名

みじかく　はらう

よみかた
メイ
ミョウ
な

つかいかた
しょうぎの 名人(めいじん)
名字(みょうじ)と 名(な)まえ
名(な)ふだを つける

かきじゅん
1 名
2 名
3 名
4 名
5 名
6 名

夕口（くち）
6かく

かいて おぼえましょう
名 名

おぼえかた
☆夕(ゆう)＋口(くち)＝名  
「夕(ゆう)がたには 口で 名のれ」と おぼえよう。

なぞりましょう
名まえをかく
よび名をつける

夕

みじかく　はらう

よみかた
ゆう
◆セキ

つかいかた
夕日(ゆうひ)が きれい
夕立(ゆうだち)が ふる
夕(ゆう)がおの 花(はな)

かきじゅん
1 夕
2 夕
3 夕

夕（ゆうべ・た）
3かく

かいて おぼえましょう
夕 夕

できかた
三日月(みかづき)の かたちから できた。 
ゆうがたから よるに 見えるからだよ。

なぞりましょう
赤い夕やけ
夕ぐれがちかい

かん字の たしざんを やって みよう

一
＋
白
＝
□

かずの かん字を つくろう。

こたえは　12ページ

月　日

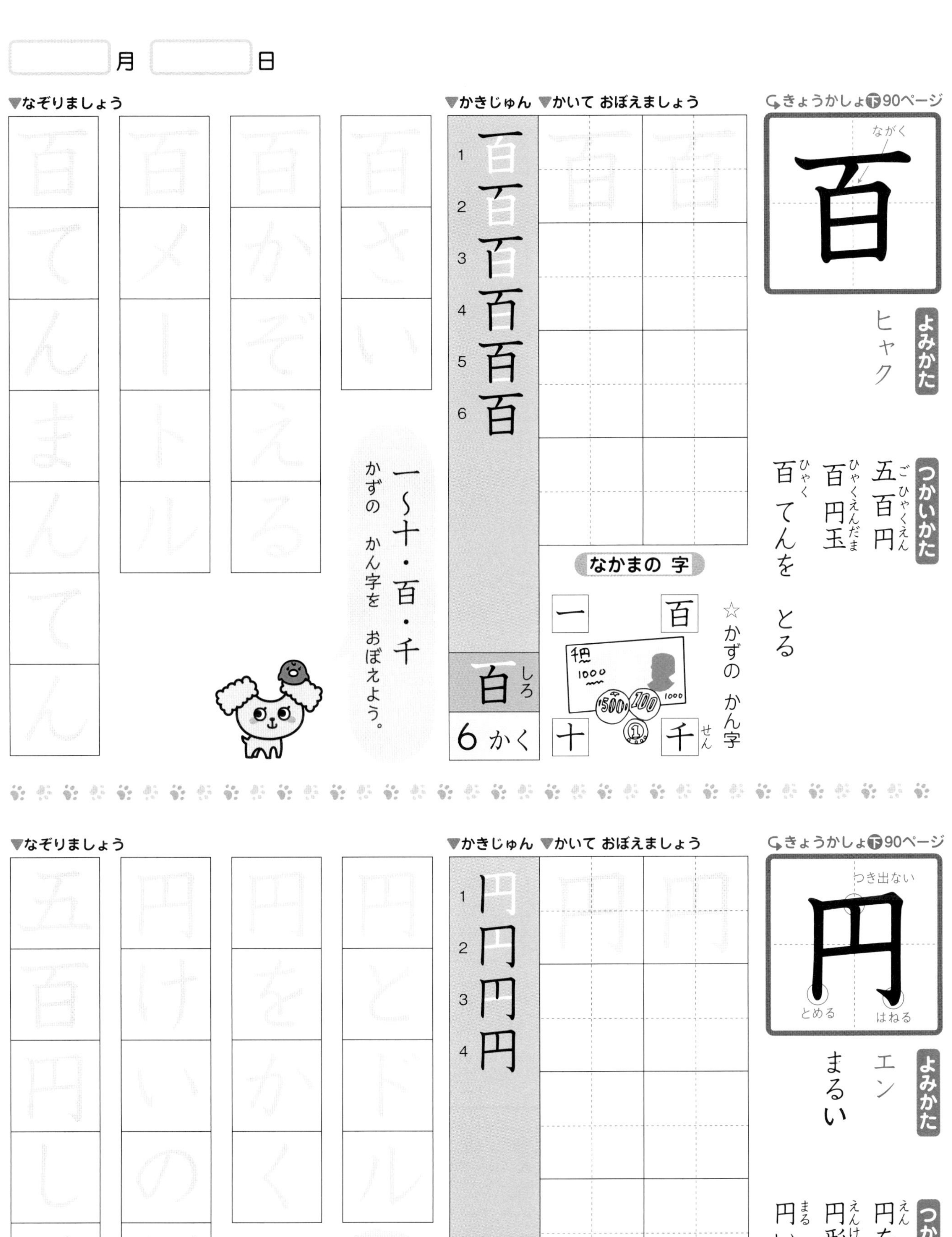

きょうかしょ下90ページ

百

ながく

よみかた

ヒャク

つかいかた

五百円（ごひゃくえん）
百円玉（ひゃくえんだま）
百（ひゃく）てんを とる

なかまの 字

☆かずの かん字
一　百　十　千（せん）

かきじゅん

1 2 3 4 5 6

白（しろ）

6かく

かいて おぼえましょう

一〜十・百・千
かずの かん字を おぼえよう。

なぞりましょう

百さい
百かぞえる
百メートル
百てんまんてん

きょうかしょ下90ページ

円

つき出ない
とめる
はねる

よみかた

エン
まるい

つかいかた

円（えん）を かく
円形（えんけい）の まど
円（まる）い かたち

字の いみ

①まるい。
②お金の たんい。

円い　百円玉

かきじゅん

1 2 3 4

円 どうがまえ けいがまえ

4かく

かいて おぼえましょう

「円」「ドル」「元（げん）」…。
くにに よって お金が
ちがうね。

なぞりましょう

円ドル
円をかく
円けいのビル
五百円しはらう

月　日

▼なぞりましょう

千ばづるをおる
千円さつ一まい
百円が十で千円
千りのみち

▼かきじゅん ▼かいて おぼえましょう

1 千 2 千 3 千

千（じゅう）

3かく

きょうかしょ下91ページ

千

つける
まん中を とおす

よみかた
セン
ち

つかいかた
千円(せんえん)さつ
三千年(さんぜんねん)まえ
千代紙(ちよがみ)を おる

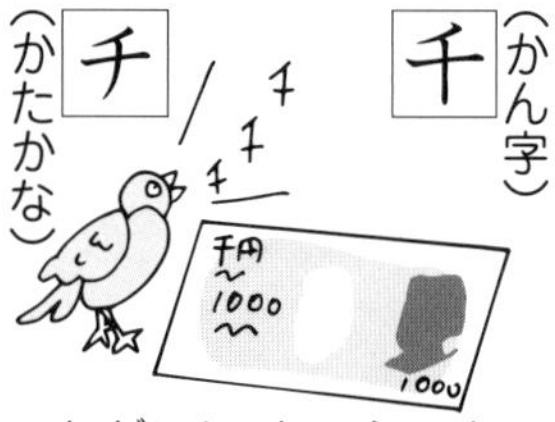

かたちの にた 字
千（かん字）
チ（かたかな）
ちがいに ちゅうい！

よみかたが あたらしい かん字

かん字	出
よみかた	だす
つかいかた	手(て)を出(だ)す
まえの よみかた	出(で)る

かん字クイズ 5

女の子の さいふの 中には、ぜんぶで いくら あるのかな？ かん字で かこう。

こたえ↓12ページ

円

月　日

ぴったり1 じゅんび

ずうっと、ずっと、大すきだよ

きょうかしょ 下108〜119ページ

あたらしく がくしゅうする かん字

きょうかしょ下108ページ

犬

わすれずに

はらう

よみかた
ケン
いぬ

つかいかた
けいさつ犬（けん）
犬（いぬ）を かう
かわいい 犬（いぬ）

できかた 
いぬの かたちから できた。

かきじゅん
1 2 3 4

犬（いぬ）
4 かく

かいて おぼえましょう

なぞりましょう
大きな犬をかう
犬のさんぽ

きょうかしょ下109ページ

早

ながく

よみかた
ソウ
はやい
はやまる
はやめる
◆サッ

つかいかた
早朝（そうちょう）の さんぽ
早（はや）く おきる
よていが 早（はや）まる

できかた 
あさはやくに 日が のぼる ようすから できた。

かきじゅん
1 2 3 4 5 6

早（ひ）
6 かく

かいて おぼえましょう

なぞりましょう
早とちり
早おき

早おきは ねむい…。

かん字の たしざんを やって みよう

日
＋
十
＝
□

どちらが 上に なるのかな。

こたえは 12ページ

月　　日

よみかたが あたらしい かん字

かん字	花	年	上
よみかた	カ	とし	のぼる
つかいかた	花(か)だん	年(とし)を とる	さかを 上(のぼ)る
まえの よみかた	ももの 花(はな)	一年(いちねん)	上(うえ) つり上(あ)げる

かん字クイズ 6

こたえ→12ページ

これは なんだろう? これは、「上」と「下」の 二字が かさなった ものなんだ。つぎの ①・②・③は、どんな 二字が かさなったんだろう。

①

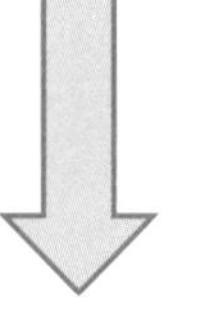

②
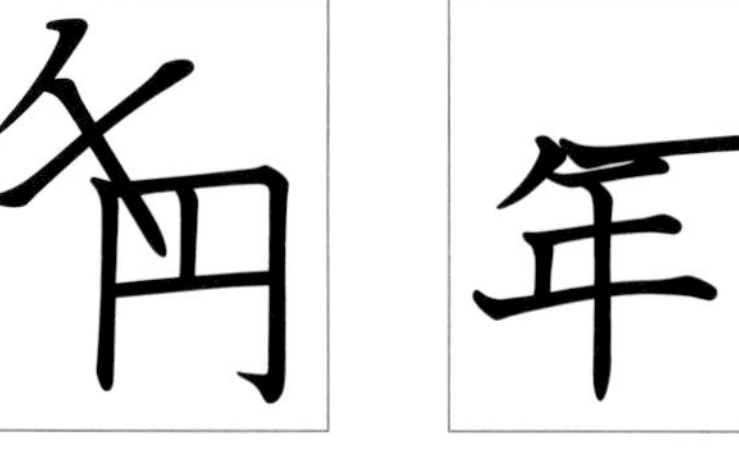
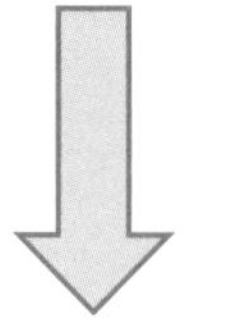

③

ものの 名まえ ずうっと、ずっと、大すきだよ

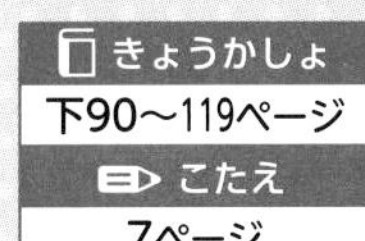

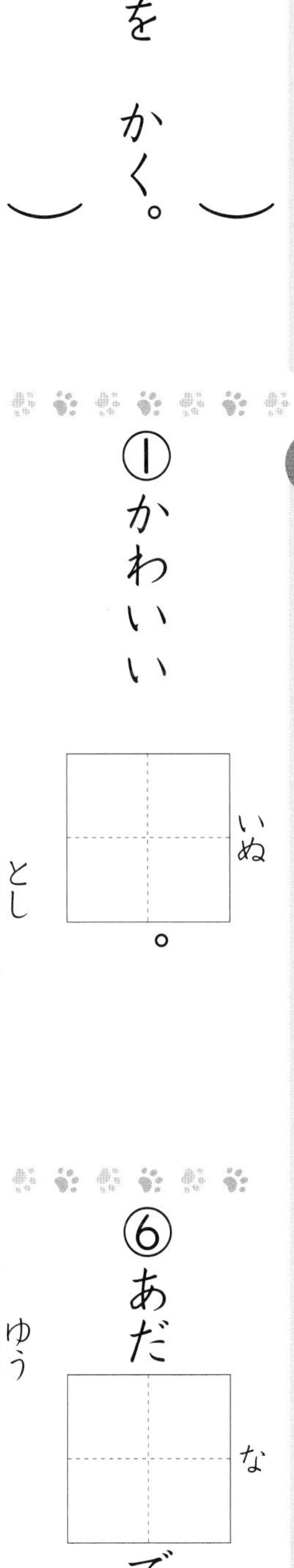

1 かん字を よみましょう。

①（　　）名まえを かく。

②（　　）赤い 夕やけ。

③（　　）百さいまで 生きる。

④（　　）円を えがく。

⑤（　　）千円さつ

⑥（　　）はがきを 出す。

2 □に かん字を かきましょう。

① かわいい □(いぬ)。

② あたらしい □(とし)。

③ さけが 川を □(のぼ)る。

④ □(か)だんに 水を やる。

⑤ □(はや)く ねる。

⑥ あだ□(な)で よぶ。

⑦ □(ゆう)がたに なる。

⑧ □□(ごひゃく)にん

⑨ 空を とぶ □(えん)ばん。

⑩ はこから □(だ)す。

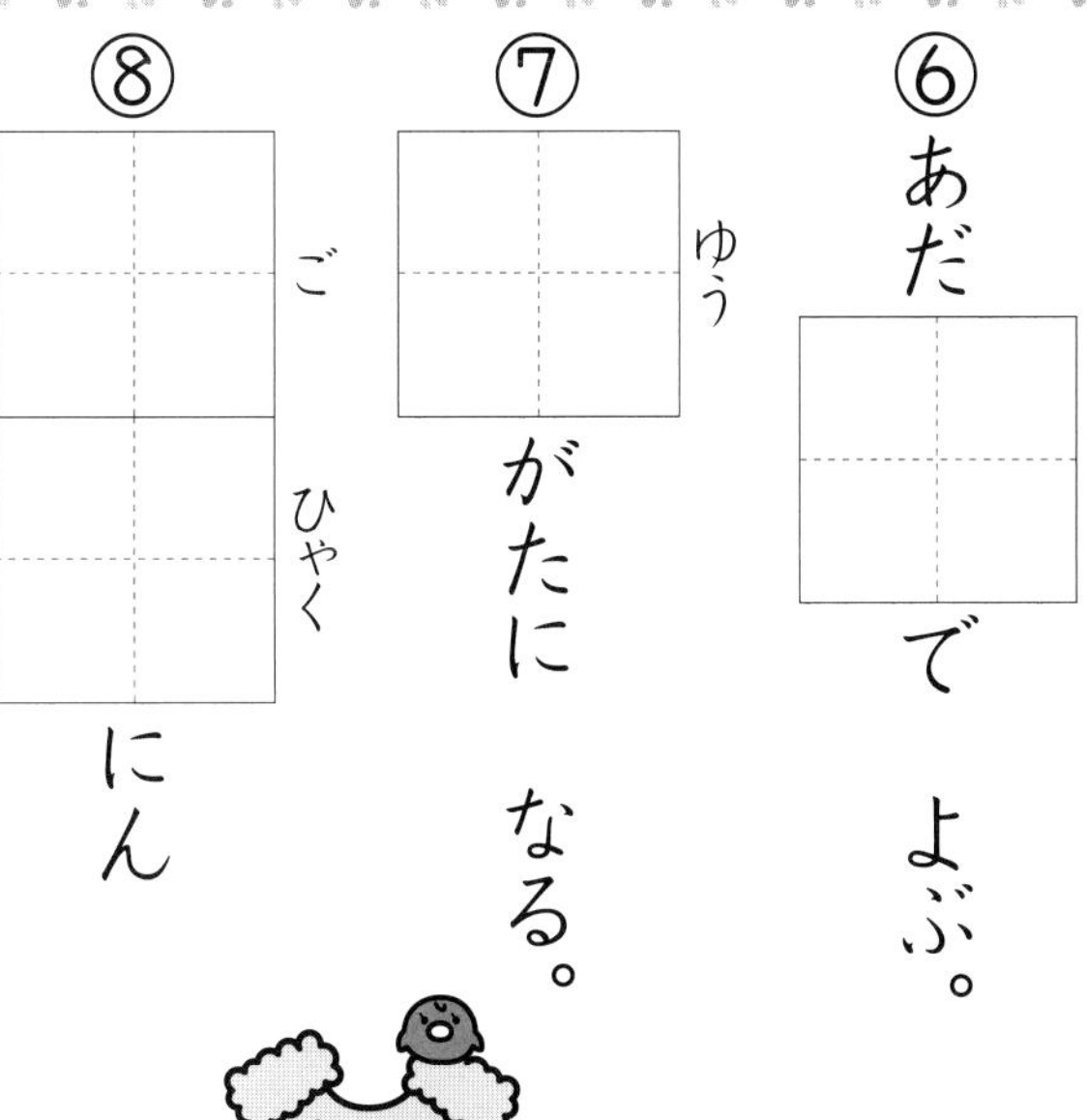

もののの　名まえ
ずうっと、ずっと、大すきだよ

月　日

1 かん字を　よみましょう。

①（　）犬を　かう。
②（　）早く　なおる。
③（　）花びんを　おく。
④（　）年を　とる。
⑤（　）さかみちを　上る。
⑥（　）あて名を　かく。

2 □に　かん字を　かきましょう。

① □（ゆう）しょくを　たべる。
② □（ひゃく）円で　かう。
③ □（せん）まで　かぞえる。
④ ごみを　□（だ）す。
⑤ □（いぬ）と　さんぽする。

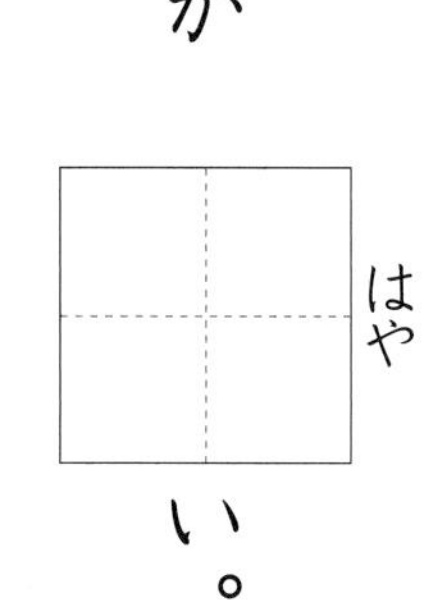

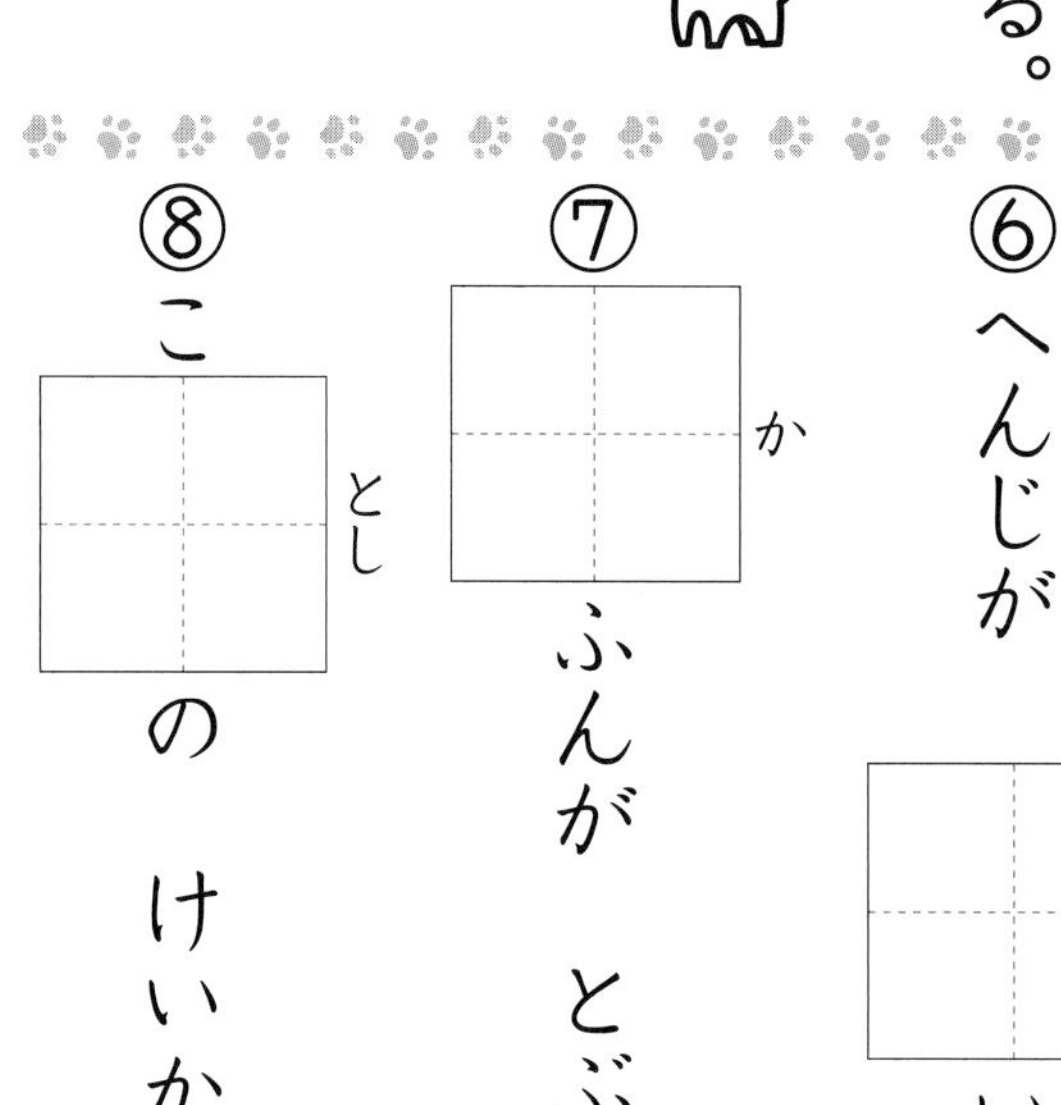

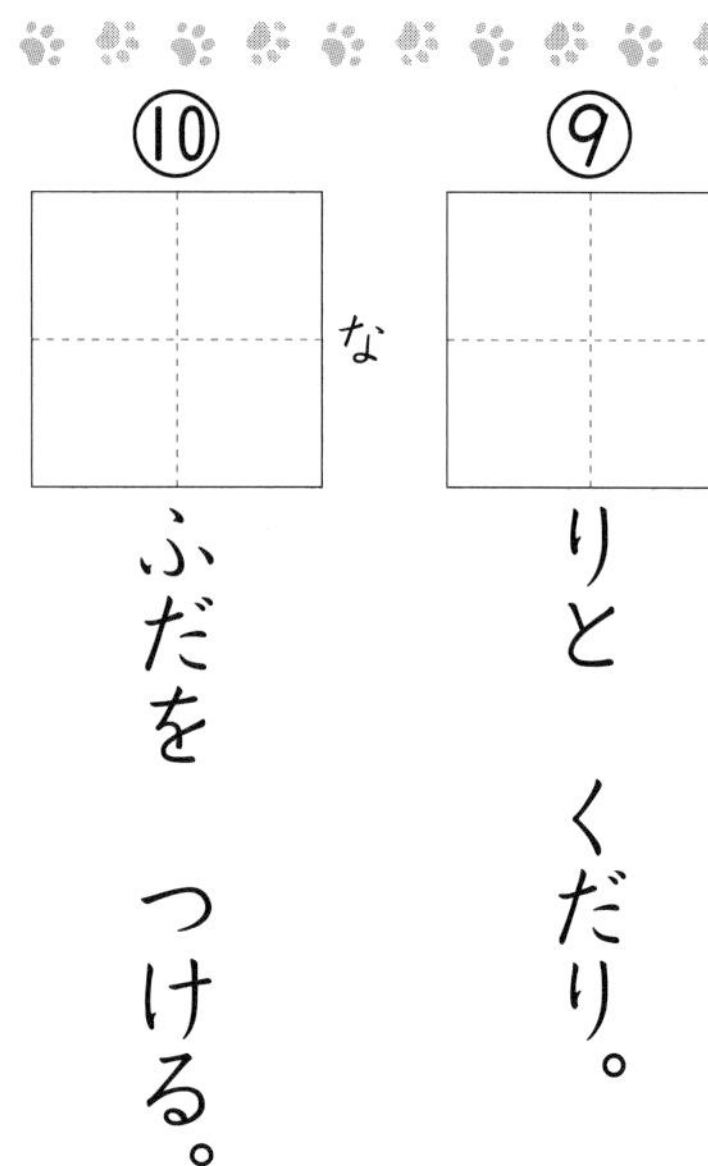

⑥ へんじが　□（はや）い。
⑦ □（か）ふんが　とぶ。
⑧ こ□（とし）の　けいかく。
⑨ □（のぼ）りと　くだり。
⑩ □（な）ふだを　つける。

きょうかしょ　下90～119ページ
こたえ　7ページ

月　日

ぴったり1 じゅんび

にて いる かん字

あたらしく がくしゅうする かん字

きょうかしょ 下120〜121ページ

きょうかしょ下120ページ

貝

はらう　とめる

よみかた

かい

つかいかた

貝（かい）を たべる

貝（かい）がらを ひろう

まき貝（がい）

かきじゅん

1 2 3 4 5 6 7

貝（かい）　こがい

7 かく

かいて おぼえましょう

貝　貝

できかた

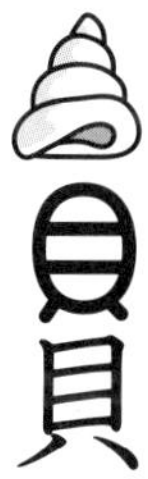

かいの かたちから できた。

なぞりましょう

貝を見つける

ほら貝をふく

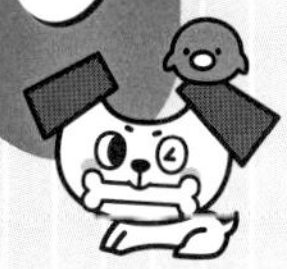

きょうかしょ下120ページ

林

みじかく　とめる　はらう　はらう　とめる

よみかた

リン

はやし

つかいかた

林間学校（りんかんがっこう）

林（はやし）の 中（なか）

すぎの 林（はやし）

かきじゅん

1 2 3 4 5 6 7 8

林（きへん）

8 かく

かいて おぼえましょう

林　林

できかた

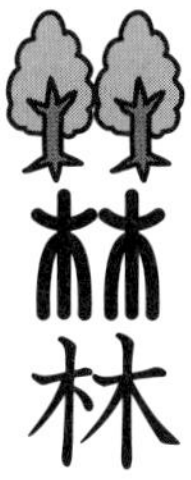

木を 二つ ならべて、木が ならんで はえて いる「はやし」を あらわした。

なぞりましょう

まつ林

ぶなの林

二つの「木」は かたちが すこし ちがうね。

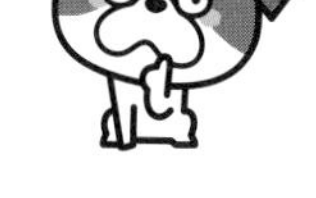

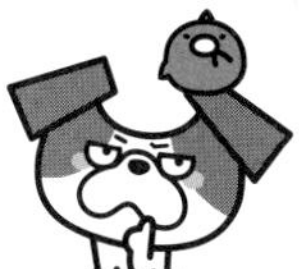

かん字の たしざんを やって みよう

木＋木＝□

よこに ならべてね。

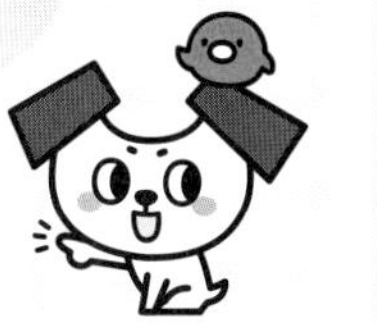

こたえは 12ページ

月　日

きょうかしょ下120ページ

右

ながく
はらう

よみかた
ウ
ユウ
みぎ

つかいかた
右せつ（う）
左右（さゆう）を 見（み）まわす
右（みぎ）がわ

▼かきじゅん ▼かいて おぼえましょう

1 右 2 右 3 右 4 右 5 右

右（くち）

5かく

かたちの にた字

石（いし）　右

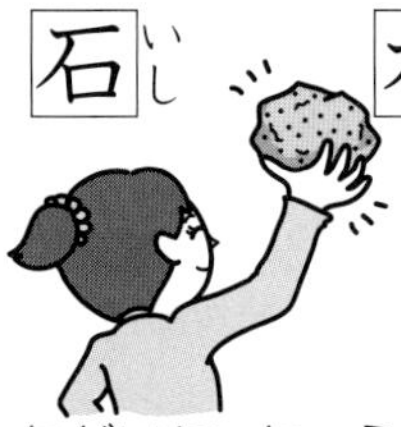

ちがいに ちゅうい！

○ノナ　×一ナ
かきじゅんの さいしょに ちゅうい！

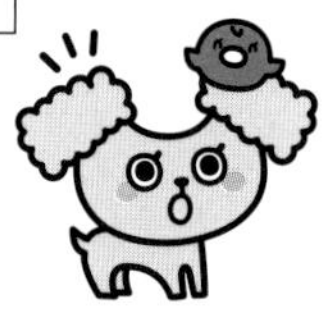

▼なぞりましょう

右きき

右のほう

右手を上げる

右がわつうこう

きょうかしょ下120ページ

足

つける
はらう

よみかた
ソク
あし
たりる・たる
たす

つかいかた
遠足（えんそく）に いく
右足（みぎあし）と 左足（ひだりあし）
お金（かね）が 足（た）りない

▼かきじゅん ▼かいて おぼえましょう

1 足 2 足 3 足 4 足 5 足 6 足 7 足

足（あし）

7かく

できかた

あしの かたちから できた。

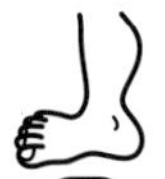

足

手・足
くみに して おぼえよう。

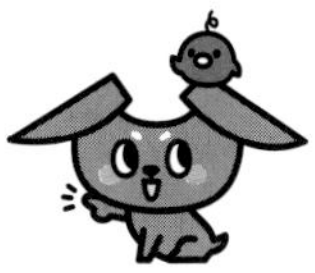

▼なぞりましょう

足ぶみ

りょう足

足がしびれた

右足をふみ出す

月　日

石

きょうかしょ下 120ページ

つき出ない
はらう

よみかた
セキ
シャク
いし
◆コク

つかいかた
岩石（がんせき）が　ころがる
じ石（しゃく）
たかい　石（いし）がき

かきじゅん
1　2　3　4　5

石（いし）
5 かく

かいて おぼえましょう

できかた 
がけ下に　ころがって　いる　いしの　かたちから　できた。

なぞりましょう
石に　つまずく
しろの　石がき
川の　中の　石ころ
石の　ちょうこく

左

きょうかしょ下 121ページ

下を　ながく
はらう

よみかた
サ
ひだり

つかいかた
左右（さゆう）の　手（て）
左（ひだり）に　まがる
左（ひだり）がわ

かきじゅん
1　2　3　4　5

左（たくみ／え）
5 かく

かいて おぼえましょう

はんたいの 字
右　左

かきじゅんの　さいしょに　ちゅうい！　「右」と　くらべて　みよう。

なぞりましょう
左の　耳
左の　ほう

よみかたが　あたらしい　かん字

かん字	文
よみかた	モン（モ）
つかいかた	文字（もじ）を　かく
まえの よみかた	文（ぶん）しょう

月　日

いい こと いっぱい、一年生

きょうかしょ 下122〜125ページ

あたらしく がくしゅうする かん字

きょうかしょ 下123ページ

力

はらう　はねる

よみかた
リョク
リキ
ちから

つかいかた
体力（たいりょく）を つける
馬力（ばりき）
力（ちから）いっぱい

▼かきじゅん ▼かいて おぼえましょう

1 ㇇
2 力

力（ちから）

2 かく

できかた

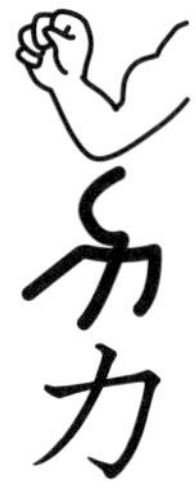

ちからを こめた うでの かたちから できた。

▼なぞりましょう

力を出す
力もち

×ノカ
かきじゅんに ちゅうい！

よみかたが あたらしい かん字

かん字	よみかた	つかいかた	まえの よみかた
学	まなぶ	字（じ）を学（まな）ぶ	学校（がっこう）　学年（がくねん）
入	いれる　いる	玉入（たまい）れ	へやに 入（はい）る

こたえは 12ページ

一年生で ならう かん字は これで ぜんぶ 出て きましたよ。かん字を 正しく よんで、かいて、つかえるように なりましょう。

かん字クイズ７

つぎの　えの　□に　あてはまる　ことばを　下から　えらんで、かん字に　なおして　かきましょう。

こたえ↓12ページ

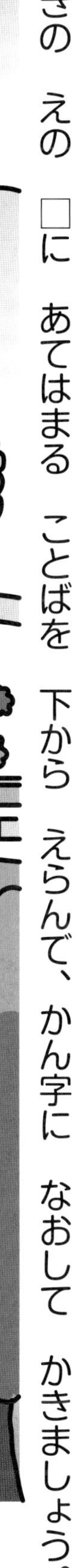

①　②　③　④　⑤　⑥　⑦　⑧　⑨　⑩

やま　かわ　むし　まち　むら　き　はやし　いぬ　た　そら

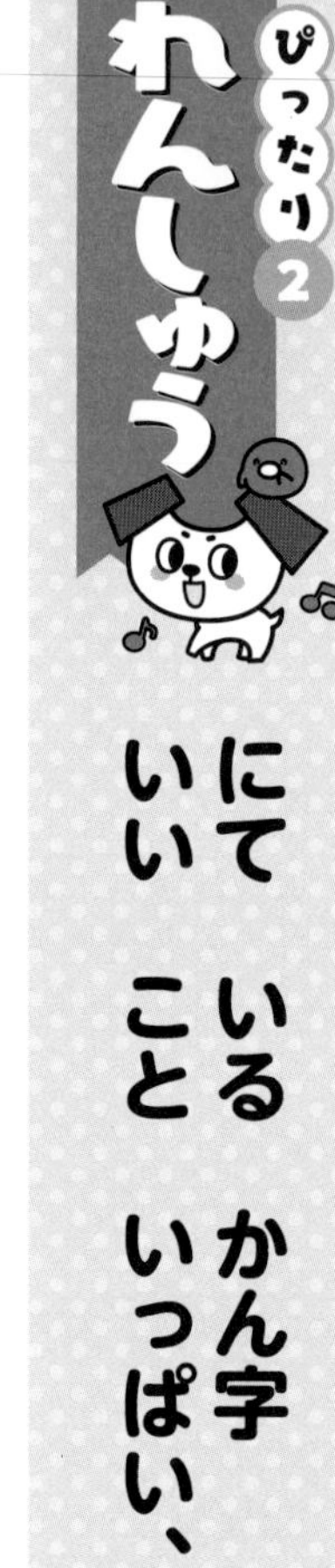

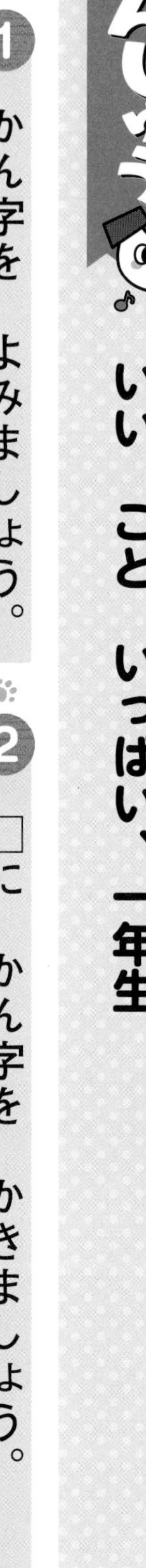

月　　日

ぴったり2 れんしゅう

にて いる かん字 いい こと いっぱい、一年生

1 かん字を よみましょう。

① （　　）貝がらを さがす。

② （　　）林の 中。

③ （　　）右を 見る。

④ （　　）足ぶみを する。

⑤ （　　）石を ひろう。

⑥ （　　）左手を あげる。

2 □に かん字を かきましょう。

① □□（もじ）を かく。

② たのしく □（まな）ぶ。

③ □（ちから）を こめる。

④ はこに □（い）れる。

⑤ □（かい）の みそしる。

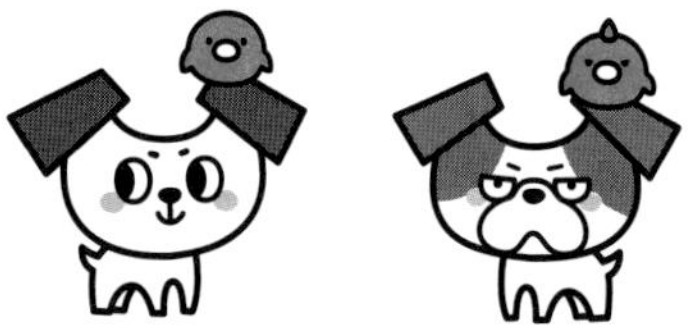

⑥ □（みぎ）に まがる。

⑦ □（あし）が はやい。

⑧ □（いし）を どかす。

⑨ どうろの □（ひだり）がわ。

⑩ □（ちから）を あわせる。

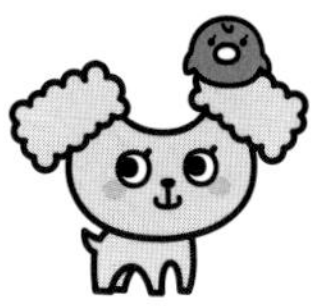

きょうかしょ 下120～125ページ
こたえ 8ページ

にて いる かん字 いい こと いっぱい、一年生

月　日

1 かん字を よみましょう。

① ふくろに 入（　）れる。

② きれいな 貝（　）がら。

③ 村の ちかくの 林（　）。

④ 右（　）どなりの 人。

⑤ 本を よんで 学（　）ぶ。

⑥ 左（　）を 見る。

2 □に かん字を かきましょう。

① こくごを □（まな）ぶ。

② □（ちから）くらべ

③ □□（たまい）れで かつ。

④ 二まい □（がい）

⑤ □（はやし）に すむ 生きもの。

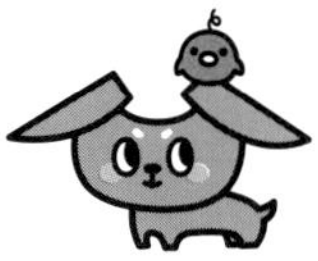

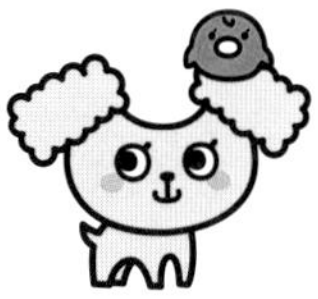

⑥ □□（あしおと）を 立てる。

⑦ □□（みぎて）を ひらく。

⑧ □（いし）を もち上げる。

⑨ □（ひだり）がわを はしる 車。

⑩ □（もん）くを いう。

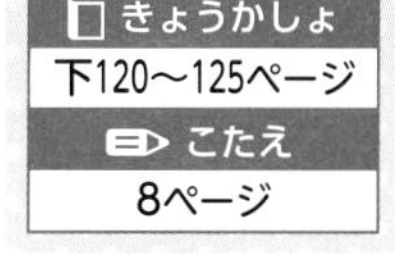

はるの チャレンジテスト①

じかん30ぷん
/100
ごうかく80てん
きょうかしょ 下80〜125ページ
こたえ 8ページ

1 ——せんの かん字の よみがなを かきましょう。 一つ2てん（20てん）

① 赤（　）ちゃんが 生（　）まれる。

② 左（　）の 耳（　）を かく。

③ 林（　）に ついて 学（　）ぶ。

④ 右手（　）で 文字（　）を かく。

⑤ はがきを 百（　）まい 出（　）す。

2 つぎの かん字の 正しい かきじゅんに ○を つけましょう。 一つ4てん（20てん）

① 生
あ（　）丿 𠂉 牛 牛 生
い（　）丿 𠂉 𠂉 㐄 生

② 左
あ（　）一 ナ 𠂇 左 左
い（　）丿 ナ 𠂇 左 左

③ 右
あ（　）一 ナ 𠂇 右 右
い（　）丿 ナ 𠂇 右 右

④ 糸
あ（　）く 幺 幺 糸 糸 糸
い（　）く 幺 糸 糸 糸 糸

⑤ 耳
あ（　）一 丅 冂 冃 冃 耳
い（　）一 丅 下 下 冃 耳
う（　）一 丅 下 下 三 耳

月　日

3 かたちに　気を　つけて、□に　かん字を　かきましょう。

一つ4てん（24てん）

① あ さくら［がい］
い ほしを［み］る。

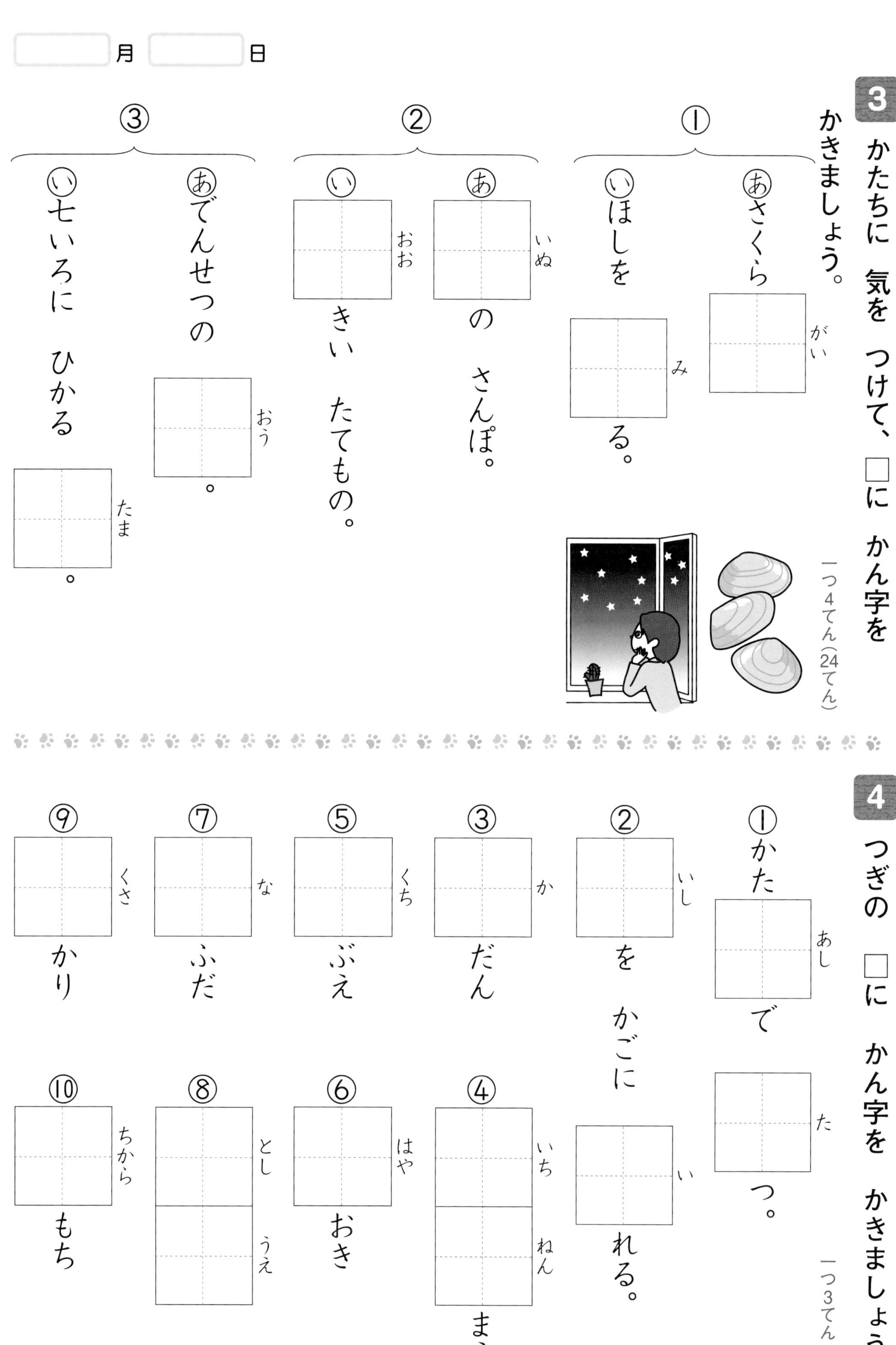

② あ［いぬ］の　さんぽ。
い［おお］きい　たてもの。

③ あ でんせつの［おう］。
い 七いろに　ひかる［たま］。

4 つぎの　□に　かん字を　かきましょう。

一つ3てん（36てん）

① かた［あし］で［た］つ。

② ［いし］を　かごに［い］れる。

③ ［か］だん

④ ［いち］［ねん］まえ

⑤ ［くち］ぶえ

⑥ ［はや］おき

⑦ ［な］ふだ

⑧ ［とし］［うえ］

⑨ ［くさ］かり

⑩ ［ちから］もち

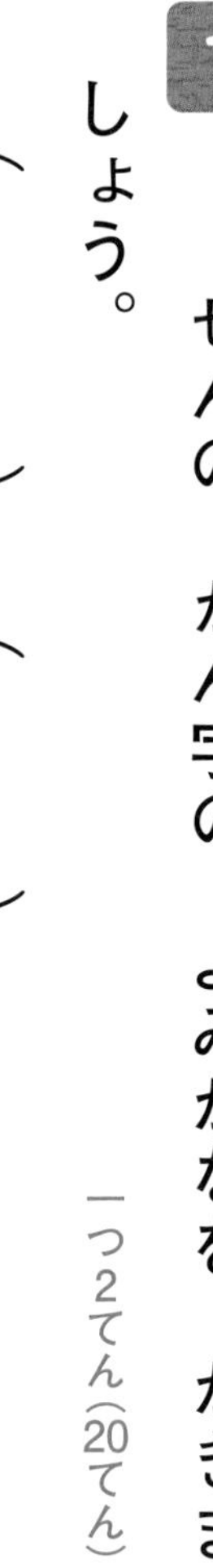

はるの　チャレンジテスト②

じかん30ぷん　／100　ごうかく80てん

きょうかしょ　下80～125ページ
こたえ　9ページ

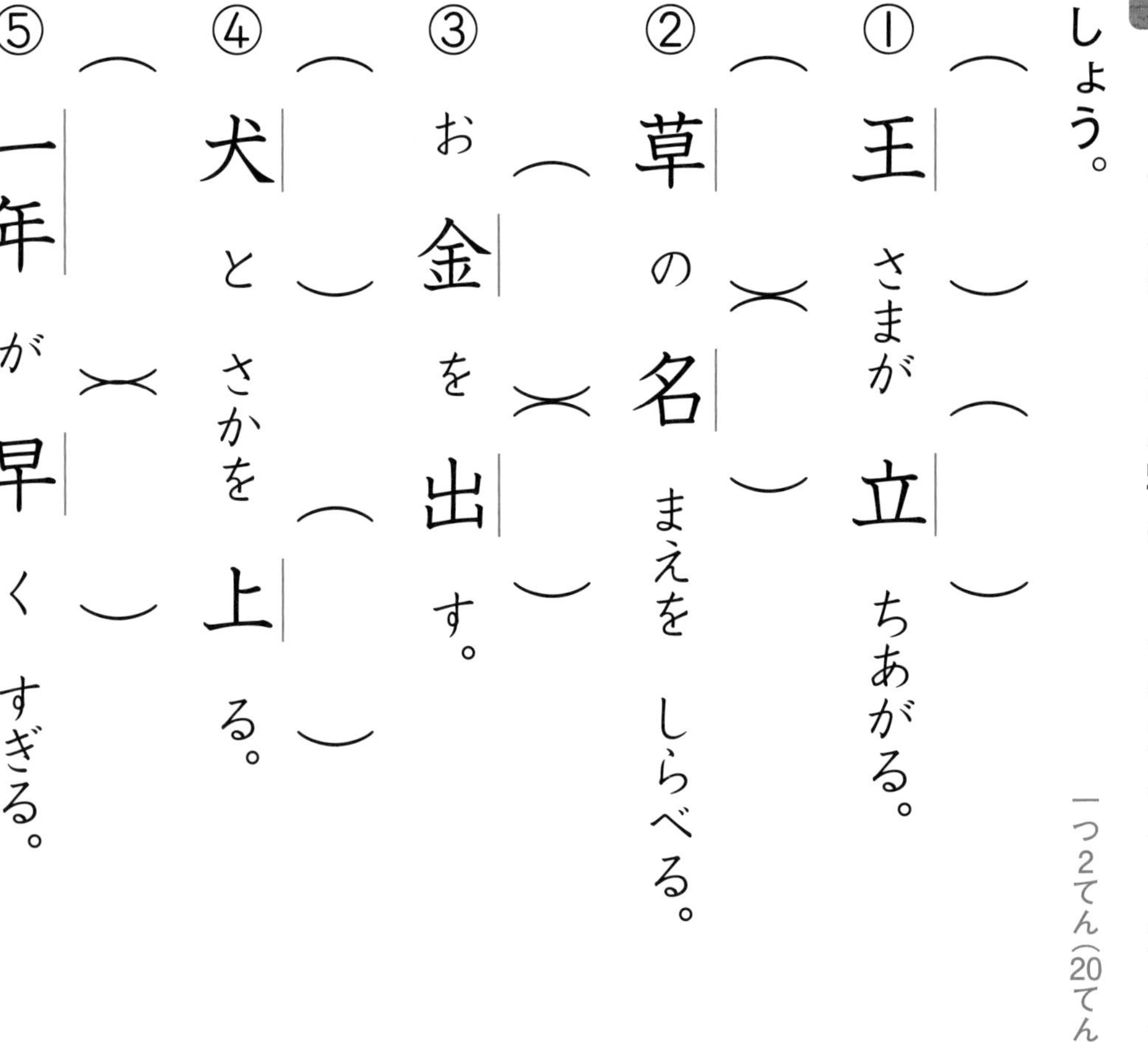

1 ―せんの　かん字の　よみがなを　かきましょう。　一つ2てん（20てん）

① （　　）王さまが　（　　）立ちあがる。

② （　　）草の　（　　）名まえを　しらべる。

③ お（　　）金を　（　　）出す。

④ （　　）犬と　さかを　（　　）上る。

⑤ （　　）一年が　（　　）早く　すぎる。

2 下の　えに　あう　ほうに　○を　つけましょう。　一つ4てん（20てん）

① あ（　）五百円　い（　）三百円

② あ（　）七月三日　い（　）八月八日

③ あ（　）上る　い（　）下りる

④ あ（　）山に　のぼる。　い（　）川で　およぐ。

⑤ あ（　）花が　さく。　い（　）竹が　のびる。

月　日

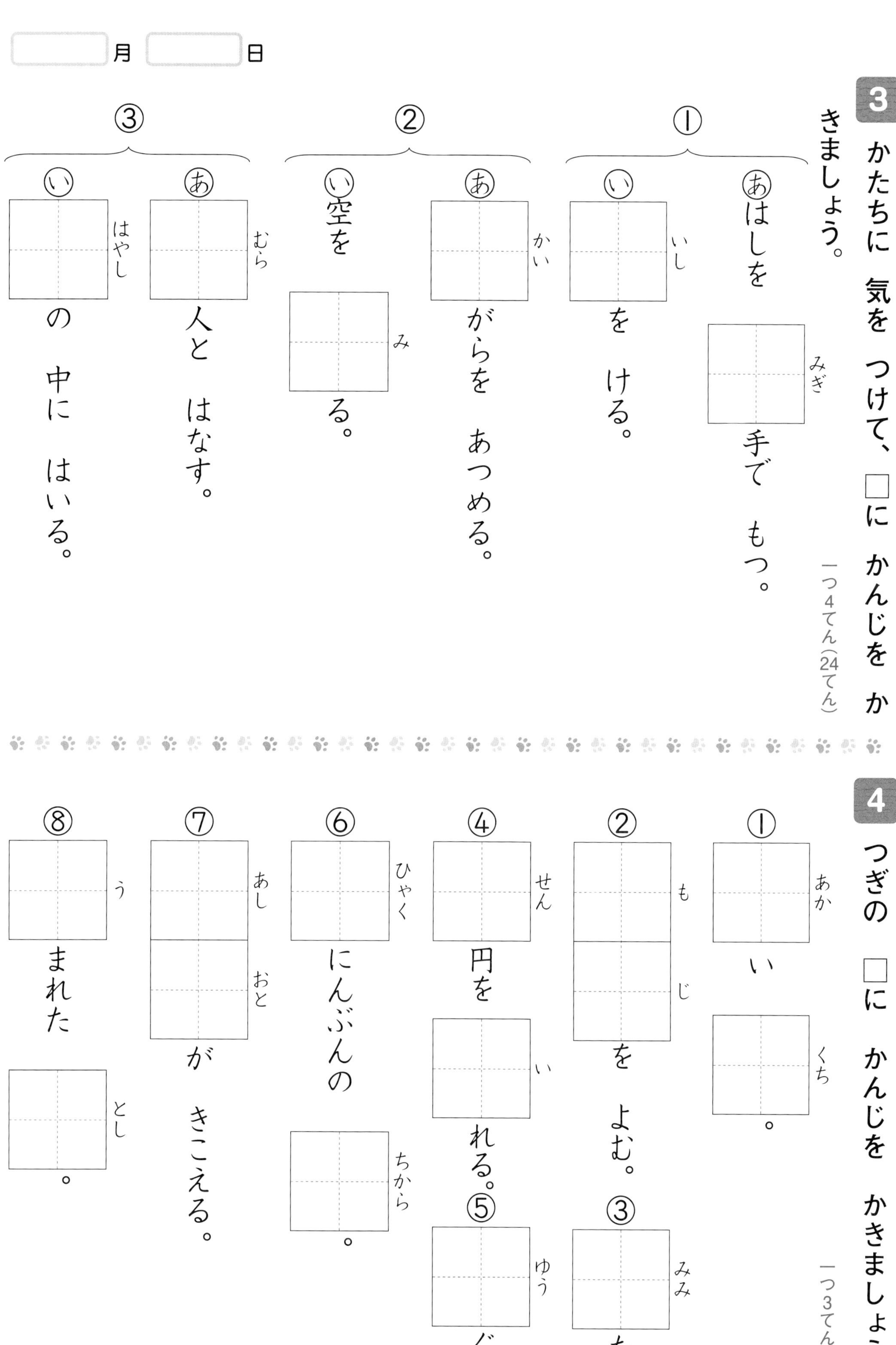

3 かたちに　気を　つけて、□に　かんじを　かきましょう。　一つ4てん（24てん）

①
㋐ はしを　□（みぎ）手で　もつ。
㋑ □（いし）を　ける。

②
㋐ □（かい）がらを　あつめる。
㋑ 空を　□（み）る。

③
㋐ □（むら）人と　はなす。
㋑ □（はやし）の　中に　はいる。

4 つぎの　□に　かんじを　かきましょう。　一つ3てん（36てん）

① □（あか）い　□（くち）。
② □□（もじ）を　よむ。
③ □（みみ）たぶ
④ □（せん）円を　□（い）れる。
⑤ □（ゆう）ぐれ
⑥ □（ひゃく）にんぶんの　□（ちから）。
⑦ □□（あしおと）が　きこえる。
⑧ □（う）まれた　□（とし）。

よみかたさくいん

❖一年生で ならう かん字の よみを ぜんぶ のせて います。
❖かたかなは 音よみ、ひらがなは くんよみです。
❖＊の よみは 小学校では ならわない よみかたです。
❖すう字は この 本で 出て くる ページです。

ジョウ 上 31
しら 白 43
しろ 白 43
しろい 白 43
シン 森 53
ジン 人 39

ス 子 19
スイ 水 30
＊スイ 出 54

セイ 生 20
セイ 青 23
セイ 正 26
セキ 赤 62
＊セキ 夕 68
セキ 石 77
セン 先 20
＊セン 川 34
セン 千 70

そ

ソウ 草 65
ソウ 早 71
ソク 足 76
そら 空 19
ソン 村 42

＊た 手 22
た 田 33
タイ 大 10
ダイ 大 10
たけ 竹 34
たす 足 76
だす 出 54
ただしい 正 26
ただす 正 26
たつ 立 64
たてる 立 64
たま（だま） 玉 42
たりる 足 76
たる 足 76
ダン 男 21

ち 千 70
ちいさい 小 11
ちから 力 78
チク 竹 34
チュウ 虫 49
チュウ 中 54
チョウ 町 55

つき 月 35
つち 土 43

て 手 22
でる 出 54
テン 天 22
デン 田 33

ト 土 43
と 十 16
ド 土 43
とお 十 16
とし 年 64

な 名 68
なか 中 54
なな 七 15
ななつ 七 15
なの 七 15
なま 生 20
ナン 男 21

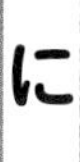

ニ 二 12
ニチ 日 32
ニュウ 入 55
＊ニョ 女 21
＊ニョウ 女 21
ニン 人 39

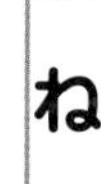

ね 音 44
ネン 年 64

＊のぼす 上 31
＊のぼせる 上 31
のぼる 上 31

はいる 入 55
はえる 生 20
ハク 白 43
ハチ（ハッ） 八 15
はな 花 48
はやい 早 71
はやし 林 75
はやす 生 20
はやまる 早 71
はやめる 早 71

ひ 日 32
ひ 火 33
ひだり 左 77
ひと 一 12
ひと 人 39
ひとつ 一 12
ヒャク 百 69
＊ビャク 白 43

ふた 二 12
ふたつ 二 12
＊ふみ 文 25
ブン 文 25

＊ほ 火 33
ボク 木 10
＊ボク 目 41
ホン 本 53

＊ま 目 41
まさ 正 26
まち 町 55
まなぶ 学 27
まるい 円 69

み 三 13
みえる 見 27
みぎ 右 76
みず 水 30
みせる 見 27
みつ 三 13
みっつ 三 13
みみ 耳 62
ミョウ 名 68
みる 見 27

む 六 14
むい 六 14
むし 虫 49
むつ 六 14
むっつ 六 14
むら 村 42

ろ

1年 かん字のまとめ

学力(がくりょく)しんだんテスト①

なまえ　　　月　　日

じかん 30ぷん

ごうかく80てん　　／100

こたえ10ページ

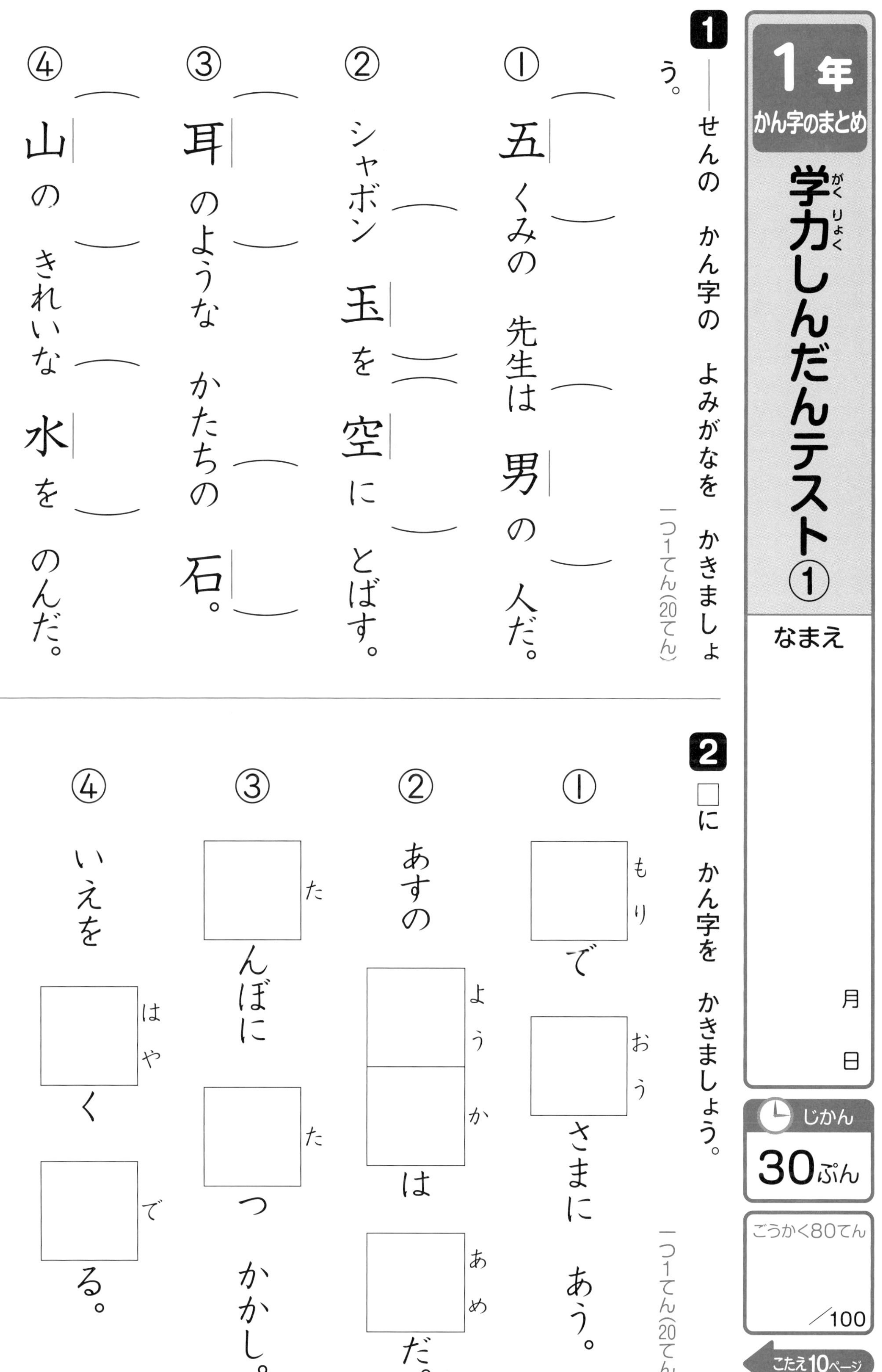

1 ――せんの かん字の よみがなを かきましょう。　一つ1てん(20てん)

① 五くみの 先生は 男の 人だ。

② シャボン玉を 空に とばす。

③ 耳のような かたちの 石。

④ 山の きれいな 水を のんだ。

2 □に かん字を かきましょう。　一つ1てん(20てん)

① □(もり)で □(おう)さまに あう。

② あすの □□(ようか)は □(あめ)だ。

③ □(た)んぼに □(た)つ かかし。

④ いえを □(はや)く □(で)る。

(切り取り線)

4 つぎの かん字の 二とおりの よみかたを かきましょう。 一つ2てん(20てん)

① 文
- あ 文しょう （　　）
- い 文字を かく。（　　）

② 火
- あ 火ようび （　　）
- い 火を けす。（　　）

③ 水
- あ いんりょう水 （　　）
- い 水たまり （　　）

④ 金
- あ お金もち （　　）
- い 金こに しまう。（　　）

⑤ 正
- あ 正じきな 子。（　　）
- い 正しい 字。（　　）

（切り取り線）

6 つぎの ―せんの まちがった かん字を ただしい 字に なおしましょう。 一つ2てん(12てん)

① 石手を あげる。

② にわの 上を ほる。

③ 青い うみを 貝る。

④ 町で 入に あう。

⑤ かん学を かく。

⑥ 大ぷらを たべる。

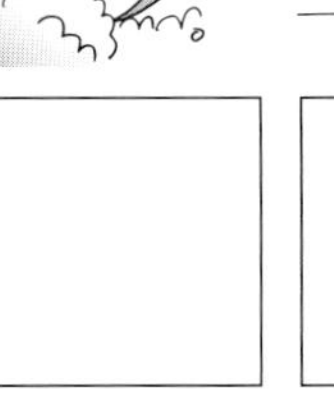

3 えの　ものの　かずを、かん字を　つかって　かきましょう。
一つ2てん(8てん)

〈れい〉 三びき

①

②

③

④

（切り取り線）

5 あとの □ から　なかまの　かん字を　えらんで、□の　かずだけ　かきましょう。
一つ2てん(20てん)

① いろを　あらわす　かん字。

② かずを　あらわす　かん字。

③ しょくぶつを　あらわす　かん字。

千　小　竹　赤　九　木
白　百　女　花　青　草

⑤ この本（　）は、百（　）ページ ある。

⑥ 村（　）で すこしの あいだ 休（　）む。

⑦ 名（　）まえも しらない 子（　）。

⑧ 竹（　）やぶに めずらしい 虫（　）が いた。

⑨ 町（　）に ついての 文（　）を かく。

⑩ 左手（　）に きれいな 花（　）を もつ。

---

⑤ □きな □が ほえる。

⑥ □（つき）を □□（みあ）げる。

⑦ □（あま）の □（がわ）が きれいだ。

⑧ □（くるま）に □（き）を つける。

⑨ うちの □（なか）に □（はい）る。

⑩ 木の □（した）で □（えん）に なる。

➡うらにも もんだいが あります。

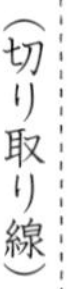

1年 かん字のまとめ

学力（がくりょく）しんだんテスト②

なまえ

月　日

じかん 30ぷん

ごうかく80てん

／100

こたえ 11ページ

1 ―せんの かん字の よみがなを かきましょう。 一つ1てん(20てん)

① 早く（　） おきて 学校（　）に いく。

② 犬（　）を つれて 森（　）に いく。

③ 王（　）さまが 金（　）いろの いすに すわる。

④ しせいを 正（　）すと 気（　）もちが よい。

2 □に かん字を かきましょう。 一つ1てん(20てん)

① □（きゅう）本の はたを □（た）てる。

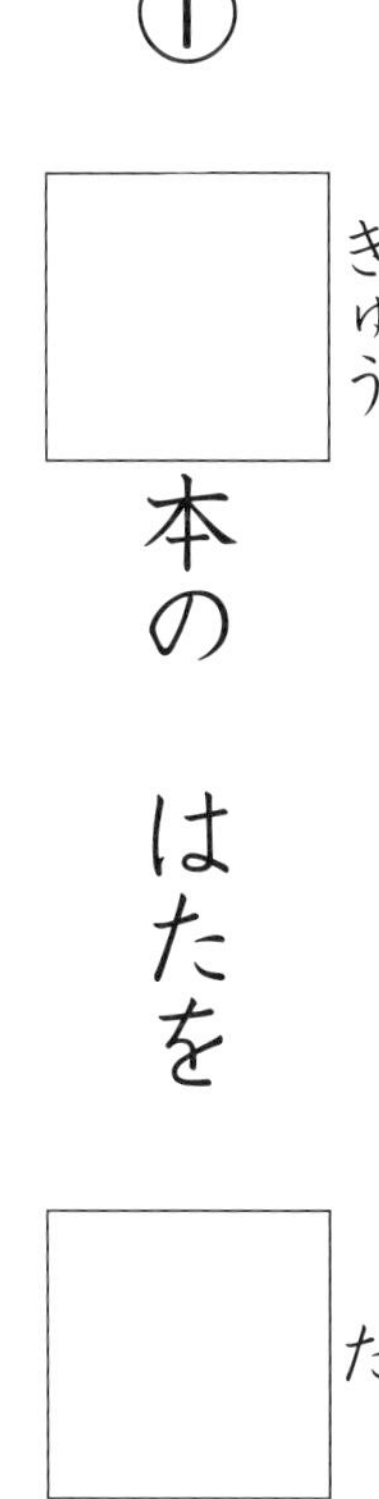

② □（ひ）が □（あか）く もえる。

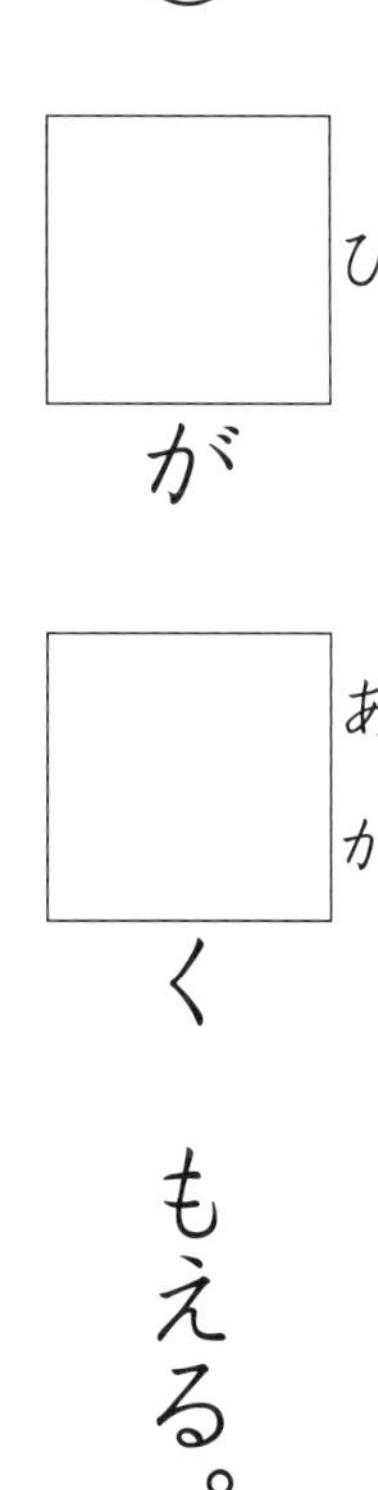

③ □（おんな）の子に □（な）まえを きく。

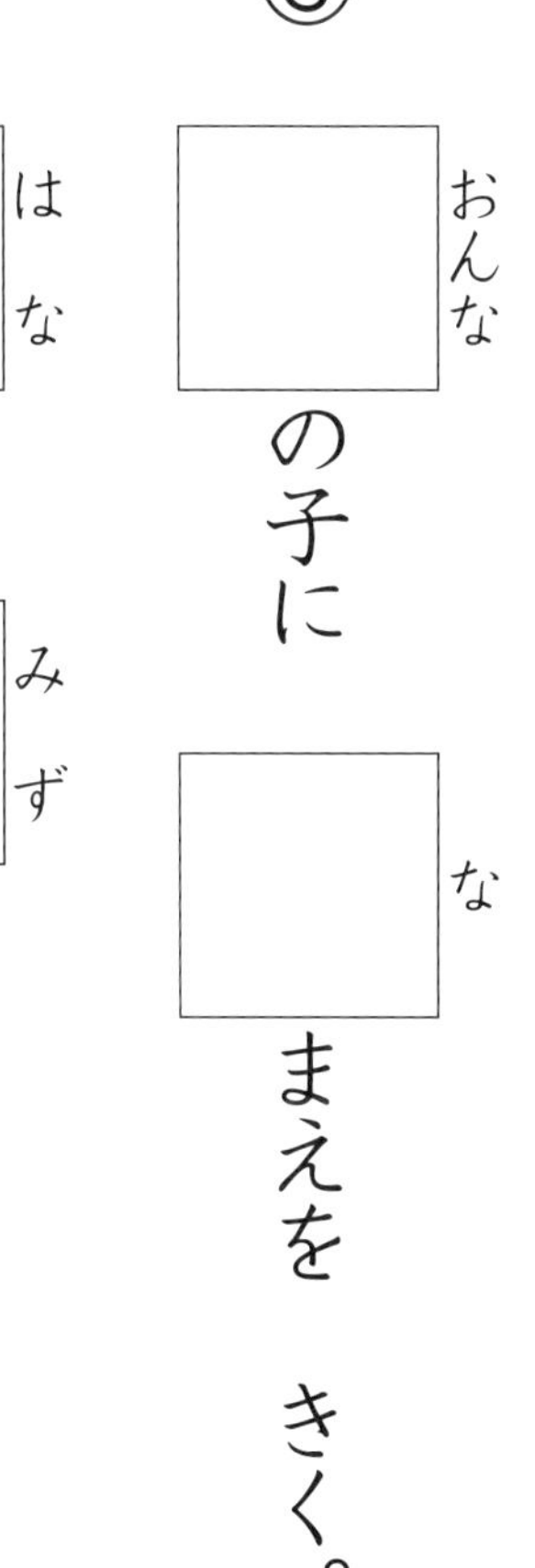

④ □（はな）に □（みず）を やる。

も じ

ち い

(切り取り線)

4 つぎの　かん字の　赤い　ぶぶんは、なんばんめに　かきますか。□に　すう字を　かきましょう。

一つ2てん(20てん)

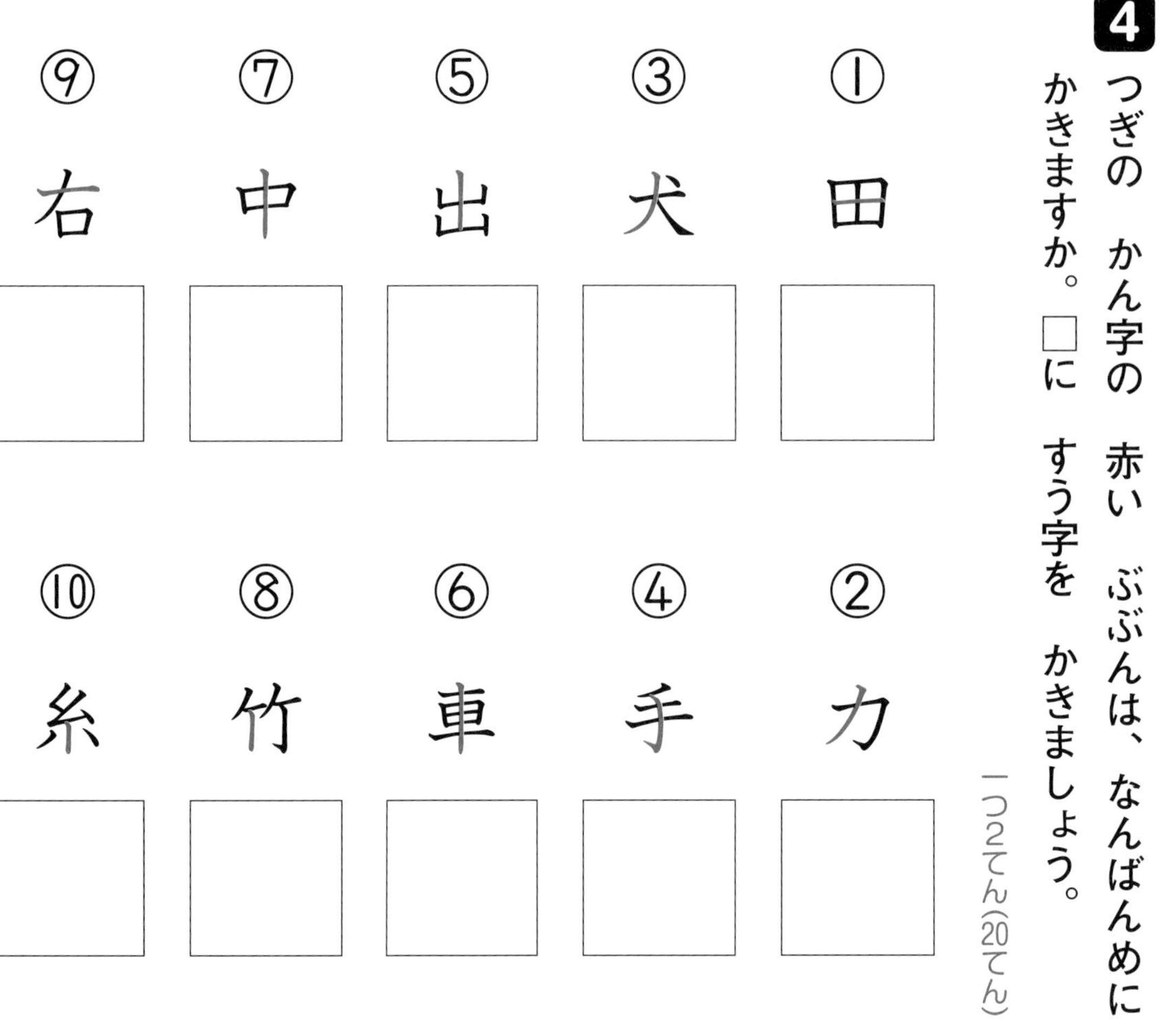

(切り取り線)

6 つぎの　からだの　ぶぶんを　あらわす　かん字を　□に、かきましょう。

一つ4てん(16てん)

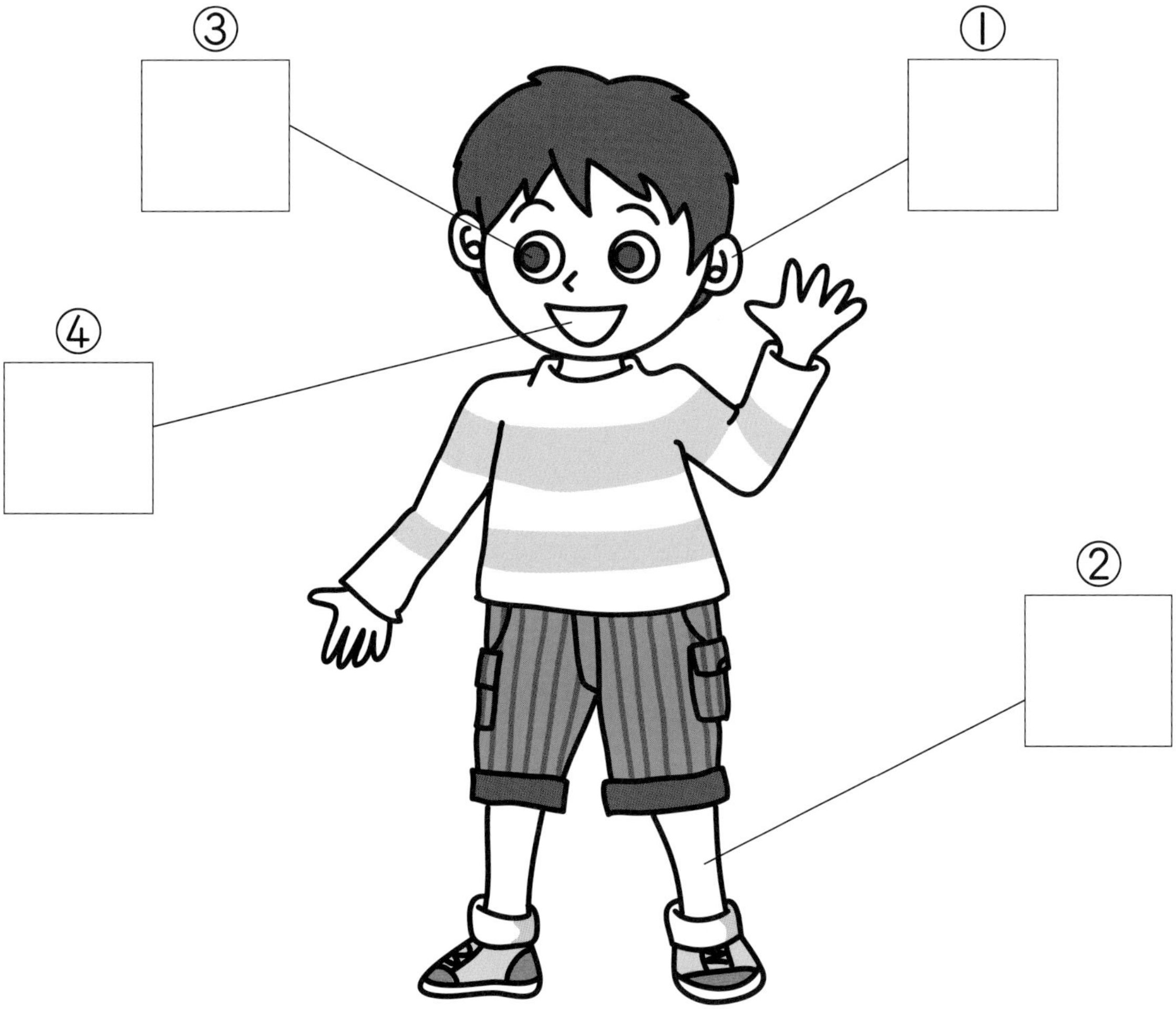

①

②

③

④

3 うえの ことばと はんたいの いみの ことばを、かん字で かきましょう。 一つ2てん（14てん）

① すわる ↕ □つ

② はたらく ↕ □む

③ 右 ↕ □

④ にせもの ↕ □もの

⑤ はれ ↕ □

⑥ おとな ↕ □ども

⑦ 出す ↕ □れる

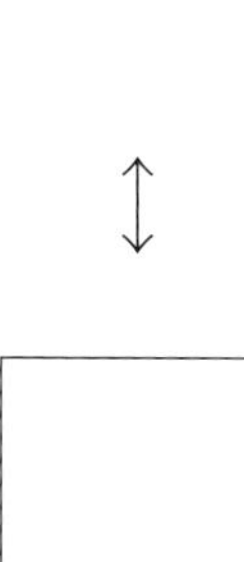
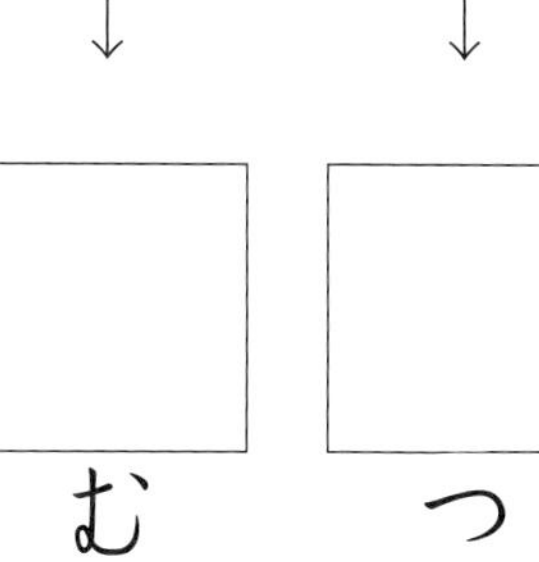

---

5 つぎの かん字に 下の □の ぶぶんを つけて、べつの かん字を つくりましょう。 ぶぶん・かん字とも せいかいで 一つ2てん（10てん）

〈れい〉 一 ＋ 十 ＝ 土

① 木 ＋ □ ＝ □

② 八 ＋ □ ＝ □

③ 大 ＋ □ ＝ □

④ 早 ＋ □ ＝ □

⑤ 田 ＋ □ ＝ □

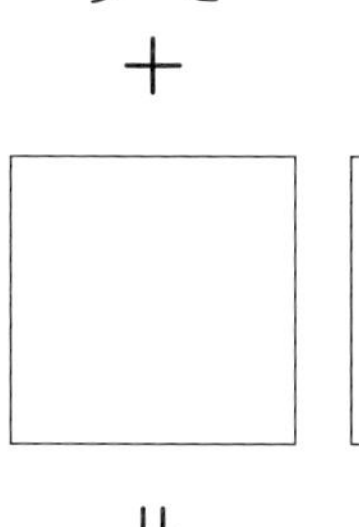
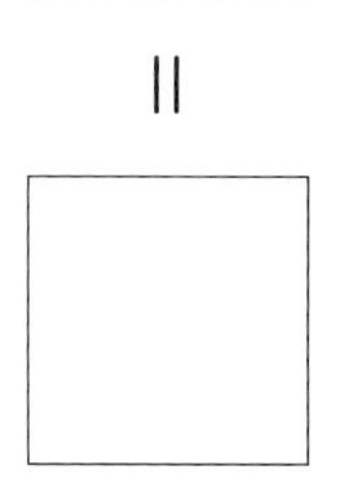
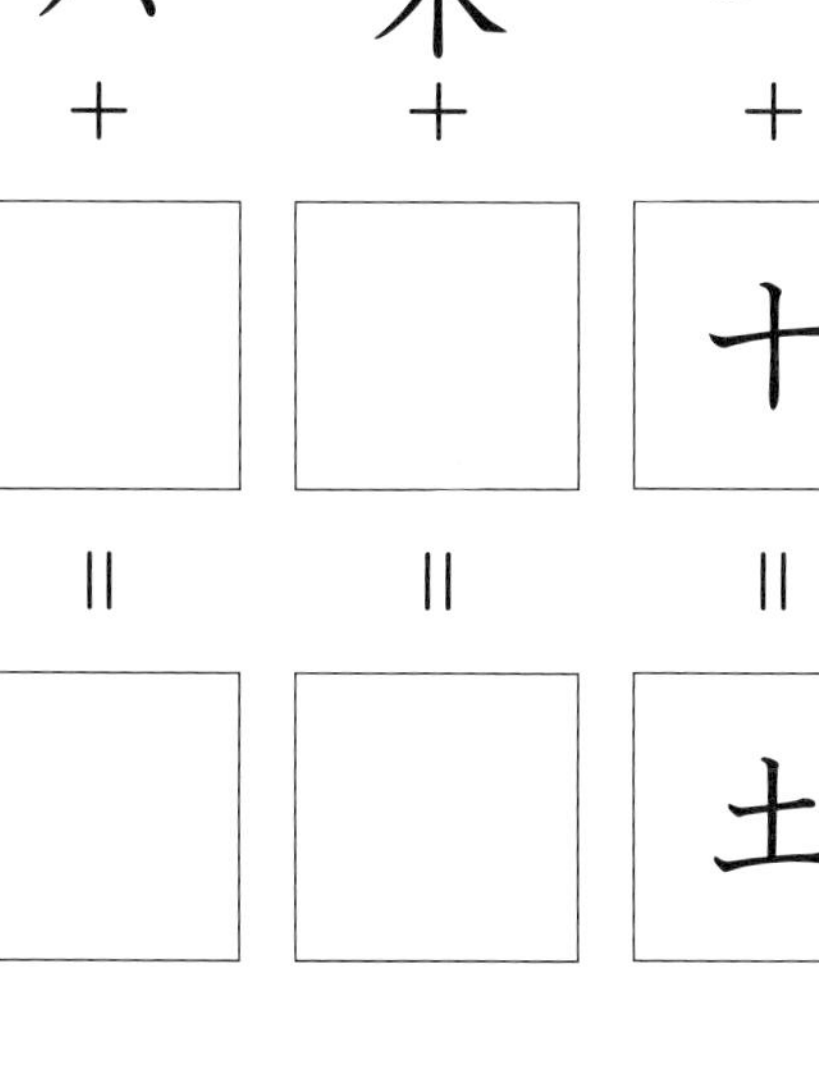
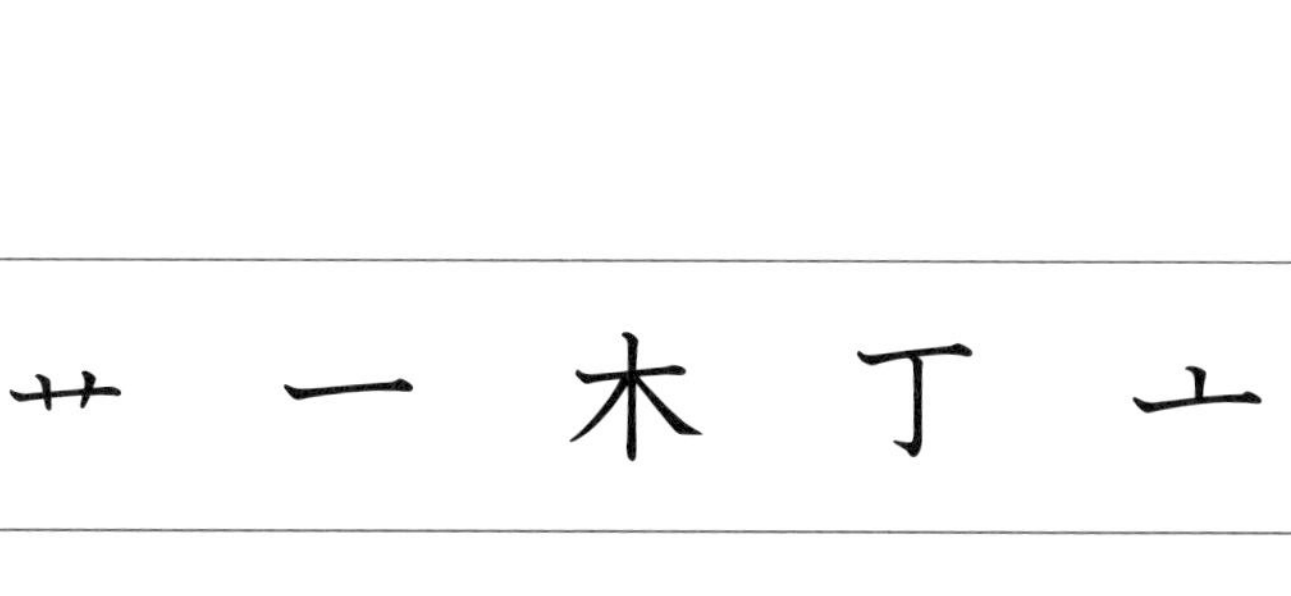

艹　一　木　丁　亠

（切り取り線）

⑤ 木（　）ようびに 川（　）で あそんだ。

⑥ 青（　）い りっぱな 車（　）が とまった。

⑦ 力（　）を あわせて 土（　）を もる。

⑧ 百（　）にんの 男（　）が あつまる。

⑨ ビルの 上（　）から けしきを 見（　）る。

⑩ かべに 大（　）きな しみが 七（　）つ ある。

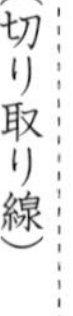

⑤ □□を □ さく かく。

⑥ □（しろ）い □（かい）がらを ひろう。

⑦ □（やま）に □□（ゆうひ）が しずむ。

⑧ □□（ごがつ）に □（う）まれる。

⑨ □（むし）が □（そら）を とぶ。

⑩ □（はやし）の 先に □（むら）が ある。

↩うらにも もんだいが あります。

この「まるつけラクラクかいとう」はとりはずしてお使いください。

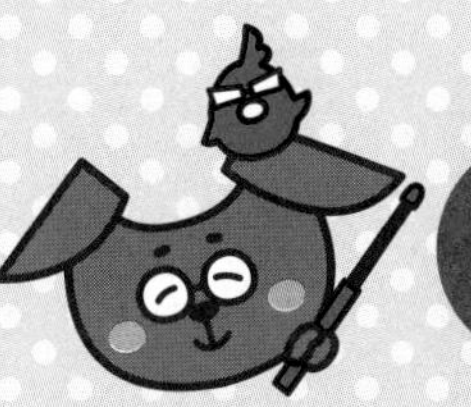

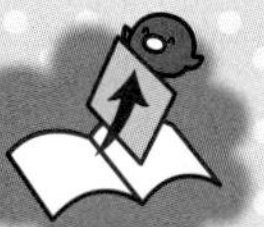

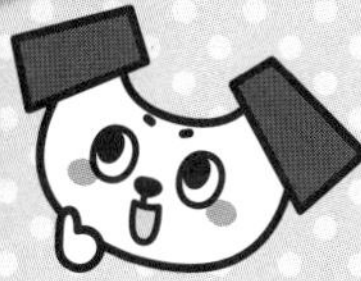

教科書ぴったりトレーニング

まるつけラクラクかいとう

光村図書版 かん字1年

「まるつけラクラクかいとう」では問題と同じ紙面に、赤字で答えを書いています。

見やすい答え

てびき

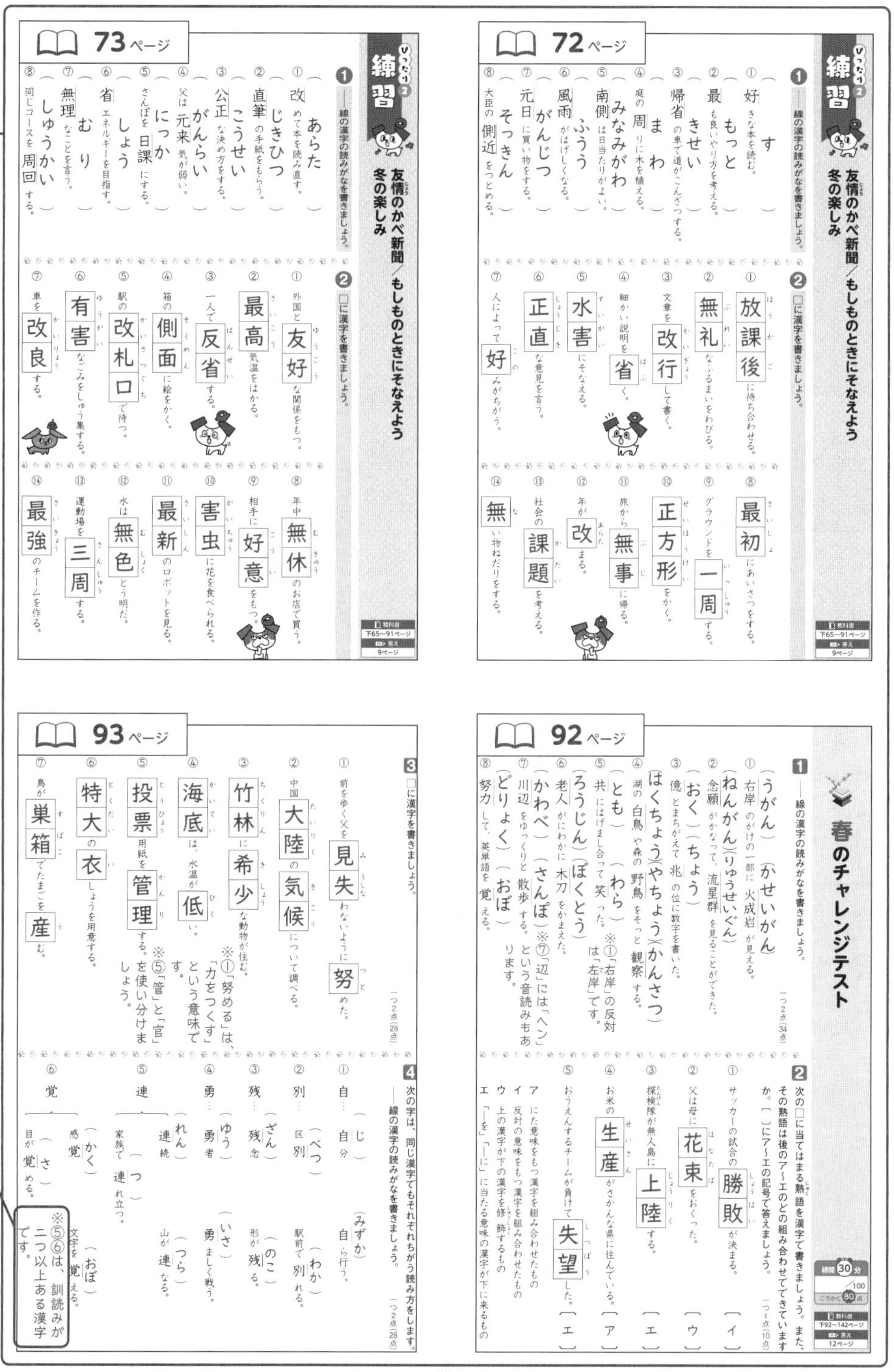
72ページ

ぴったり2 練習 友情のかべ新聞／もしものときにそなえよう 冬の楽しみ

1 ――線の漢字の読みがなを書きましょう。

2 □に漢字を書きましょう。

73ページ

ぴったり2 練習 友情のかべ新聞／もしものときにそなえよう 冬の楽しみ

1 ――線の漢字の読みがなを書きましょう。

2 □に漢字を書きましょう。

92ページ

春のチャレンジテスト

1 ――線の漢字の読みがなを書きましょう。

2 次の□に当てはまる熟語を漢字で書きましょう。また、その熟語は後のア～エのどの組み合わせでできていますか。〔　〕にア～エの記号で答えましょう。

93ページ

3 □に漢字を書きましょう。

4 次の字は、同じ漢字でもそれぞれちがう読み方をします。――線の漢字の読みがなを書きましょう。

※⑤⑥は、訓読みが二つ以上ある漢字です。

※紙面はイメージです。

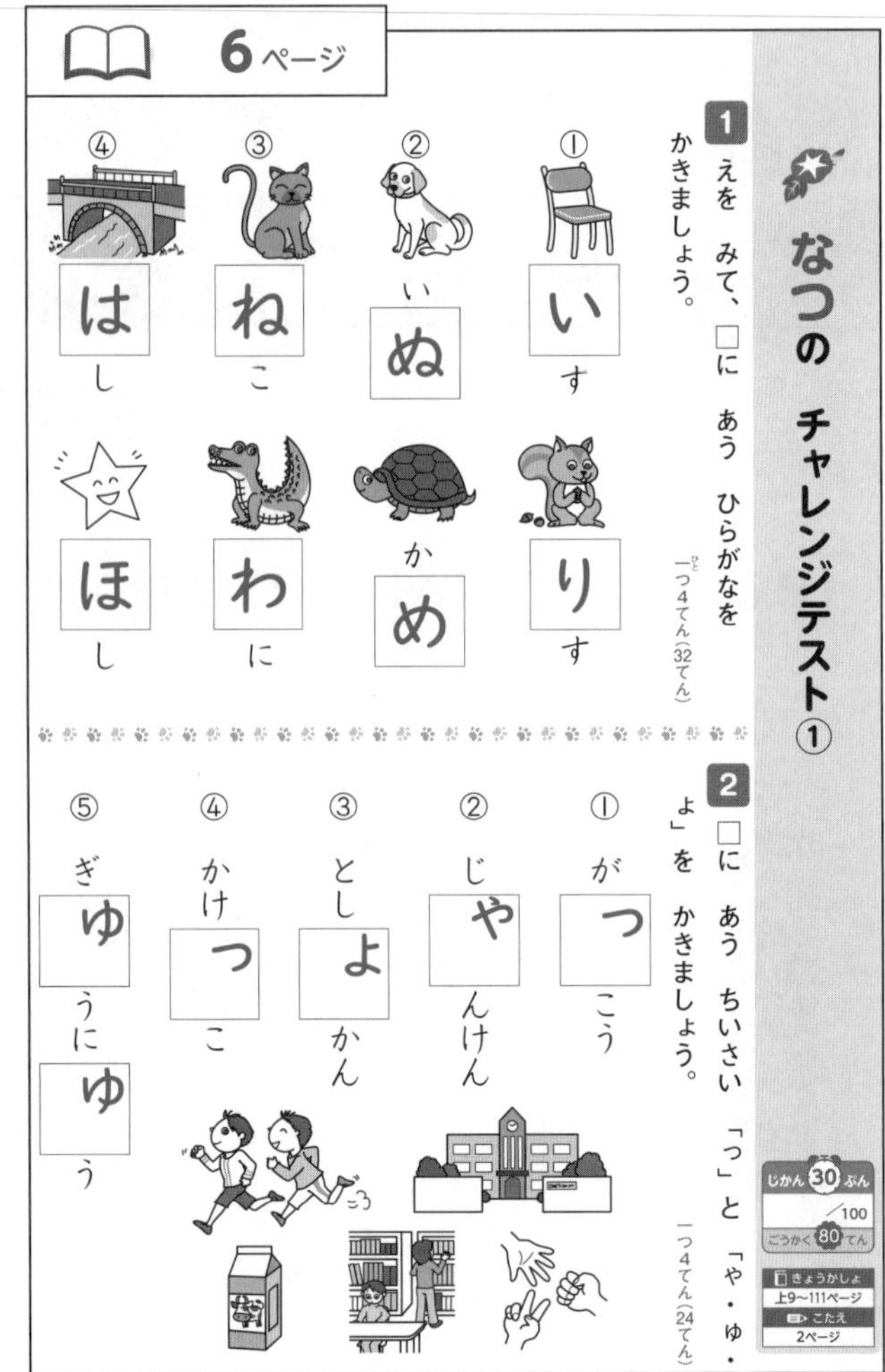

6ページ

なつの チャレンジテスト①

じかん30ぷん ごうかく80てん /100
きょうかしょ 上9～111ページ こたえ 2ページ

1 えを みて、□に あう ひらがなを かきましょう。 一つ4てん（32てん）

① いす　② いぬ　③ ねこ　④ はし
りす　かめ　わに　ほし

2 □に あう ちいさい 「っ」と 「ゃ・ゅ・ょ」を かきましょう。 一つ4てん（24てん）

① がっこう　② じゃんけん　③ としょかん　④ かけっこ　⑤ ぎゅうにゅう

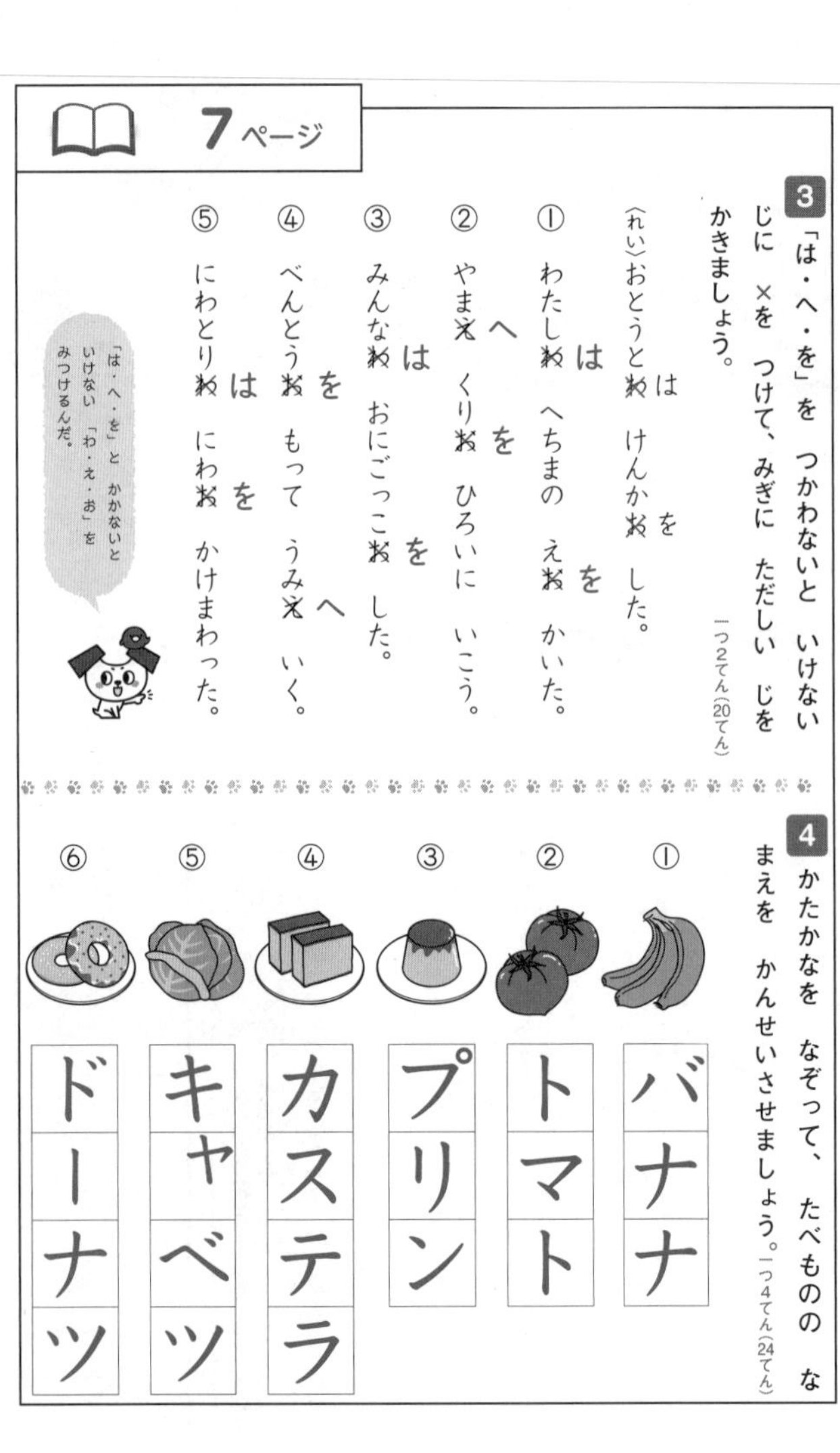

7ページ

3 「は・へ・を」を つかわないと いけない じに ×を つけて、みぎに ただしい じを かきましょう。 一つ2てん（20てん）

（れい）おとうと わ（×→は） けんか お（×→を） した。
① わたし わ（×→は） へちまの え お（×→を） かいた。
② やま え（×→へ） くり お（×→を） ひろいに いこう。
③ みんな わ（×→は） おにごっこ お（×→を） した。
④ べんとう お（×→を） もって うみ え（×→へ） いく。
⑤ にわとり わ（×→は） にわ お（×→を） かけまわった。

4 かたかなを なぞって、たべものの なまえを かんせいさせましょう。 一つ4てん（24てん）

① バナナ　② トマト　③ プリン　④ カステラ　⑤ キャベツ　⑥ ドーナツ

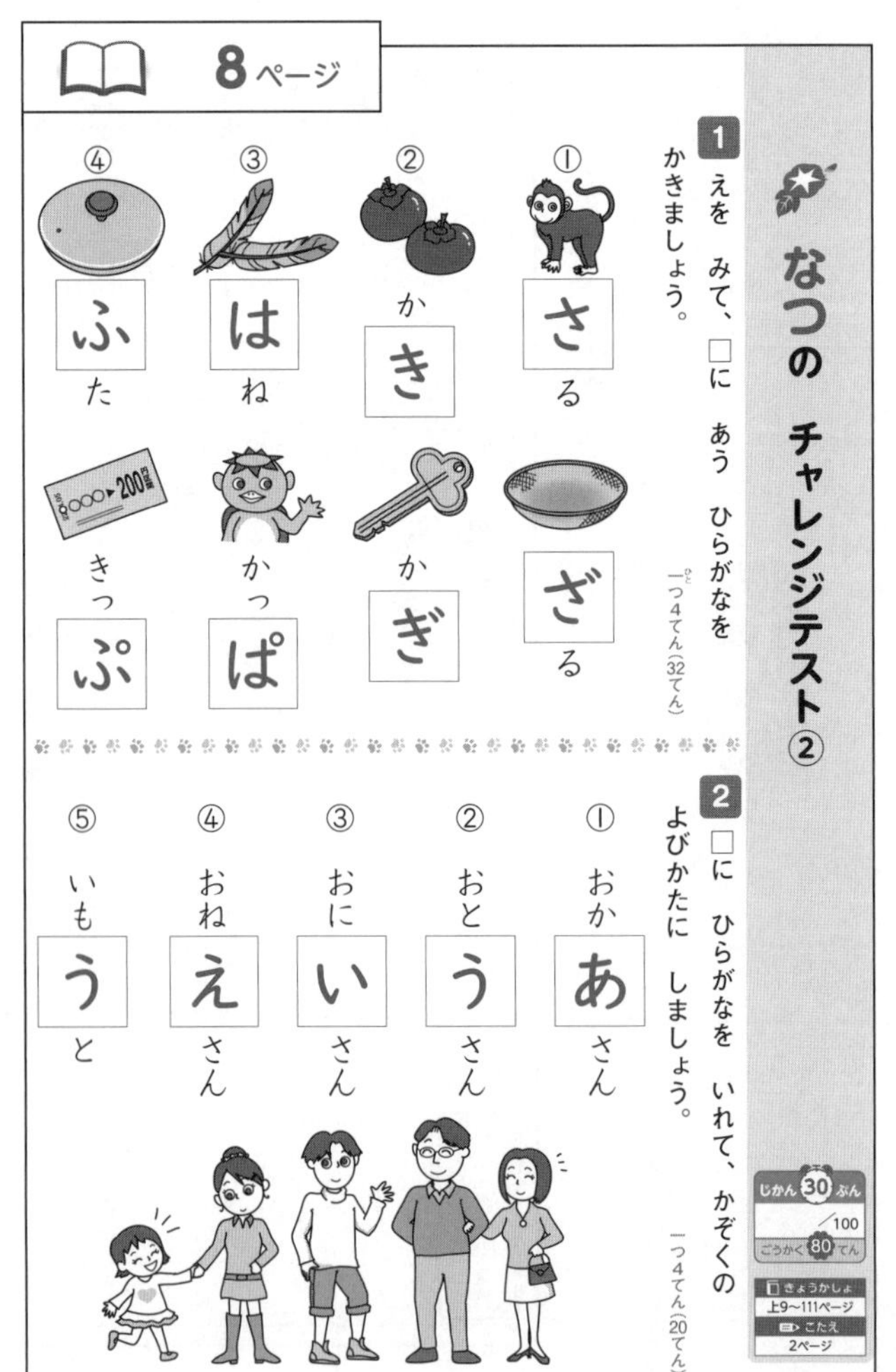

8ページ

なつの チャレンジテスト②

じかん30ぷん ごうかく80てん /100
きょうかしょ 上9～111ページ こたえ 2ページ

1 えを みて、□に あう ひらがなを かきましょう。 一つ4てん（32てん）

① さる　② かき　③ はね　④ ふた
ざる　かぎ　かっぱ　きっぷ

2 □に ひらがなを いれて、かぞくの よびかたに しましょう。 一つ4てん（20てん）

① おかあさん　② おとうさん　③ おにいさん　④ おねえさん　⑤ いもうと

9ページ

3 □に あう ひらがなを いれて、しりとりを しましょう。 一つ4てん（24てん）

いか → からす → すずめ → めがね → ねずみ → みずでっぽう

4 うすい もじを なぞって、かたかなの れんしゅうを しましょう。 一つ4てん（24てん）

① てれび テレビ　② ぺんぎん ペンギン　③ とらっく トラック　④ しゃつ シャツ　⑤ さっかあ サッカー　⑥ すぷうん スプーン

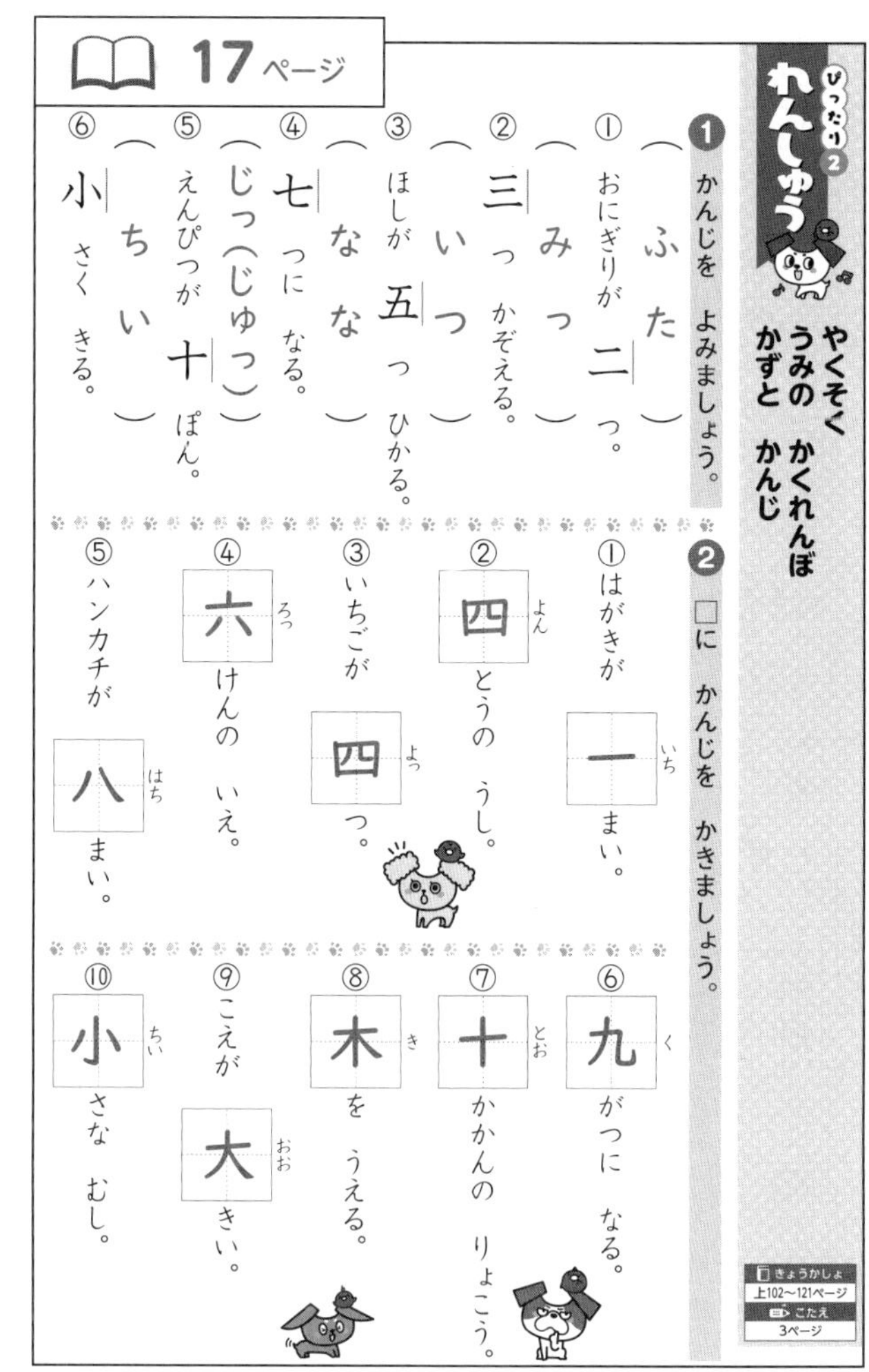

17ページ

ぴったり2 れんしゅう

やくそく
うみの かくれんぼ
かずと かんじ

1 かんじを よみましょう。

① おにぎりが 二つ。（ふた）
② 三つ かぞえる。（みっ）
③ ほしが 五つ ひかる。（いつ）
④ 七つに なる。（なな）
⑤ えんぴつが 十ぽん。（じっ（じゅっ））
⑥ 小さく きる。（ちい）

2 □に かんじを かきましょう。

① はがきが 一まい。
② 四とうの うし。
③ いちごが 四つ。
④ 六けんの いえ。
⑤ ハンカチが 八まい。
⑥ 九がつに なる。
⑦ 十かかんの りょこう。
⑧ 木を うえる。
⑨ こえが 大きい。
⑩ 小さな むし。

きょうかしょ 上102～121ページ
こたえ 3ページ

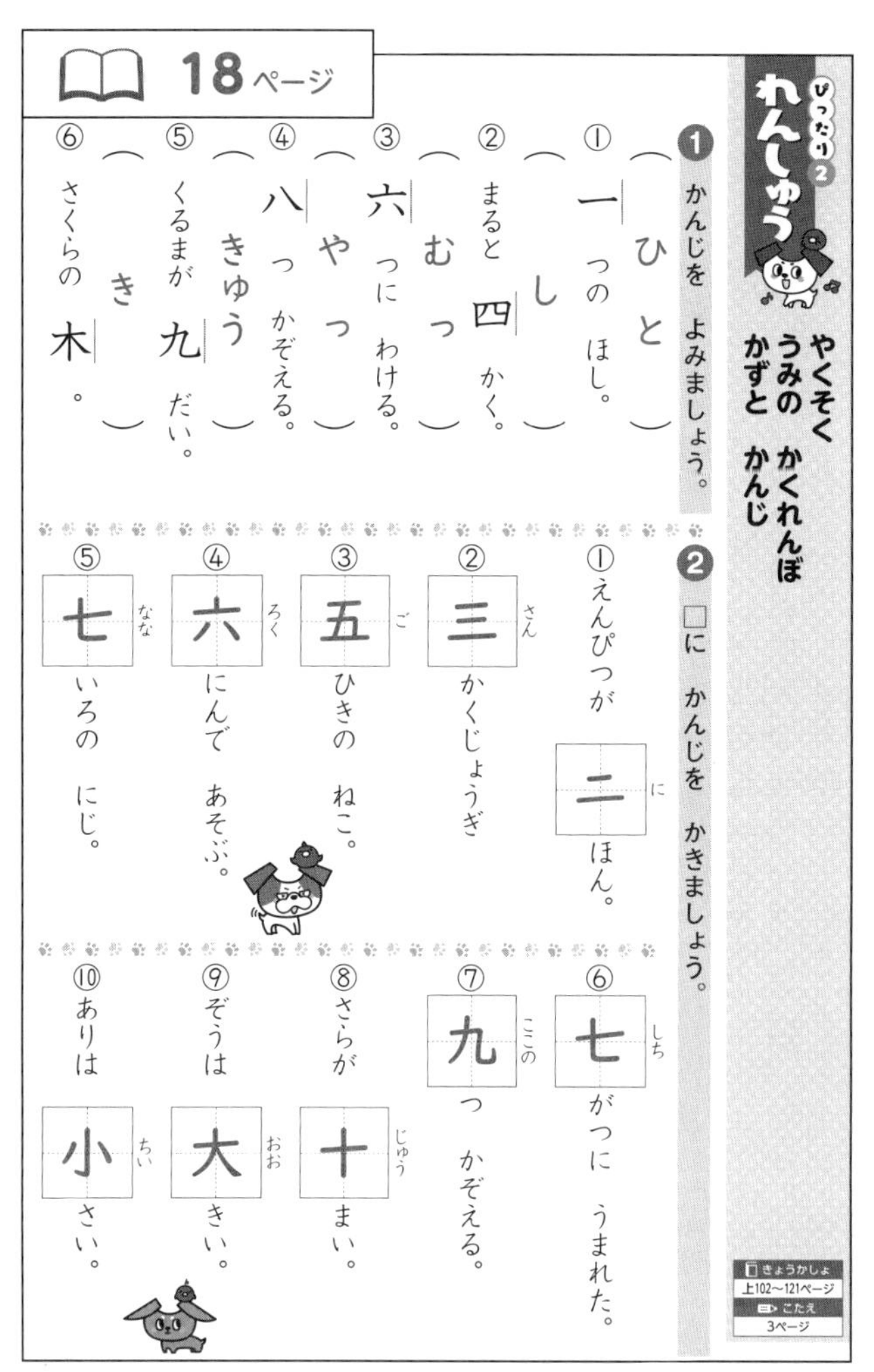

18ページ

ぴったり2 れんしゅう

やくそく
うみの かくれんぼ
かずと かんじ

1 かんじを よみましょう。

① 一つの ほし。（ひと）
② まると 四かく。（し）
③ 六つに わける。（むっ）
④ 八つ かぞえる。（やっ）
⑤ くるまが 九だい。（きゅう）
⑥ さくらの 木。（き）

2 □に かんじを かきましょう。

① えんぴつが 二ほん。
② 三かくじょうぎ
③ 五ひきの ねこ。
④ 六にんで あそぶ。
⑤ 七いろの にじ。
⑥ 七がつに うまれた。
⑦ 九つ かぞえる。
⑧ さらが 十まい。
⑨ ぞうは 大きい。
⑩ ありは 小さい。

きょうかしょ 上102～121ページ
こたえ 3ページ

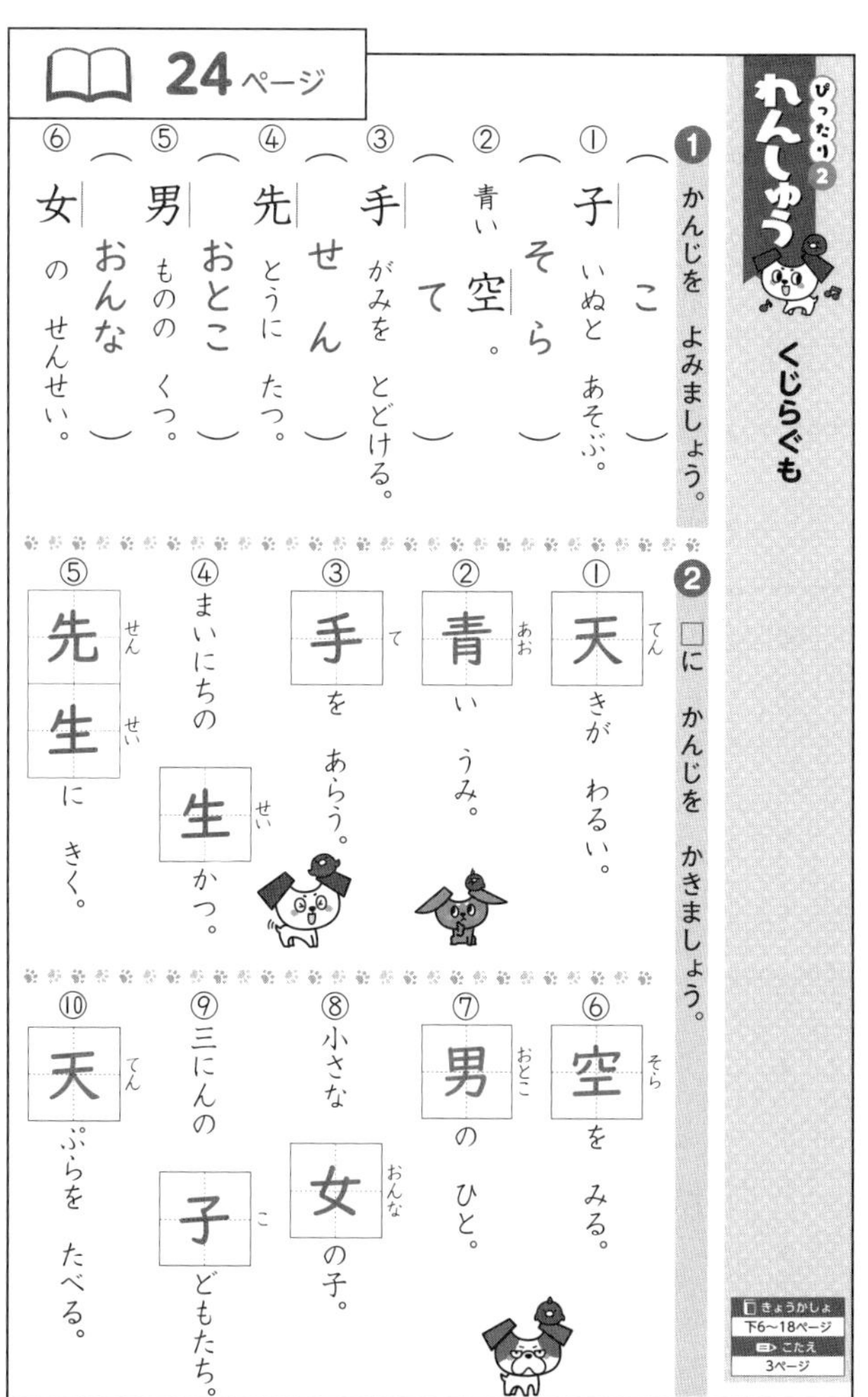

24ページ

ぴったり2 れんしゅう

くじらぐも

1 かんじを よみましょう。

① 子いぬと あそぶ。（こ）
② 青い 空。（そら）
③ 手がみを とどける。（て）
④ 先とうに たつ。（せん）
⑤ 男ものの くつ。（おとこ）
⑥ 女の せんせい。（おんな）

2 □に かんじを かきましょう。

① 天きが わるい。
② 青い うみ。
③ 手を あらう。
④ まいにちの 生かつ。
⑤ 先生に きく。
⑥ 空を みる。
⑦ 男の ひと。
⑧ 小さな 女の子。
⑨ 三にんの 子どもたち。
⑩ 天ぷらを たべる。

きょうかしょ 下6～18ページ
こたえ 3ページ

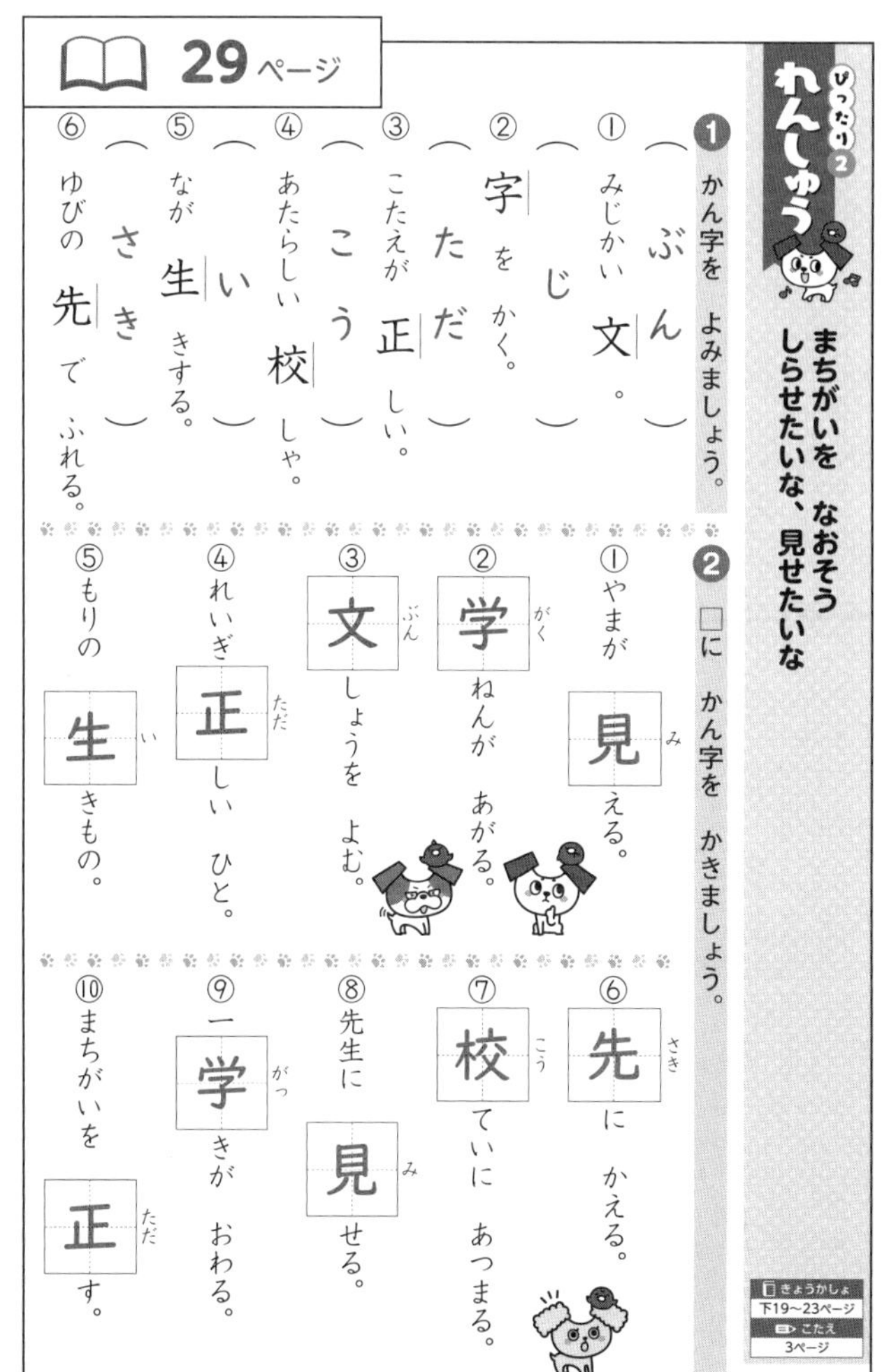

29ページ

ぴったり2 れんしゅう

まちがいを なおそう
しらせたいな、見せたいな

1 かん字を よみましょう。

① みじかい 文。（ぶん）
② 字を かく。（じ）
③ こたえが 正しい。（ただ）
④ あたらしい 校しゃ。（こう）
⑤ なが生きする。（い）
⑥ ゆびの 先で ふれる。（さき）

2 □に かん字を かきましょう。

① やまが 見える。
② 学ねんが あがる。
③ 文しょうを よむ。
④ れいぎ正しい ひと。
⑤ もりの 生きもの。
⑥ 先に かえる。
⑦ 校ていに あつまる。
⑧ 先生に 見せる。
⑨ 一学きが おわる。
⑩ まちがいを 正す。

きょうかしょ 下19～23ページ
こたえ 3ページ

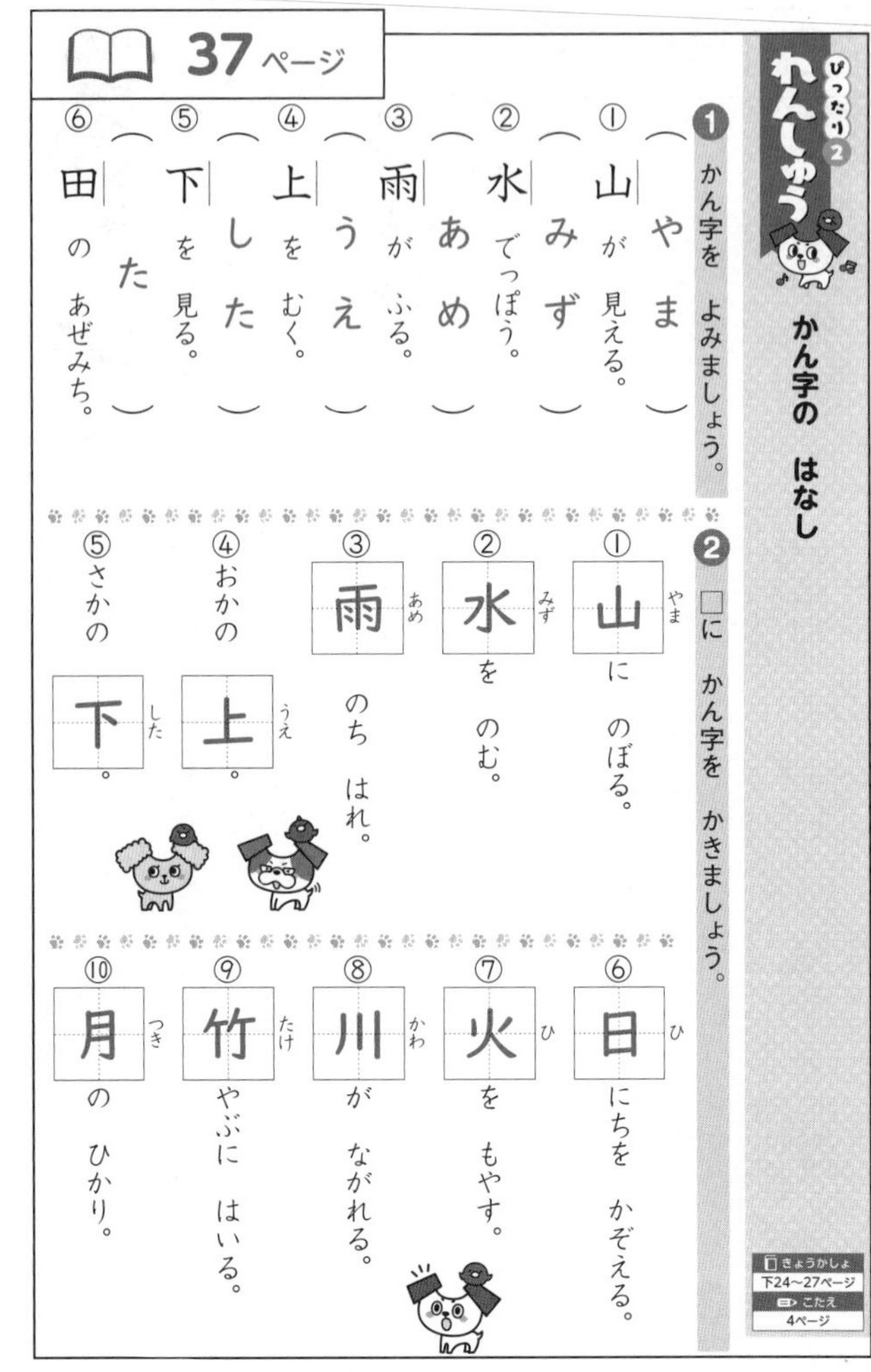

37ページ

ぴったり2 れんしゅう

かん字の はなし

1 かん字を よみましょう。

① 山が 見える。（やま）
② 水でっぽう。（みず）
③ 雨が ふる。（あめ）
④ 上を むく。（うえ）
⑤ 下を 見る。（した）
⑥ 田の あぜみち。（た）

2 □に かん字を かきましょう。

① 山（やま）に のぼる。
② 水（みず）を のむ。
③ 雨（あめ）のち はれ。
④ おかの 上（うえ）。
⑤ さかの 下（した）。
⑥ 日（ひ）にちを かぞえる。
⑦ 火（ひ）を もやす。
⑧ 川（かわ）が ながれる。
⑨ 竹（たけ）やぶに はいる。
⑩ 月（つき）の ひかり。

きょうかしょ 下24～27ページ こたえ 4ページ

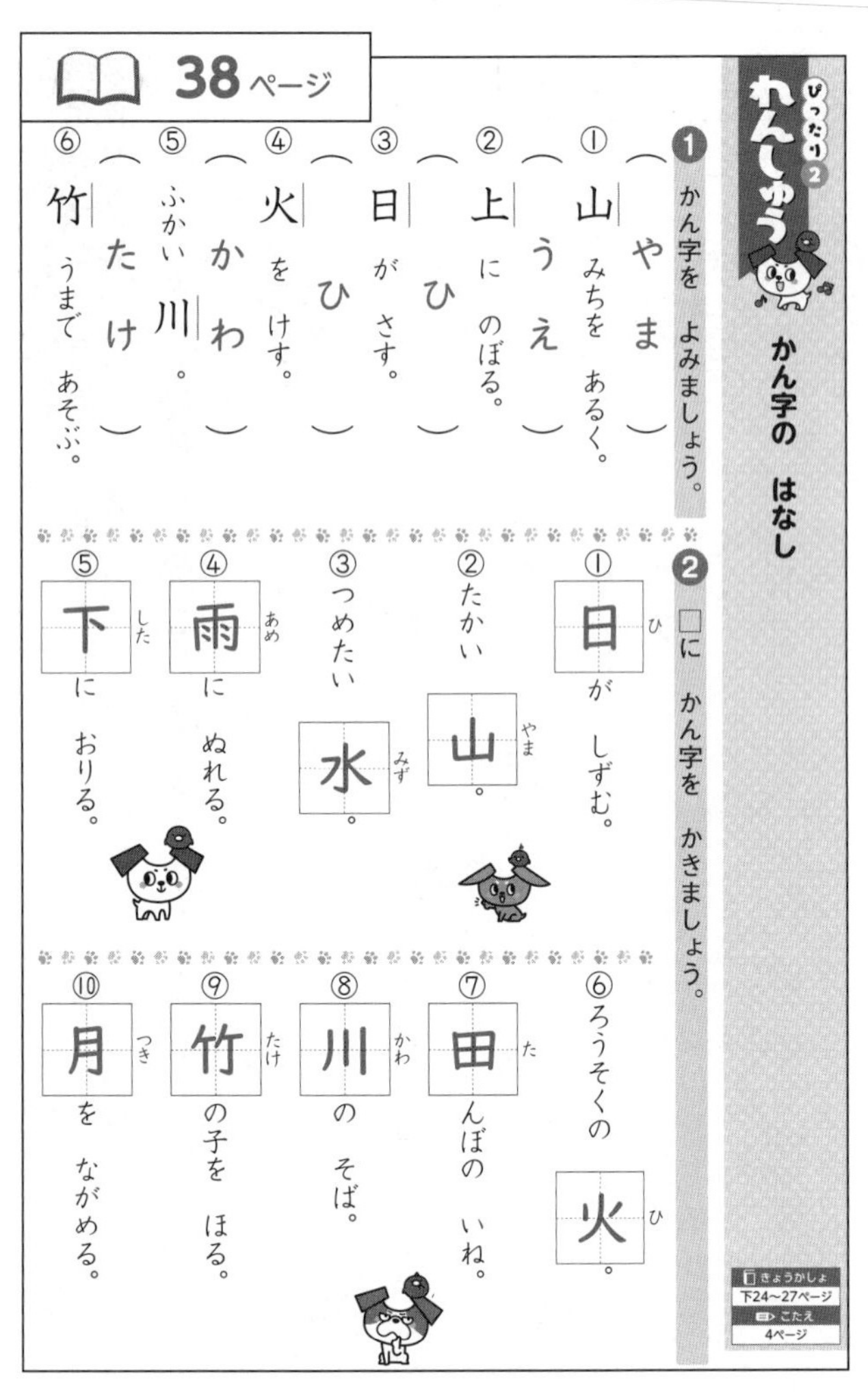

38ページ

ぴったり2 れんしゅう

かん字の はなし

1 かん字を よみましょう。

① 山みちを あるく。（やま）
② 上に のぼる。（うえ）
③ 日が さす。（ひ）
④ 火を けす。（ひ）
⑤ ふかい 川。（かわ）
⑥ 竹うまで あそぶ。（たけ）

2 □に かん字を かきましょう。

① 日（ひ）が しずむ。
② たかい 山（やま）。
③ つめたい 水（みず）。
④ 雨（あめ）に ぬれる。
⑤ 下（した）に おりる。
⑥ ろうそくの 火（ひ）。
⑦ 田（た）んぼの いね。
⑧ 川（かわ）の そば。
⑨ 竹（たけ）の子を ほる。
⑩ 月（つき）を ながめる。

きょうかしょ 下24～27ページ こたえ 4ページ

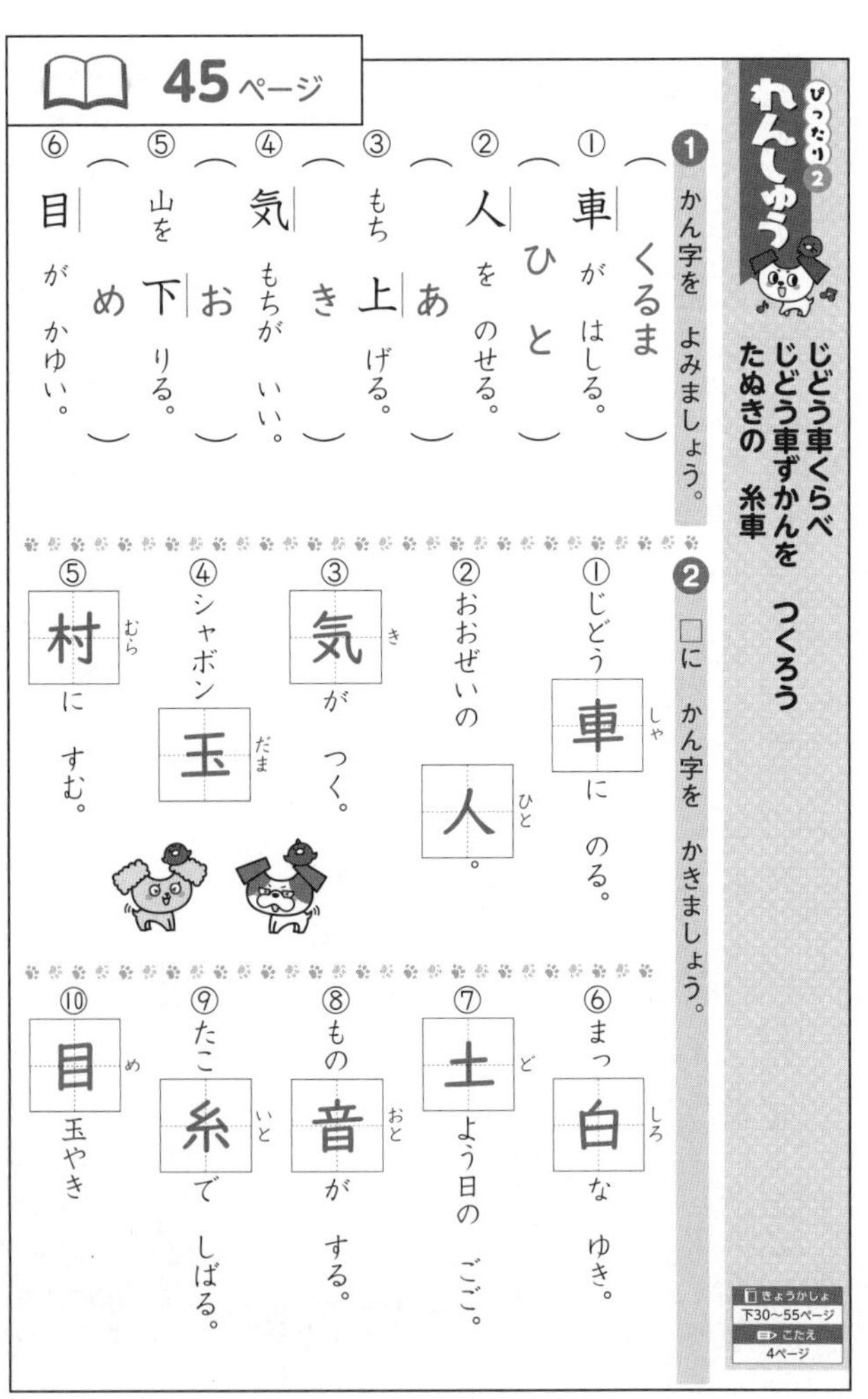

45ページ

ぴったり2 れんしゅう

じどう車くらべ じどう車ずかんを つくろう たぬきの 糸車

1 かん字を よみましょう。

① 車が はしる。（くるま）
② 人を のせる。（ひと）
③ 上げる。（あ）
④ 気もちが いい。（き）
⑤ 山を 下りる。（お）
⑥ 目が かゆい。（め）

2 □に かん字を かきましょう。

① じどう 車（しゃ）に のる。
② おおぜいの 人（ひと）。
③ 気（き）が つく。
④ シャボン 玉（だま）。
⑤ 村（むら）に すむ。
⑥ まっ白（しろ）な ゆき。
⑦ 土（ど）よう日の ごご。
⑧ もの音（おと）が する。
⑨ たこ糸（いと）で しばる。
⑩ 目（め）玉やき。

きょうかしょ 下30～55ページ こたえ 4ページ

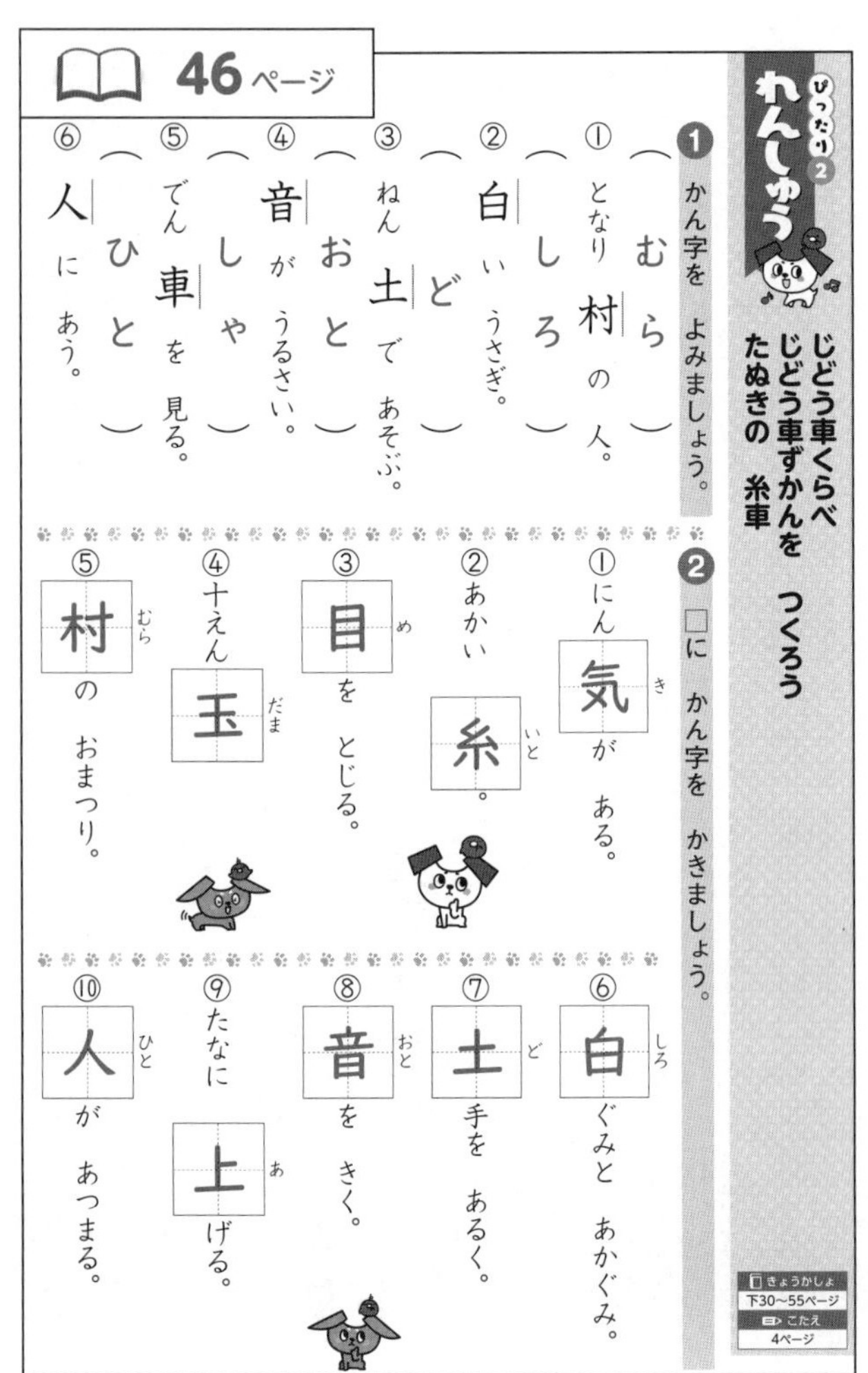

46ページ

ぴったり2 れんしゅう

じどう車くらべ じどう車ずかんを つくろう たぬきの 糸車

1 かん字を よみましょう。

① となり村の 人。（むら）
② 白い うさぎ。（しろ）
③ ねん土で あそぶ。（ど）
④ 音が うるさい。（おと）
⑤ でん車を 見る。（しゃ）
⑥ 人に あう。（ひと）

2 □に かん字を かきましょう。

① にん気（き）が ある。
② あかい 糸（いと）。
③ 目（め）を とじる。
④ 十えん玉（だま）。
⑤ 村（むら）の おまつり。
⑥ 白（しろ）ぐみと あかぐみ。
⑦ 土（ど）手を あるく。
⑧ 音（おと）を きく。
⑨ たなに 上（あ）げる。
⑩ 人（ひと）が あつまる。

きょうかしょ 下30～55ページ こたえ 4ページ

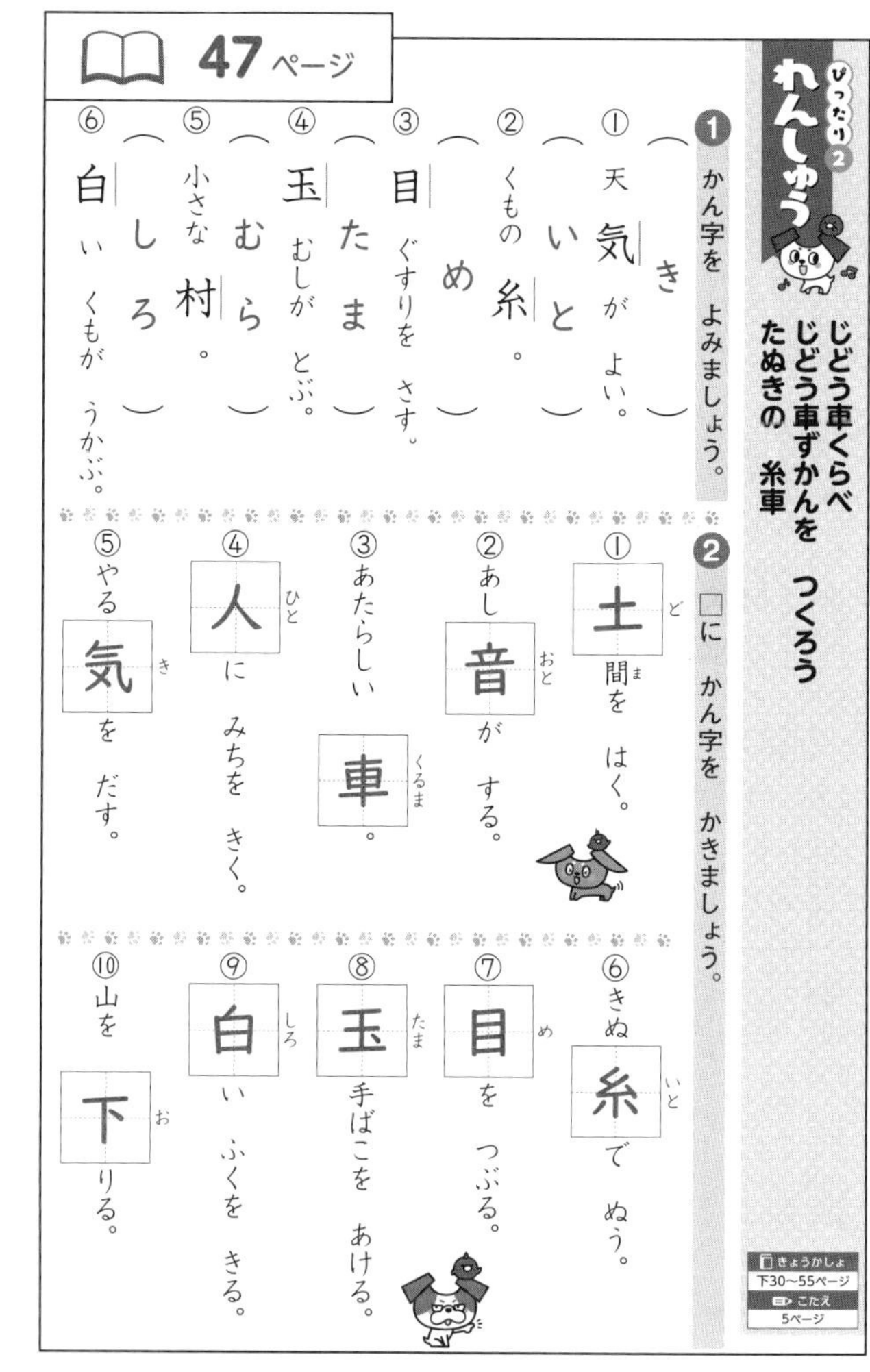

47ページ

ぴったり2 れんしゅう

じどう車くらべ　じどう車ずかんを　つくろう　たぬきの　糸車

1 かん字を　よみましょう。

① 天気が　よい。（き）
② くもの　糸。（いと）
③ 目ぐすりを　さす。（め）
④ 玉むしが　とぶ。（たま）
⑤ 小さな　村。（むら）
⑥ 白い　くもが　うかぶ。（しろ）

2 □に　かん字を　かきましょう。

① 土（ど）間を　はく。
② あし音（おと）が　する。
③ あたらしい　車（くるま）。
④ 人（ひと）に　みちを　きく。
⑤ やる気（き）を　だす。
⑥ きぬ糸（いと）で　ぬう。
⑦ 目（め）を　つぶる。
⑧ 玉（たま）手ばこを　あける。
⑨ 白（しろ）い　ふくを　きる。
⑩ 山を　下（お）りる。

きょうかしょ　下30～55ページ　こたえ　5ページ

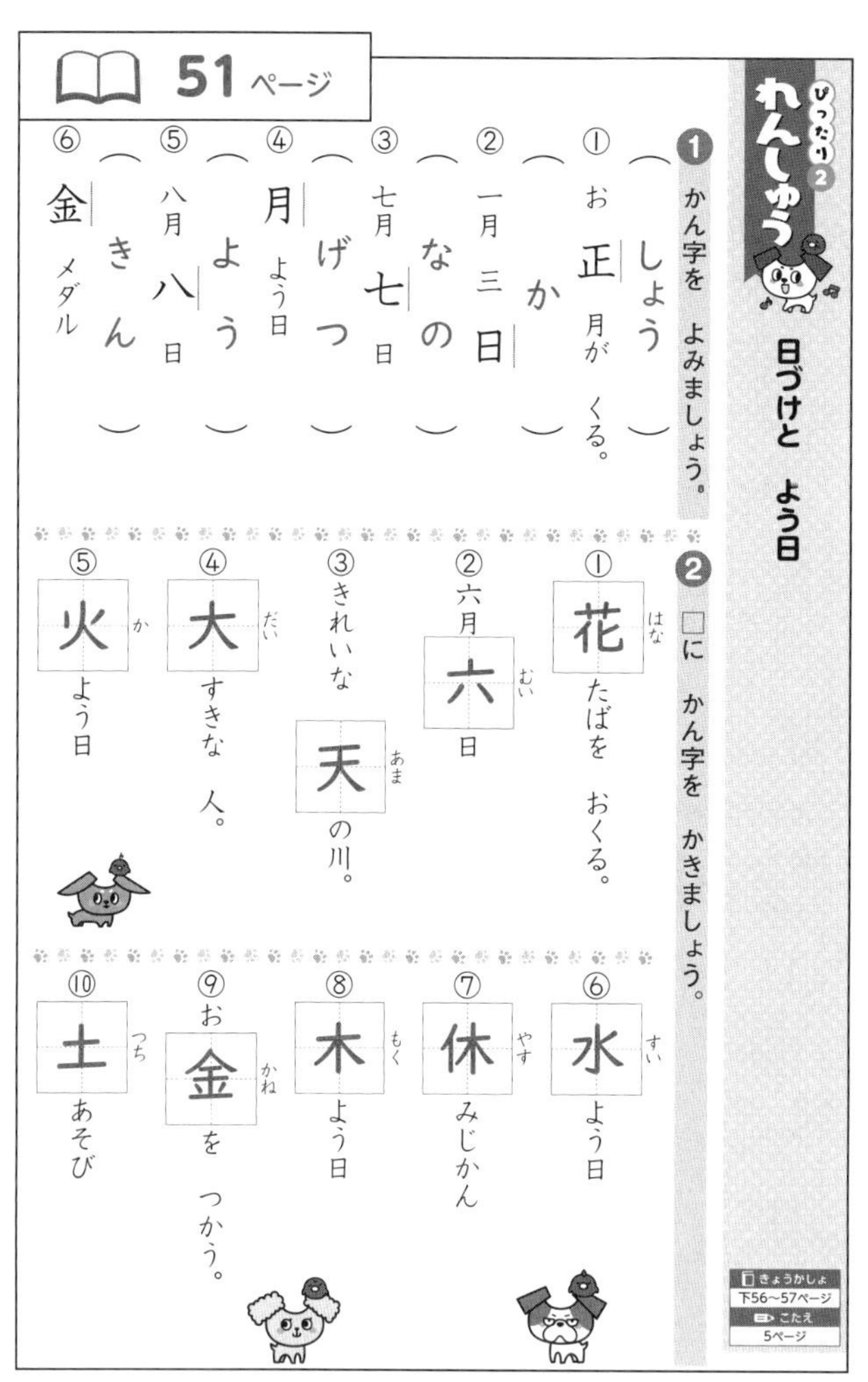

51ページ

ぴったり2 れんしゅう

日づけと　よう日

1 かん字を　よみましょう。

① お正月が　くる。（しょう）
② 一月　三日（か）
③ 七月　七日（なの）
④ 月よう日（げつ）
⑤ 八月　八日（よう）
⑥ 金メダル（きん）

2 □に　かん字を　かきましょう。

① 花（はな）たばを　おくる。
② 六月　六（むい）日
③ きれいな　天（あま）の川。
④ 大（だい）すきな　人。
⑤ 火（か）よう日
⑥ 水（すい）よう日
⑦ 休（やす）みじかん
⑧ 木（もく）よう日
⑨ お金（かね）を　つかう。
⑩ 土（つち）あそび

きょうかしょ　下56～57ページ　こたえ　5ページ

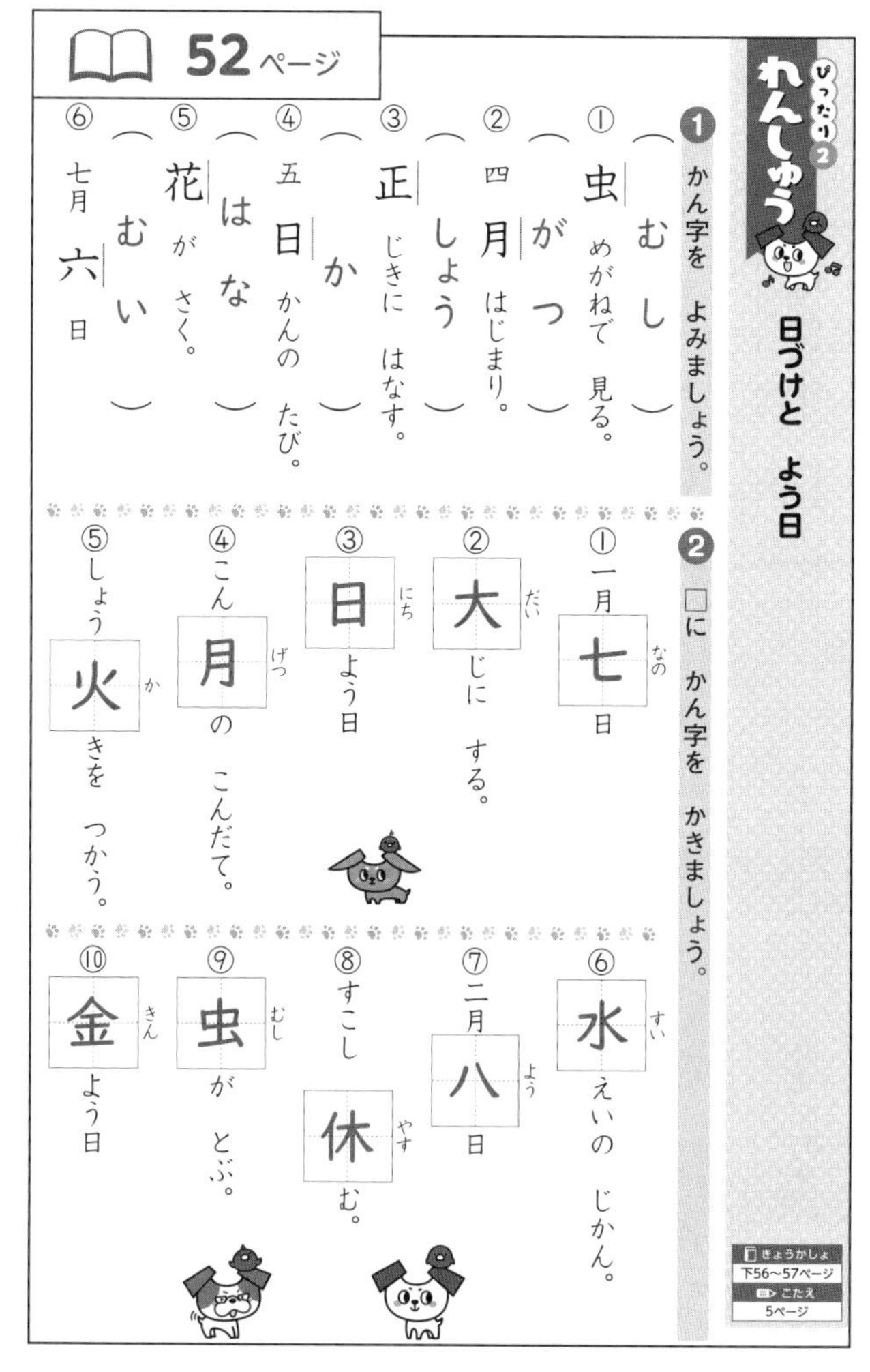

52ページ

ぴったり2 れんしゅう

日づけと　よう日

1 かん字を　よみましょう。

① 虫めがねで　見る。（むし）
② 四月　はじまり。（がつ）
③ 正じきに　はなす。（しょう）
④ 五日かんの　たび。（か）
⑤ 花が　さく。（はな）
⑥ 七月　六日（むい）

2 □に　かん字を　かきましょう。

① 一月　七（なの）日
② 大（だい）じに　する。
③ 日（にち）よう日
④ こん月（げつ）の　こんだて。
⑤ しょう火（か）きを　つかう。
⑥ 水（すい）えいの　じかん。
⑦ 二月　八（よう）日
⑧ すこし　休（やす）む。
⑨ 虫（むし）が　とぶ。
⑩ 金（きん）よう日

きょうかしょ　下56～57ページ　こたえ　5ページ

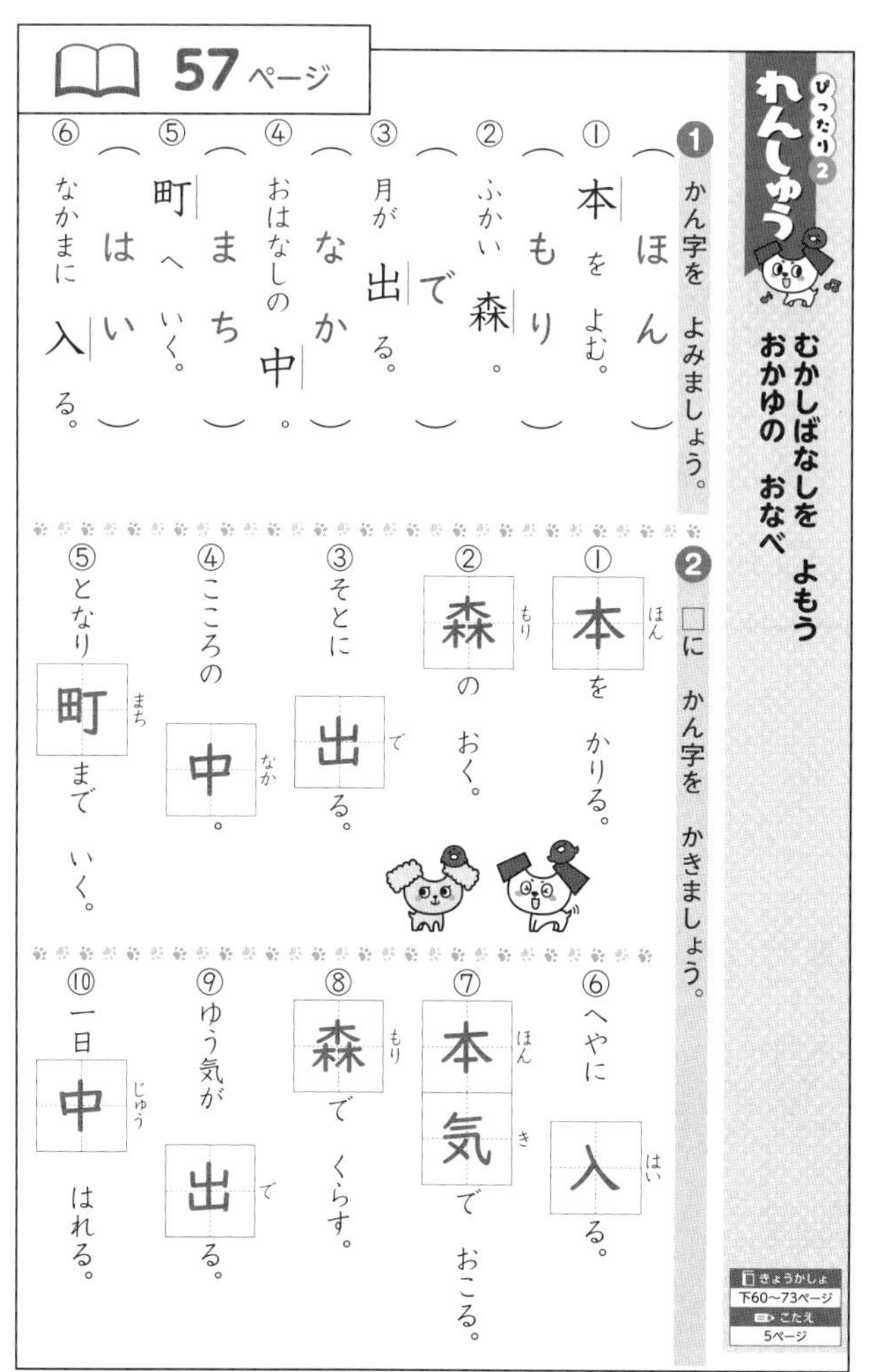

57ページ

ぴったり2 れんしゅう

むかしばなしを　よもう　おかゆの　おなべ

1 かん字を　よみましょう。

① 本を　よむ。（ほん）
② ふかい　森。（もり）
③ 月が　出る。（で）
④ おはなしの　中。（なか）
⑤ 町へ　いく。（まち）
⑥ なかまに　入る。（はい）

2 □に　かん字を　かきましょう。

① 本（ほん）を　かりる。
② 森（もり）の　おく。
③ そとに　出（で）る。
④ こころの　中（なか）。
⑤ となり町（まち）まで　いく。
⑥ へやに　入（はい）る。
⑦ 本（ほん）気（き）で　おこる。
⑧ 森（もり）で　くらす。
⑨ ゆう気が　出（で）る。
⑩ 一日　中（じゅう）　はれる。

きょうかしょ　下60～73ページ　こたえ　5ページ

58ページ

ふゆの チャレンジテスト①

じかん 30ぷん　/100　ごうかく 80てん
きょうかしょ 上102〜下73ページ　こたえ 6ページ

1 ――せんの かん字の よみがなを かきましょう。 一つ2てん(20てん)

① じどう車（しゃ）で 町（まち）へ いく。
② 手（て）を つないだ 女（おんな）の子。
③ 正（ただ）しい 文（ぶん）を かく。
④ いえの 中（なか）から そとへ 出（で）る。
⑤ 本（ほん）を 十（じっ）（じゅっ）ページ よむ。

2 つぎの かたちから できた かん字を かきましょう。 一つ4てん(20てん)

① 山
② 田
③ 雨
④ 竹
⑤ 川

59ページ

3 じゅんばんに よう日を あらわす かん字を かきましょう。 一つ4てん(24てん)

☆ 日よう日
① 月よう日
② 火よう日
③ 水よう日
④ 木よう日
⑤ 金よう日
⑥ 土よう日

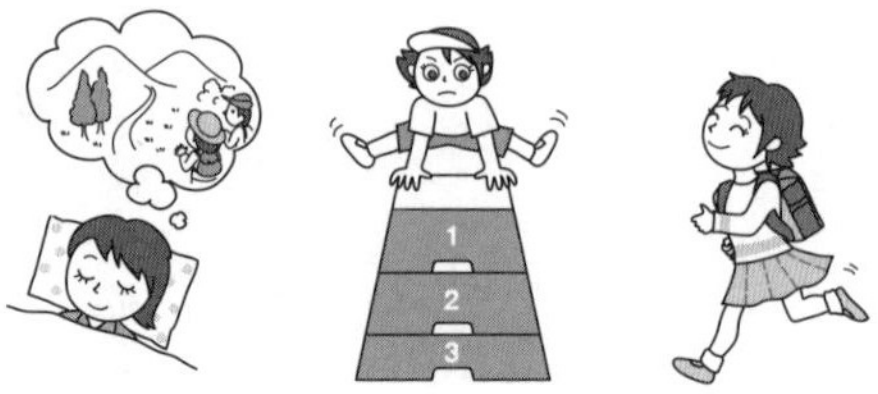

4 つぎの □に かん字を かきましょう。 一つ3てん(36てん)

① 休（やす）みが 三（みっ）日（か） つづく。
② 虫（むし）が 四（よん）ひき いる。
③ わかい 男（おとこ）の 人（ひと）。
④ 木（き）の 下（した）に すわる。
⑤ 小（ちい）さい 花（はな）が さく。
⑥ 川（かわ）の 音（おと）が する。

60ページ

ふゆの チャレンジテスト②

じかん 30ぷん　/100　ごうかく 80てん
きょうかしょ 上102〜下73ページ　こたえ 6ページ

1 ――せんの かんじの よみがなを かきましょう。 一つ2てん(20てん)

① 雨（あめ）で 川（かわ）の みずが ふえる。
② 二（ふた）つめの 花火（はなび）が あがった。
③ さいふの 中（なか）に お金（かね）が ある。
④ 山（やま）に かかる 天（あま）の川。
⑤ 一日中（いちにちじゅう）、森（もり）で あそぶ。

2 うえと はんたいの いみの ことばを かんじで かきましょう。 一つ4てん(20てん)

① 下 ― 上（うえ）
② 小さい ― 大（おお）きい
③ 男 ― 女（おんな）
④ 出る ― 入（はい）る
⑤ おや ― 子（こ）

61ページ

3 ひづけを かんじで かきましょう。 一つ4てん(24てん)

① 五月五日（ごがついつか）
② 六月六日（ろくがつむいか）
③ 七月七日（しちがつなのか）
④ 八月八日（はちがつようか）
⑤ 九月九日（くがつここのか）
⑥ 十月十日（じゅうがつとおか）

どれも 一じめと 三じめが おなじ かんじだね。

4 つぎの □に かんじを かきましょう。 一つ3てん(36てん)

① 学校（がっこう）で 本（ほん）を かりる。
② 青空（あおぞら）を 見上（みあ）げる。
③ かん字（じ）を 四（よっ）つ おぼえる。
④ 玉（たま）ねぎ
⑤ 土（つち）を ほる。
⑥ 目（め）つき
⑦ クレーン車（しゃ）
⑧ 水（みず）たまり
⑨ よい 天気（てんき）。

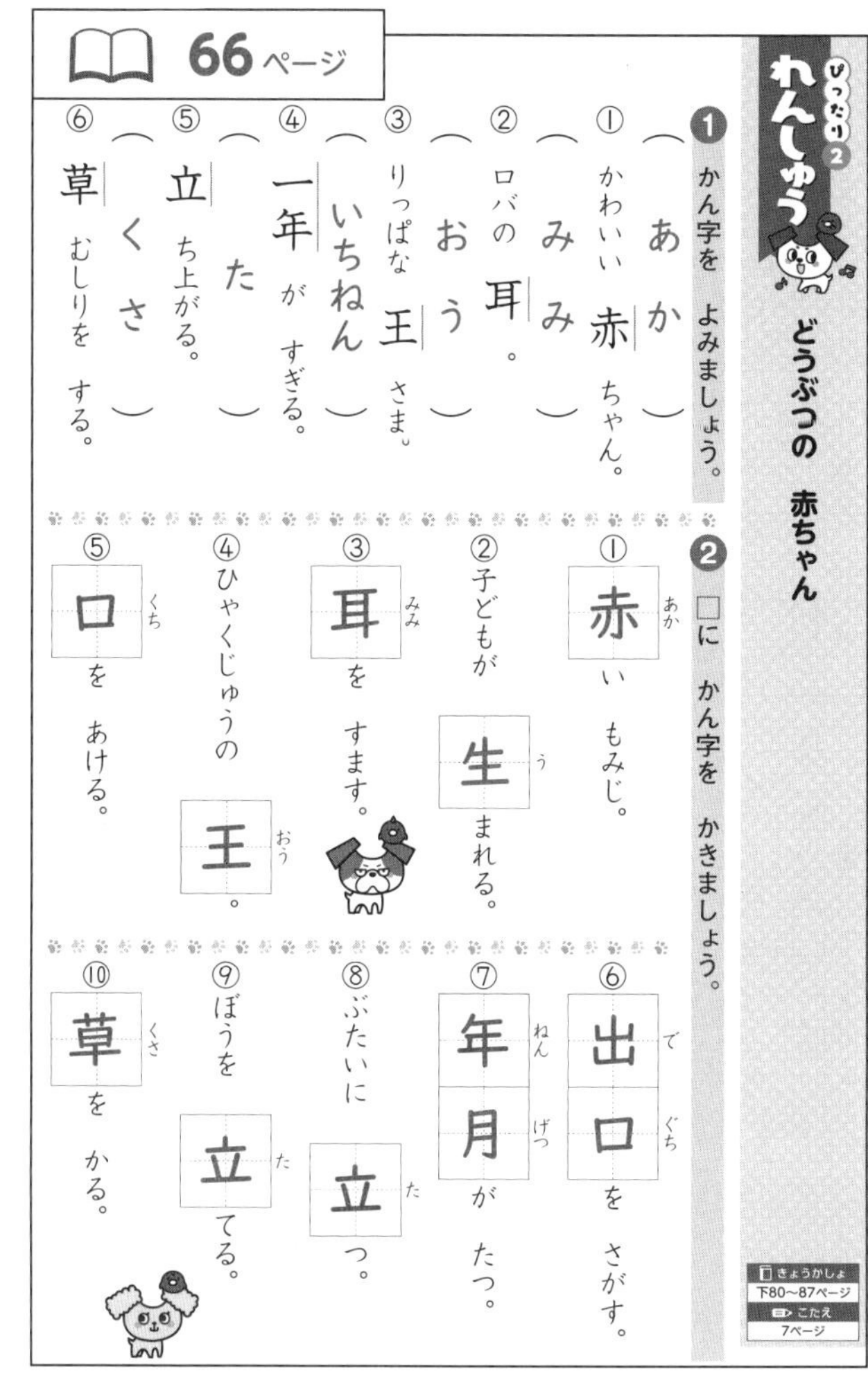

66ページ

れんしゅう ぴったり2

どうぶつの 赤ちゃん

1 かん字を よみましょう。

① かわいい 赤ちゃん。（あか）
② ロバの 耳。（みみ）
③ りっぱな 王さま。（おう）
④ 一年が すぎる。（いちねん）
⑤ 立ち上がる。（た）
⑥ 草むしりを する。（くさ）

2 □に かん字を かきましょう。

① 赤い もみじ。
② 子どもが 生まれる。
③ 耳を すます。
④ ひゃくじゅうの 王。
⑤ 口を あける。
⑥ 出口を さがす。
⑦ 年月が たつ。
⑧ ぶたいに 立つ。
⑨ ぼうを 立てる。
⑩ 草を かる。

きょうかしょ 下80〜87ページ こたえ 7ページ

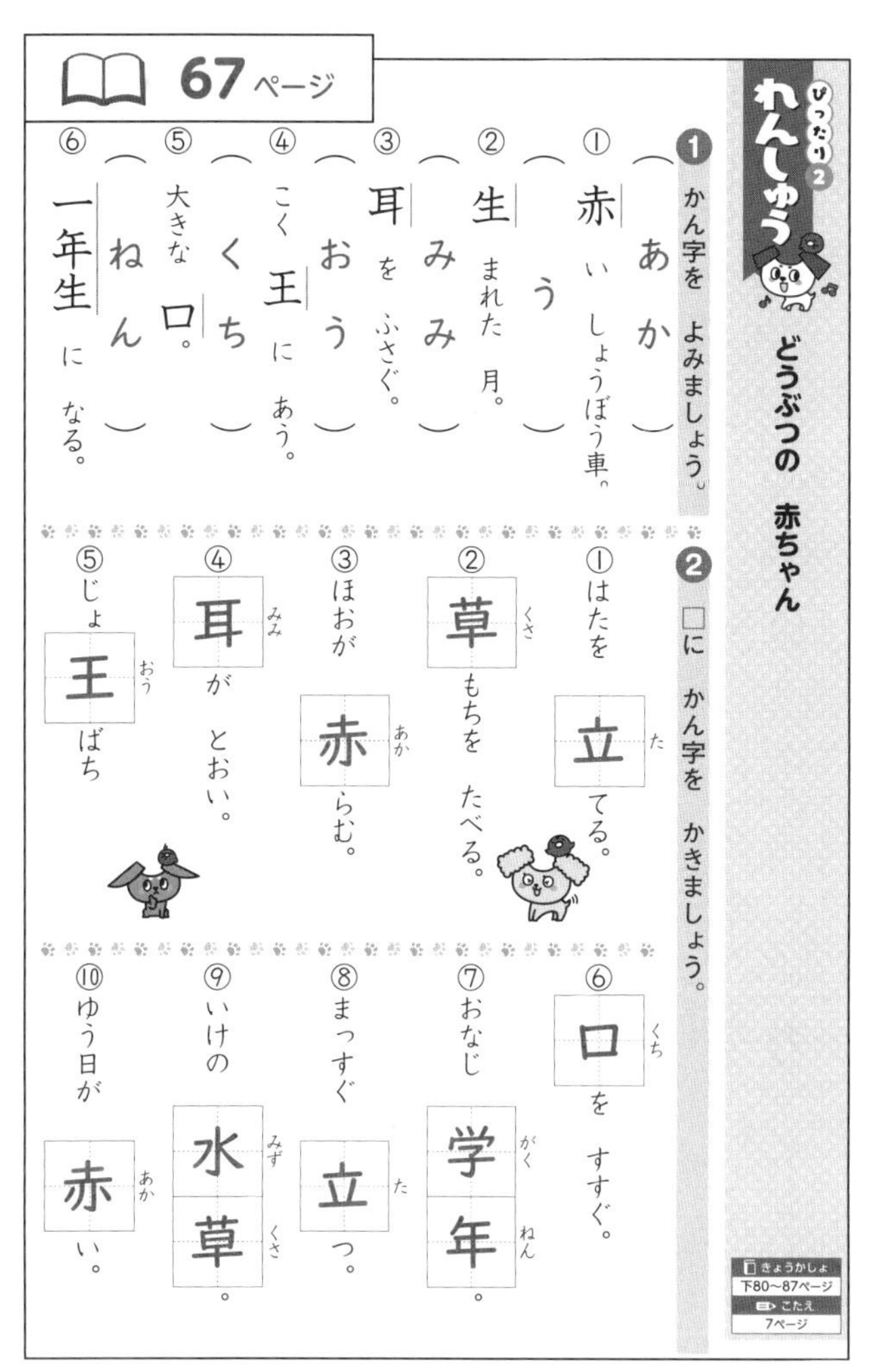

67ページ

れんしゅう ぴったり2

どうぶつの 赤ちゃん

1 かん字を よみましょう。

① 赤い しょうぼう車。（あか）
② 生まれた 月。（う）
③ 耳を ふさぐ。（みみ）
④ こく王に あう。（おう）
⑤ 大きな 口。（くち）
⑥ 一年生に なる。（ねん）

2 □に かん字を かきましょう。

① はたを 立てる。
② 草もちを たべる。
③ ほおが 赤らむ。
④ 耳が とおい。
⑤ じょ王ばち
⑥ 口を すすぐ。
⑦ おなじ 学年。
⑧ まっすぐ 立つ。
⑨ いけの 水草。
⑩ ゆう日が 赤い。

きょうかしょ 下80〜87ページ こたえ 7ページ

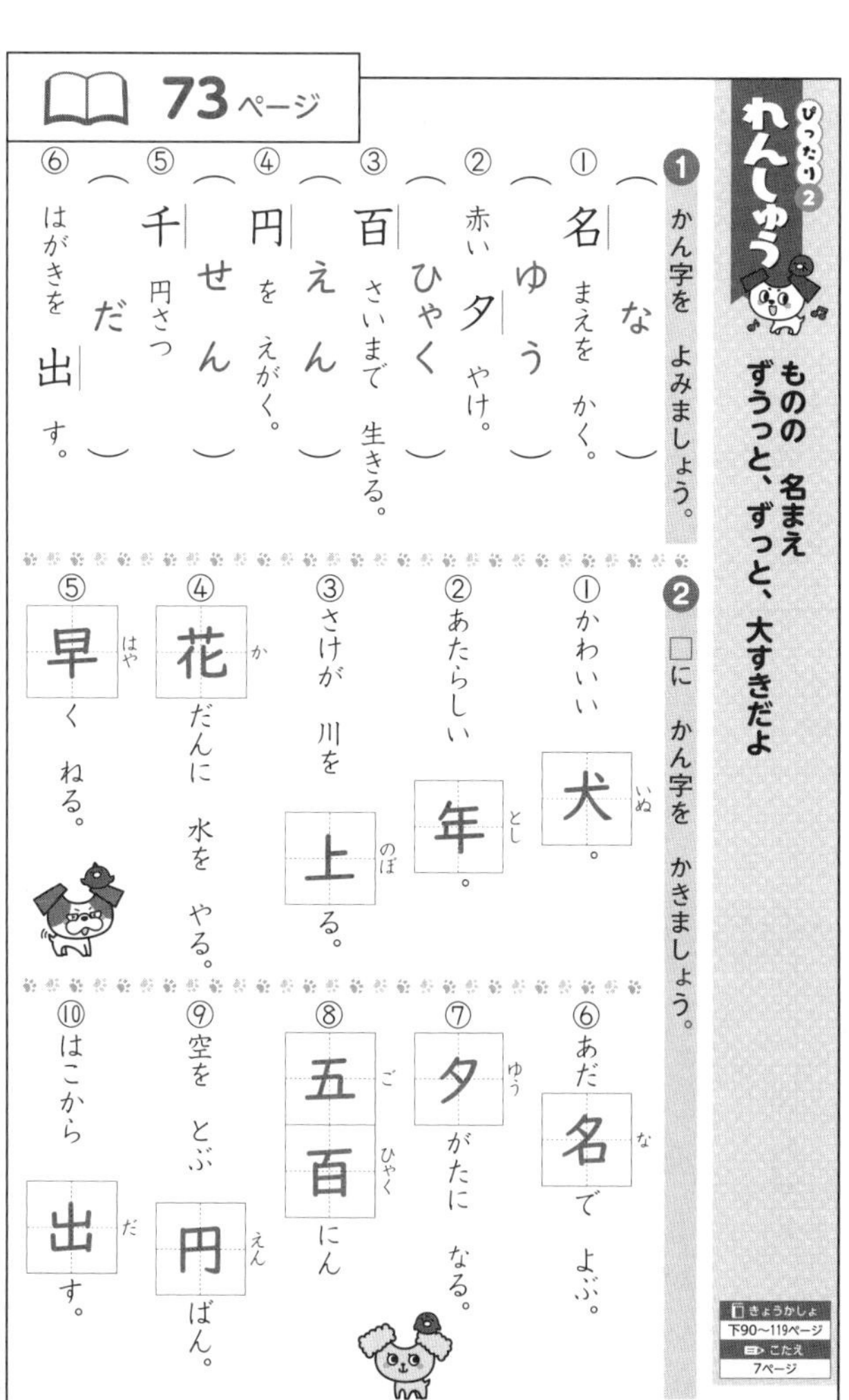

73ページ

れんしゅう ぴったり2

ものの 名まえ ずうっと、ずっと、大すきだよ

1 かん字を よみましょう。

① 名まえを かく。（な）
② 赤い 夕やけ。（ゆう）
③ 百さいまで 生きる。（ひゃく）
④ 円を えがく。（えん）
⑤ 千円さつ（せん）
⑥ はがきを 出す。（だ）

2 □に かん字を かきましょう。

① かわいい 犬。
② あたらしい 年。
③ さけが 川を 上る。
④ 花だんに 水を やる。
⑤ 早く ねる。
⑥ あだ名で よぶ。
⑦ 夕がたに なる。
⑧ 五百にん
⑨ 空を とぶ 円ばん。
⑩ はこから 出す。

きょうかしょ 下90〜119ページ こたえ 7ページ

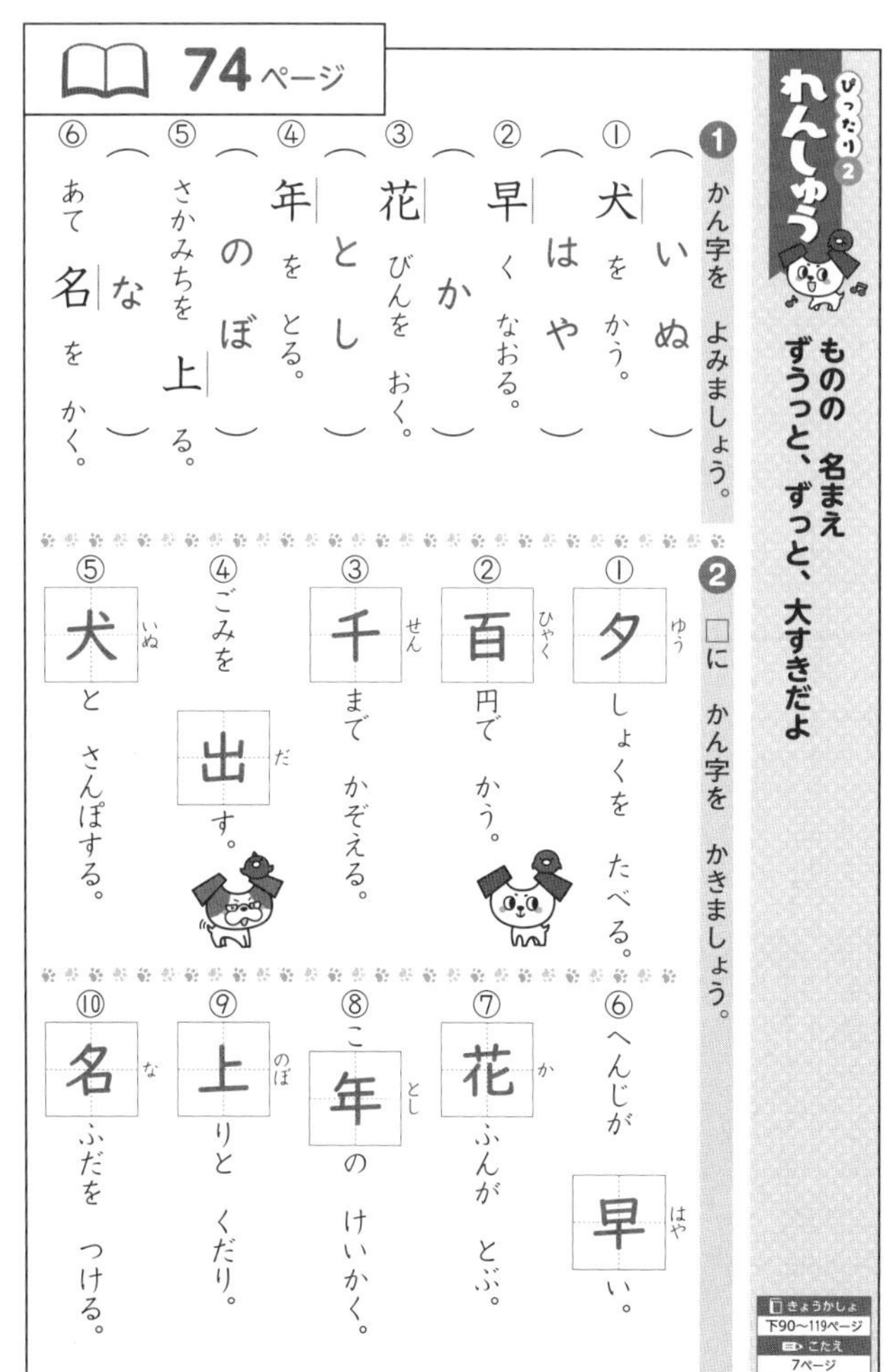

74ページ

れんしゅう ぴったり2

ものの 名まえ ずうっと、ずっと、大すきだよ

1 かん字を よみましょう。

① 犬を かう。（いぬ）
② 早く なおる。（はや）
③ 花びんを おく。（か）
④ 年を とる。（とし）
⑤ さかみちを 上る。（のぼ）
⑥ あて名を かく。（な）

2 □に かん字を かきましょう。

① 夕しょくを たべる。
② 百円で かう。
③ 千まで かぞえる。
④ ごみを 出す。
⑤ 犬と さんぽする。
⑥ へんじが 早い。
⑦ 花ふんが とぶ。
⑧ こ年の けいかく。
⑨ 上りと くだり。
⑩ 名ふだを つける。

きょうかしょ 下90〜119ページ こたえ 7ページ

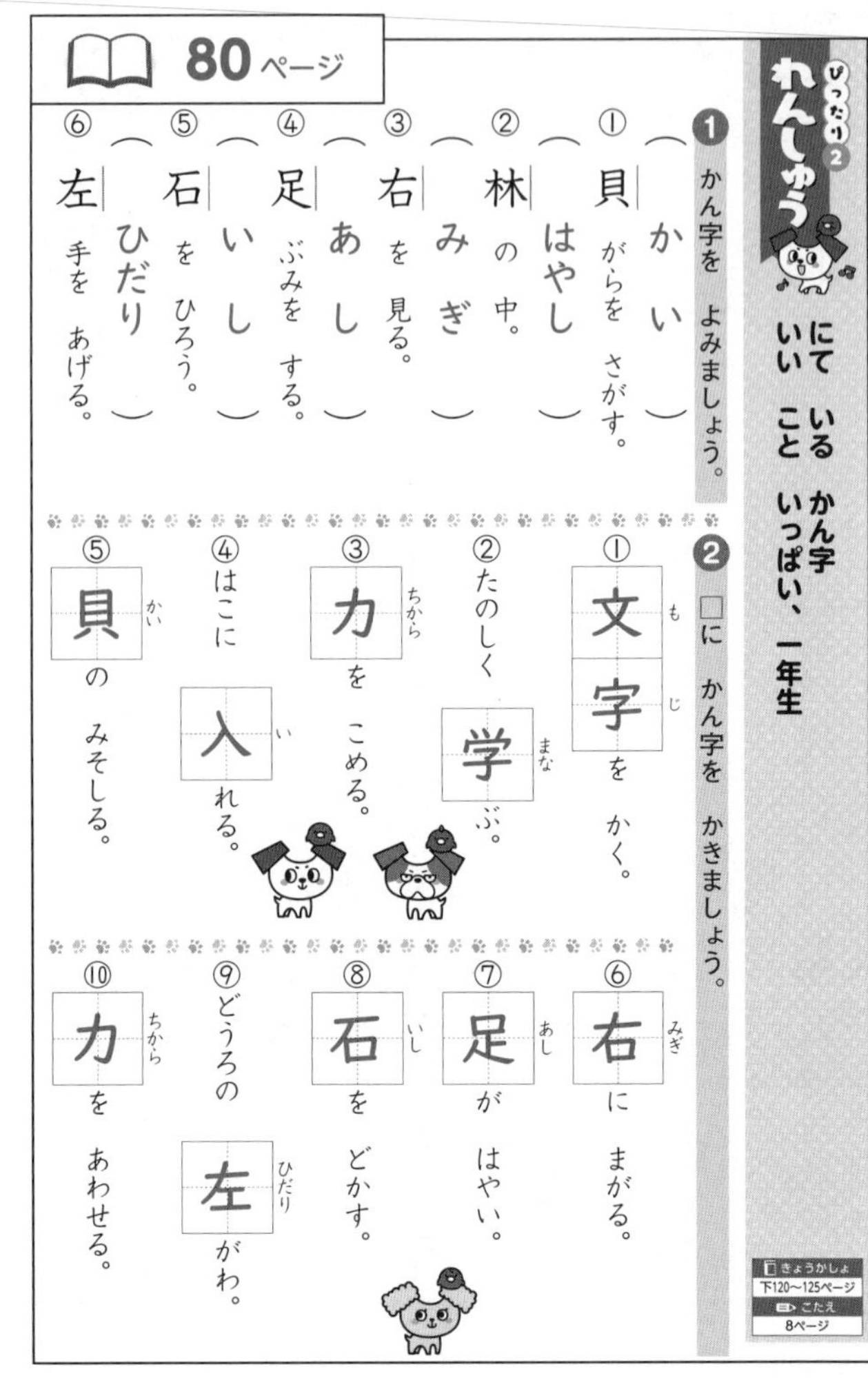

80ページ

ぴったり2 れんしゅう

にて いる かん字
いい こと いっぱい、一年生

1 かん字を よみましょう。

① 貝（かい）がらを さがす。
② 林（はやし）の 中。
③ 右（みぎ）を 見る。
④ 足（あし）ぶみを する。
⑤ 石（いし）を ひろう。
⑥ 左（ひだり）手を あげる。

2 □に かん字を かきましょう。

① 文字（もじ）を かく。
② たのしく 学（まな）ぶ。
③ 力（ちから）を こめる。
④ はこに 入（い）れる。
⑤ 貝（かい）の みそしる。
⑥ 右（みぎ）に まがる。
⑦ 足（あし）が はやい。
⑧ 石（いし）を どかす。
⑨ どうろの 左（ひだり）がわ。
⑩ 力（ちから）を あわせる。

きょうかしょ 下120〜125ページ
こたえ 8ページ

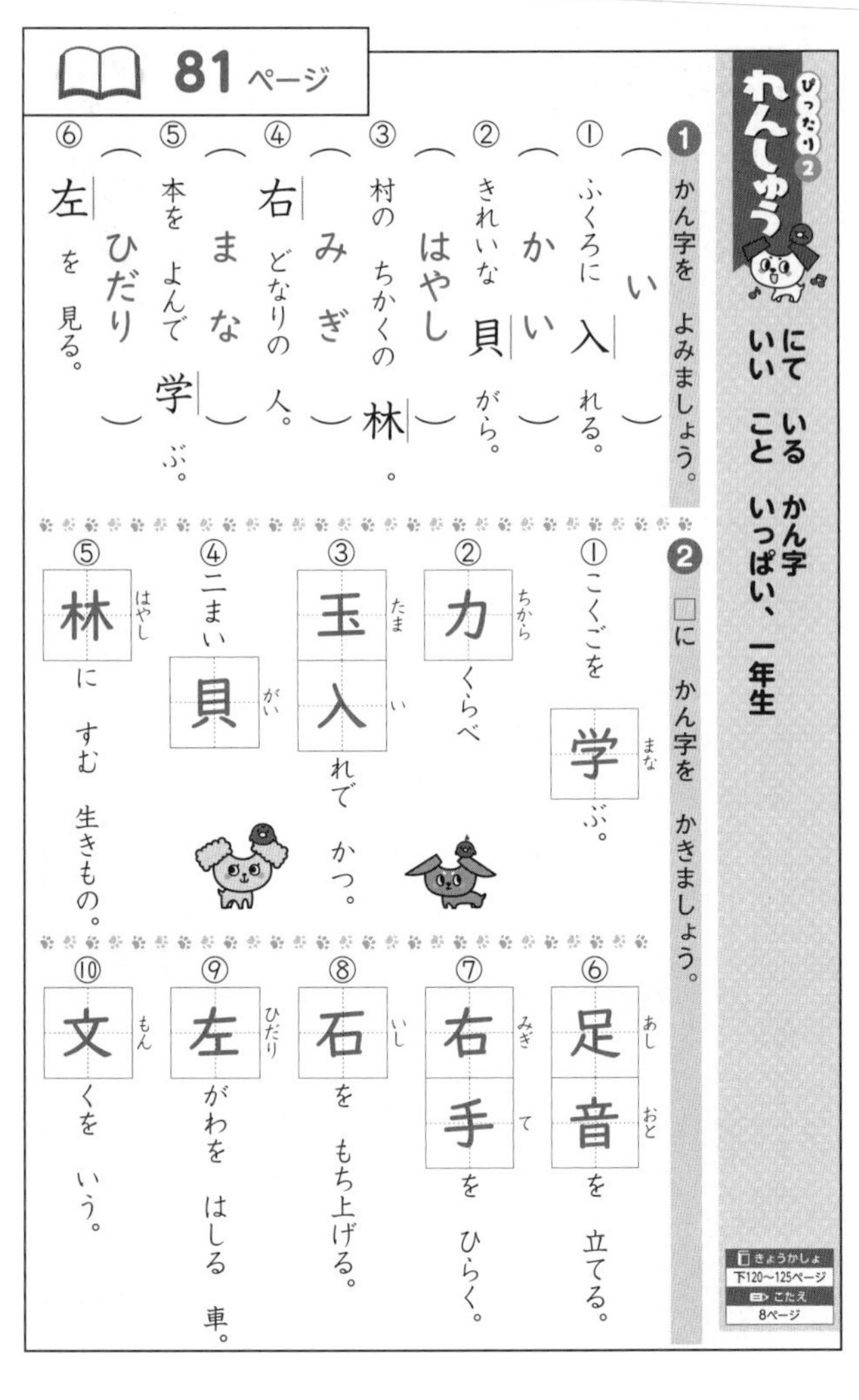

81ページ

ぴったり2 れんしゅう

にて いる かん字
いい こと いっぱい、一年生

1 かん字を よみましょう。

① ふくろに 入（い）れる。
② きれいな 貝（かい）がら。
③ 村の ちかくの 林（はやし）。
④ 右（みぎ）どなりの 人。
⑤ 本を よんで 学（まな）ぶ。
⑥ 左（ひだり）を 見る。

2 □に かん字を かきましょう。

① こくごを 学（まな）ぶ。
② 力（ちから）くらべ
③ 玉（たま）入（い）れで かつ。
④ 二まい 貝（かい）
⑤ 林（はやし）に すむ 生きもの。
⑥ 足音（あしおと）を 立てる。
⑦ 右手（みぎて）を ひらく。
⑧ 石（いし）を もち上げる。
⑨ 左（ひだり）がわを はしる 車。
⑩ 文（もん）くを いう。

きょうかしょ 下120〜125ページ
こたえ 8ページ

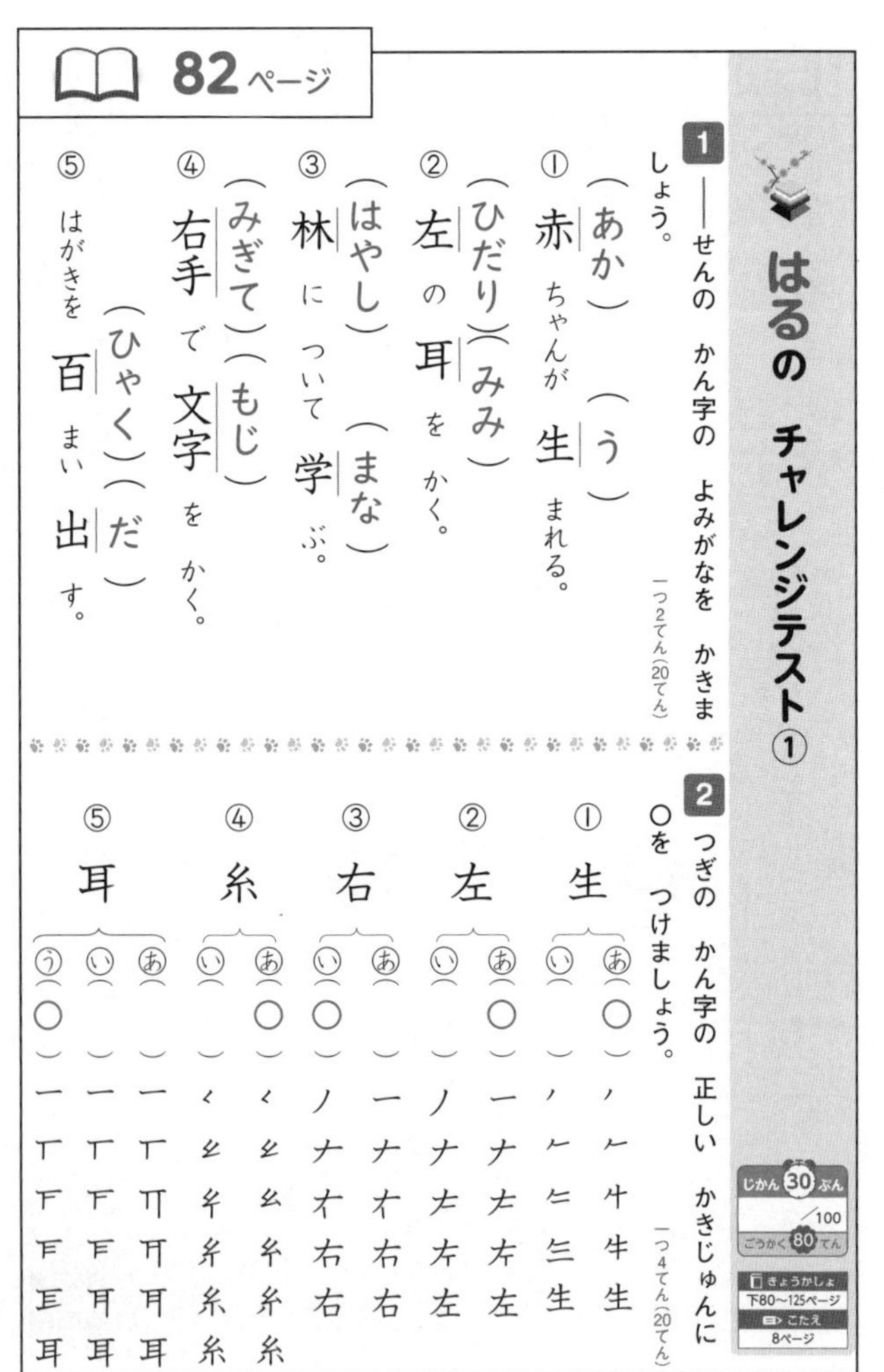

82ページ

はるの チャレンジテスト①

じかん 30ぷん　/100　ごうかく 80てん
きょうかしょ 下80〜125ページ
こたえ 8ページ

1 ——せんの かん字の よみがなを かきましょう。 一つ2てん（20てん）

① 赤（あか）ちゃんが 生（う）まれる。
② 左（ひだり）の 耳（みみ）を かく。
③ 林（はやし）に ついて 学（まな）ぶ。
④ 右手（みぎて）で 文字（もじ）を かく。
⑤ はがきを 百（ひゃく）まい 出（だ）す。

2 つぎの かん字の 正しい かきじゅんに ○を つけましょう。 一つ4てん（20てん）

① 生　あ（○）　い（　）
② 左　あ（○）　い（　）
③ 右　あ（　）　い（○）
④ 糸　あ（○）　い（　）
⑤ 耳　あ（　）　い（　）　う（○）

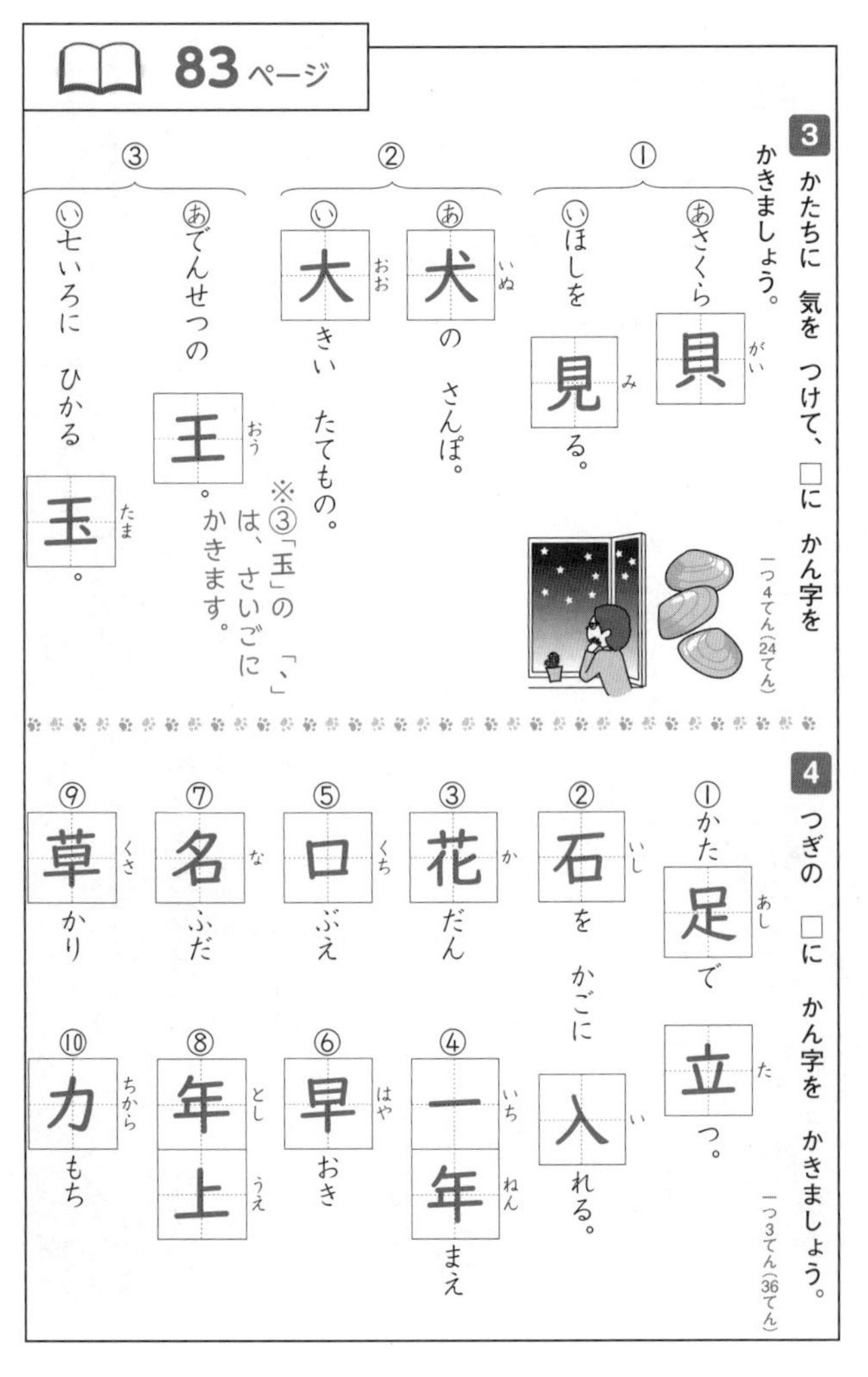

83ページ

3 かたちに 気を つけて、□に かん字を かきましょう。 一つ4てん（24てん）

① あ さくら 貝（がい）　い ほしを 見（み）る。
② あ 犬（いぬ）の さんぽ。　い 大（おお）きい たてもの。
③ あ でんせつの 王（おう）。　い 七いろに ひかる 玉（たま）。

※③「玉」の「、」は、さいごに かきます。

4 つぎの □に かん字を かきましょう。 一つ3てん（36てん）

① かた足（あし）で 立（た）つ。
② 石（いし）を かごに 入（い）れる。
③ 花（か）だん
④ 一（いち）年（ねん）まえ
⑤ 口（くち）ぶえ
⑥ 早（はや）おき
⑦ 名（な）ふだ
⑧ 年上（としうえ）
⑨ 草（くさ）かり
⑩ 力（ちから）もち

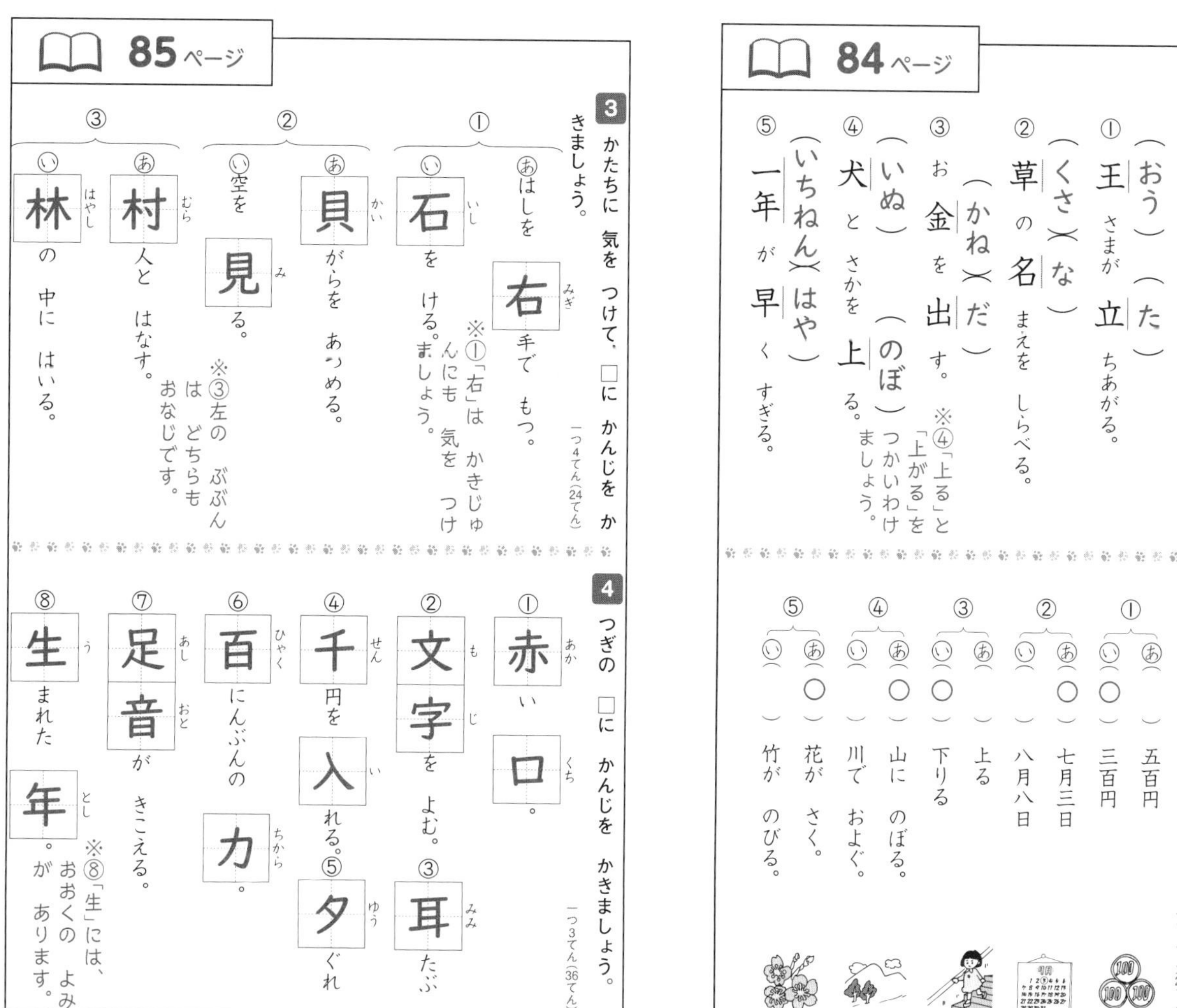

84ページ

はるの チャレンジテスト②

じかん30ぷん ／100 ごうかく80てん
きょうかしょ 下80～125ページ
こたえ 9ページ

1 ——せんの かん字の よみがなを かきましょう。 一つ2てん（20てん）

① 王（おう）さまが 立（た）ちあがる。
② 草（くさ）の 名（な）まえを しらべる。
③ お金（かね）を 出（だ）す。
④ 犬（いぬ）と さかを 上（のぼ）る。
⑤ 一年（いちねん）が 早（はや）く すぎる。

※④「上る」と「上がる」をつかいわけましょう。

2 下の えに あう ほうに ○を つけましょう。 一つ4てん（20てん）

① あ（ ）五百円 い（○）三百円
② あ（○）七月三日 い（ ）八月八日
③ あ（ ）上る い（○）下りる
④ あ（○）山に のぼる。 い（ ）川で およぐ。
⑤ あ（○）花が さく。 い（ ）竹が のびる。

85ページ

3 かたちに 気を つけて、□に かんじを かきましょう。 一つ4てん（24てん）

① あ はしを 右（みぎ）手で もつ。 い 石（いし）を よける。
※①「右」は かきじゅんにも 気を つけましょう。
② あ 貝（かい）がらを あつめる。 い 空を 見（み）る。
③ あ 村（むら）人と はなす。 い 林（はやし）の 中に はいる。
※③左の ぶぶんは どちらも おなじです。

4 つぎの □に かんじを かきましょう。 一つ3てん（36てん）

① 赤（あか）い 口（くち）。
② 文字（もじ）を よむ。
③ 耳（みみ）たぶ
④ 千（せん）円を 入（い）れる。
⑤ 夕（ゆう）ぐれ
⑥ 百（ひゃく）にんぶんの 力（ちから）。
⑦ 足音（あしおと）が きこえる。
⑧ 生（う）まれた 年（とし）。
※⑧「生」には、おおくの よみが あります。

一年で 学ぶ かん字は ぜんぶで 八十字だよ。

くりかえし れんしゅうしよう。

学力しんだんテスト①

1年 かん字のまとめ

学力しんだんテスト①

なまえ

月　日

じかん 30ぷん

ごうかく80てん　／100

こたえ10ページ

1 ——せんの　かん字の　よみがなを　かきましょう。　一つ1てん(20てん)

① 五（ご）くみの　先生は　男（おとこ）の　人だ。
② シャボン　玉（だま）を　空（そら）に　とばす。
③ 耳（みみ）のような　かたちの　石（いし）。
④ 山（やま）の　きれいな　水（みず）を　のんだ。
⑤ この　本（ほん）は、百（ひゃく）ページ　ある。
⑥ 村（むら）で　すこしの　あいだ　休（やす）む。
⑦ 名（な）まえも　しらない　子（こ）。
⑧ 竹（たけ）やぶに　めずらしい　虫（むし）が　いた。
⑨ 町（まち）に　ついての　文（ぶん）を　かく。
⑩ 左手（ひだりて）に　きれいな　花（はな）を　もつ。

2 □に　かん字を　かきましょう。　一つ1てん(20てん)

① 森（もり）で　王（おう）さまに　あう。
② あすの　八日（ようか）は　雨（あめ）だ。
③ 田（た）んぼに　立（た）つ　かかし。
④ いえを　早（はや）く　出（で）る。
⑤ 大（おお）きな　犬（いぬ）が　ほえる。
⑥ 月（つき）を　見（み）上（あ）げる。
⑦ 天（あま）の　川（がわ）が　きれいだ。
⑧ 車（くるま）に　気（き）を　つける。
⑨ うちの　中（なか）に　入（はい）る。
⑩ 木の　下（した）で　円（えん）に　なる。

うらにも　もんだいが　あります。

3 えの　ものの　かずを、かん字を　つかって　かきましょう。　一つ2てん(8てん)

（れい）三びき
① 四わ
② 七さつ
③ 六まい
④ 十二だい

4 つぎの　かん字の　二とおりの　よみかたを　かきましょう。　一つ2てん(20てん)

① 文　あ 文しょう（ぶん）　い 文字を　かく。（も）
② 火　あ 火ようび（か）　い 火を　けす。（ひ）
③ 水　あ いんりょう水（すい）　い 水たまり（みず）
④ 金　あ お金もち（かね）　い 金こに　しまう。（きん）
⑤ 正　あ 正じきな　子。（しょう）　い 正しい　字。（ただ）

5 あとの □から　なかまの　かん字を　えらんで、□の　かずだけ　かきましょう。　一つ2てん(20てん)

① いろを　あらわす　かん字。　赤　白　青
② かずを　あらわす　かん字。　千　九　百
③ しょくぶつを　あらわす　かん字。　竹　木　花　草

千　小　竹　赤　九　木
白　百　女　花　青　草

6 つぎの　——せんの　まちがった　かん字を　ただしい　字に　なおしましょう。　一つ2てん(12てん)

① 石手を　あげる。　右
② にわの　上を　ほる。　土
③ 青い　うみを　貝る。　見
④ 町で　入に　あう。　人
⑤ かん学を　かく。　字
⑥ 大ぷらを　たべる。　天

学力しんだんテスト②

1年 かん字のまとめ 学力(がくりょく)しんだんテスト②

なまえ

月　日

じかん 30ぷん

ごうかく80てん　／100

こたえ 11ページ

1 ――せんの かん字の よみがなを かきましょう。（一つ1てん〈20てん〉）

① 早(はや)く おきて 学校(がっこう)に いく。
② 犬(いぬ)を つれて 森(もり)に いく。
③ 王(おう)さまが 金(きん)いろの いすに すわる。
④ しせいを 正(ただ)すと 気(き)もちが よい。
⑤ 木(もく)ようびに 川(かわ)で あそんだ。
⑥ 青(あお)い りっぱな 車(くるま)が とまった。
⑦ 力(ちから)を あわせて 土(つち)を もる。
⑧ 百(ひゃく)にんの 男(おとこ)が あつまる。
⑨ ビルの 上(うえ)から けしきを 見(み)る。
⑩ かべに 大(おお)きな しみが 七(なな)つ ある。

2 □に かん字を かきましょう。（一つ1てん〈20てん〉）

① 九(きゅう)本の はたを 立(た)てる。
② 火(ひ)が 赤(あか)く もえる。
③ 女(おんな)の子に 名(な)まえを きく。
④ 花(はな)に 水(みず)を やる。
⑤ 文字(もじ)を 小(ちい)さく かく。
⑥ 白(しろ)い 貝(かい)がらを ひろう。
⑦ 山(やま)に 夕日(ゆうひ)が しずむ。
⑧ 五月(ごがつ)に 生(う)まれる。
⑨ 虫(むし)が 空(そら)を とぶ。
⑩ 林(はやし)の 先に 村(むら)が ある。

うらにも もんだいが あります。

3 うえの ことばと はんたいの いみの ことばを、かん字で かきましょう。（一つ2てん〈14てん〉）

① すわる ↕ 立つ
② はたらく ↕ 休む
③ 右 ↕ 左
④ にせもの ↕ 本もの
⑤ はれ ↕ 雨
⑥ おとな ↕ 子ども
⑦ 出す ↕ 入れる

4 つぎの かん字の 赤い ぶぶんは、なんばんめに かきますか。□に すう字を かきましょう。（一つ2てん〈20てん〉）

① 田 四
② 力 二
③ 犬 二
④ 手 四
⑤ 出 一
⑥ 車 七
⑦ 中 四
⑧ 竹 三
⑨ 右 二
⑩ 糸 四

5 つぎの かん字に 下の □の ぶぶんを つけて、べつの かん字を つくりましょう。（ぶぶん・かん字とも せいかいで 一つ2てん〈10てん〉）

（れい） 一＋十＝土
① 木＋木＝林
② 八＋亠＝六
③ 大＋一＝天
④ 早＋艹＝草
⑤ 田＋丁＝町

艹　一　木　丁　亠

6 つぎの □に、からだの ぶぶんを あらわす かん字を かきましょう。（一つ4てん〈16てん〉）

① 耳
② 足
③ 目
④ 口

※「手」も いっしょに おぼえましょう。

かんじクイズ

1 木・小・大

2 空・天・男

3 ①山　②水　③竹

4 ①中　②出　③森　④本　⑤日　⑥金

5 二千六百八十（円）

6 ①一年　②千円　③子犬

7 ①空　②山　③林　④川　⑤町　⑥村　⑦田　⑧木　⑨犬　⑩虫

かんじの　たしざん

10ページ▽　大　12ページ▽　三　19ページ▽　生

25ページ▽　正　27ページ▽　見　30ページ▽　田

39ページ▽　車　41ページ▽　土　48ページ▽　休

53ページ▽　中　62ページ▽　王　68ページ▽　百

71ページ▽　早　75ページ▽　林　78ページ▽　本

ふろく　とりはずしておつかいください。

ひらがな おさらいドリル

なつやすみにチャレンジ！

運筆（うんぴつ）も練習して、きれいなひらがなをかけるようになろう！

もくじ

＊本冊子では、とめ・はね・はらいなどの注意書きを採用していますが、ひらがなに書き方の決まりはありません。お子様がきれいなひらがなを書けるようになることを目的として制作しています。学校での指導にあわせて学習してください。

1ねん　　くみ

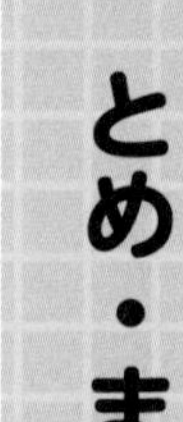

とめ・まる

●絵の運筆をなぞってから、ひらがなの練習をしましょう。
●書き始めの位置に注意しましょう。

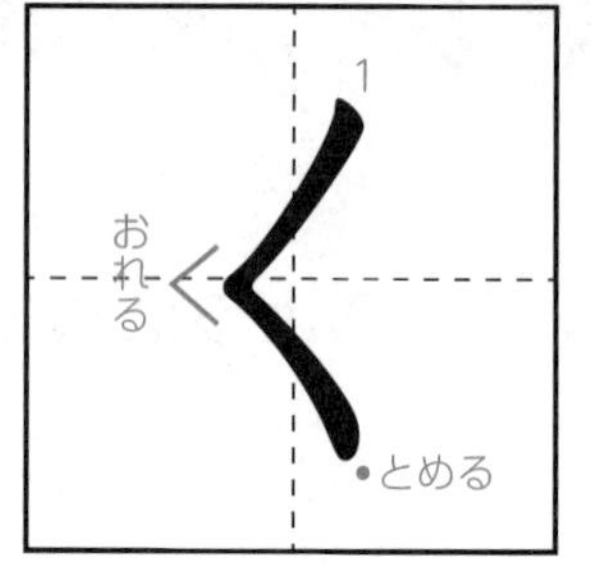

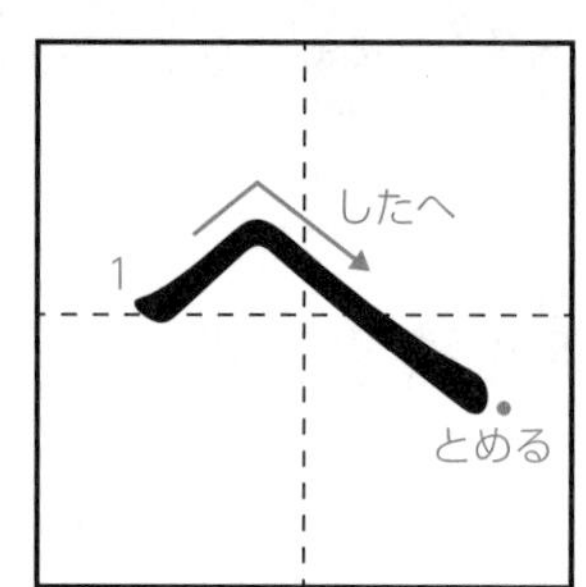

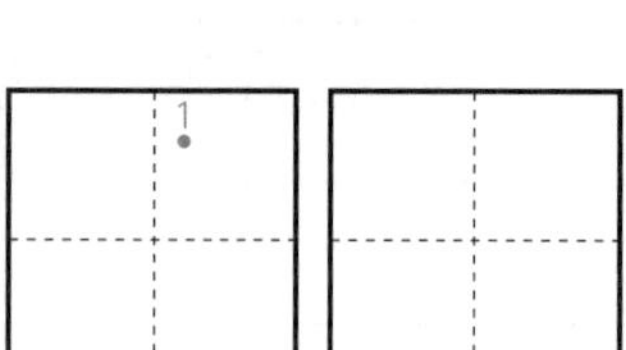

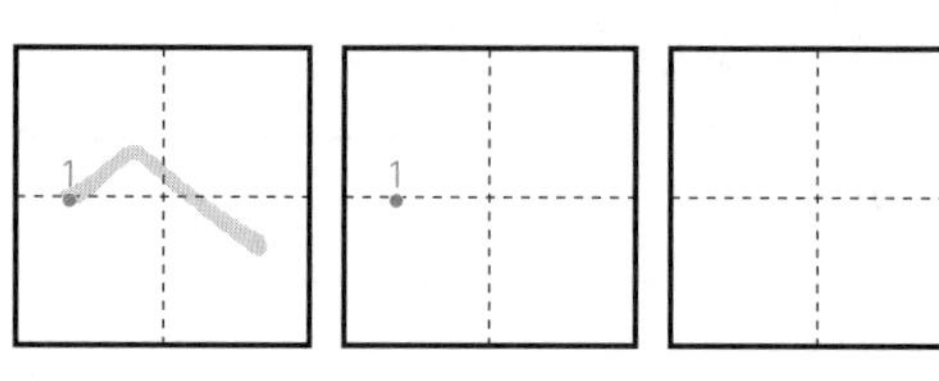

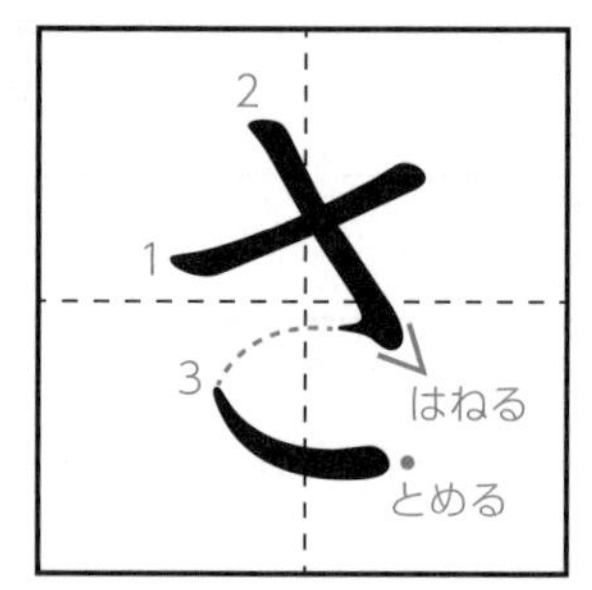

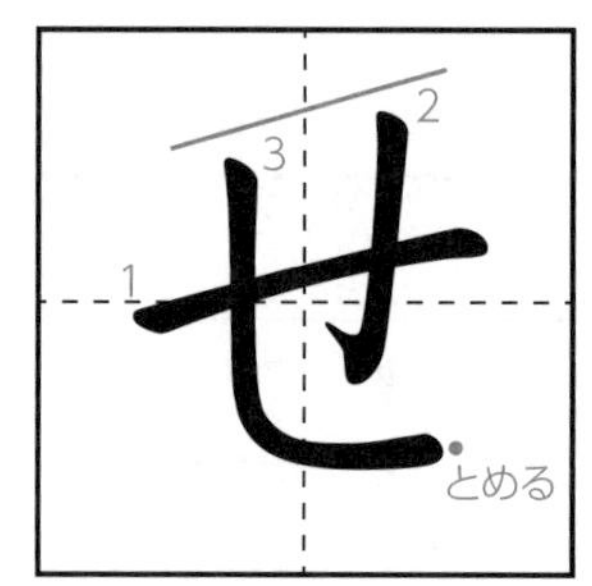

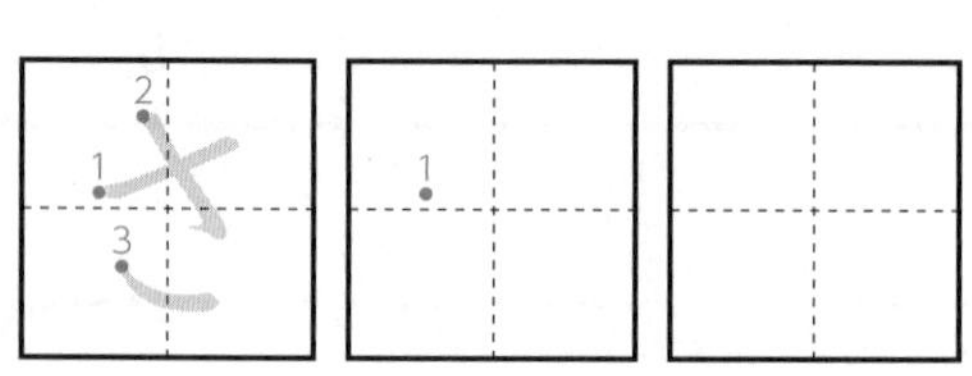

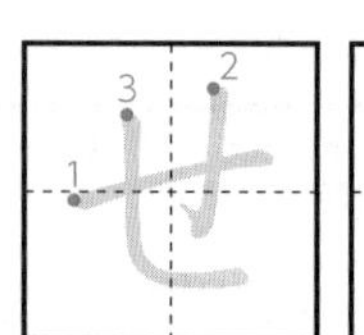

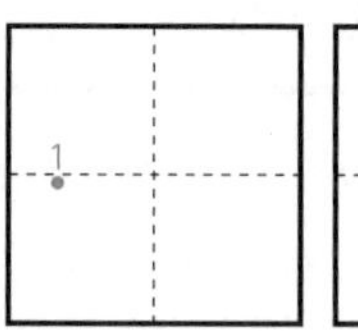

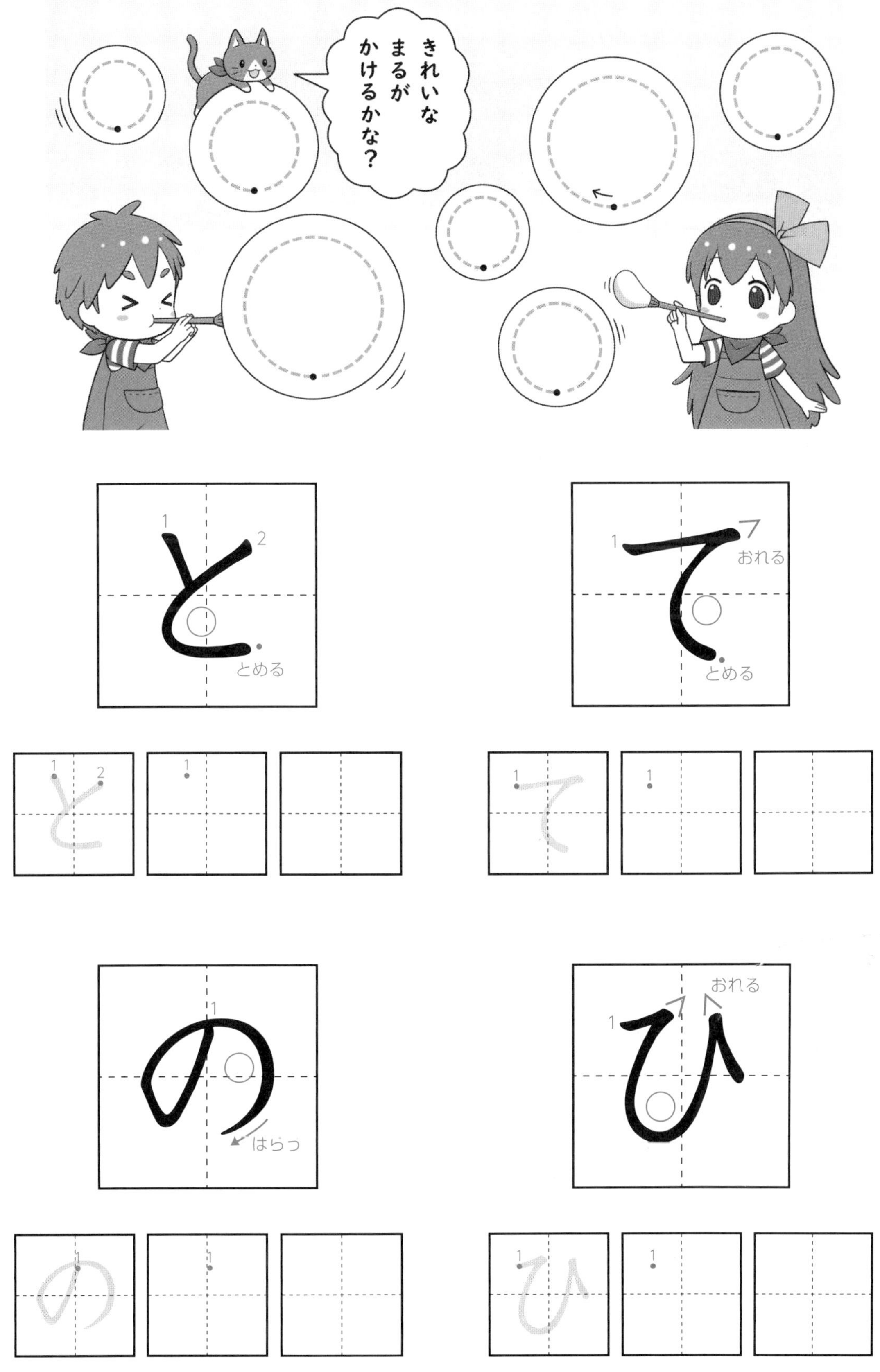
きれいな
まるが
かけるかな？
1
2
とめる
1
おれる
とめる
1
はらっ
おれる
1

はね・おれ

- 絵の運筆をなぞってから、ひらがなの練習をしましょう。
- 離れた画でも、つながりを意識しながら書きましょう。

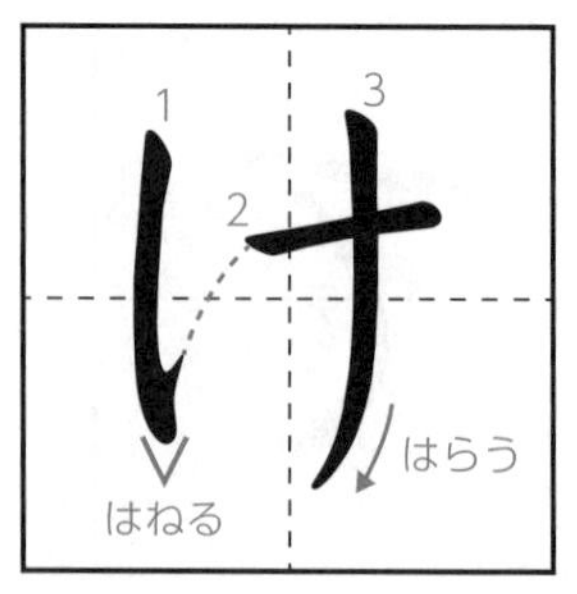

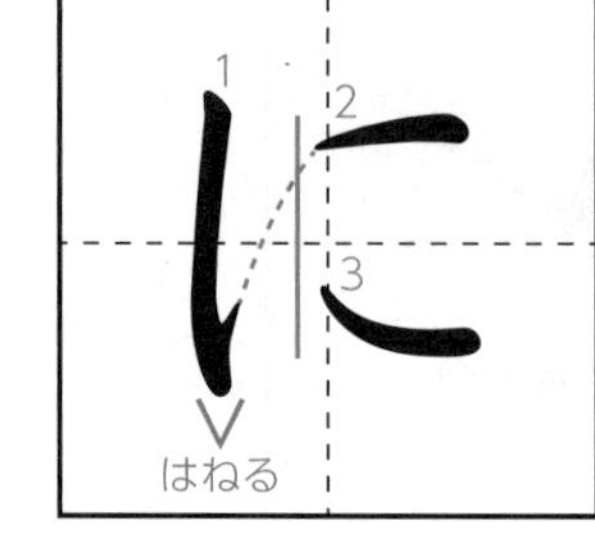

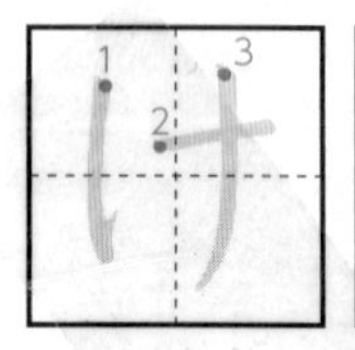
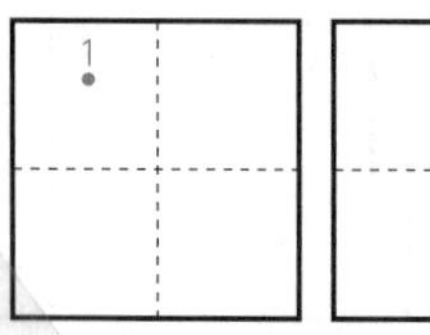
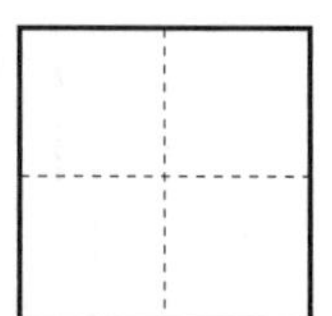

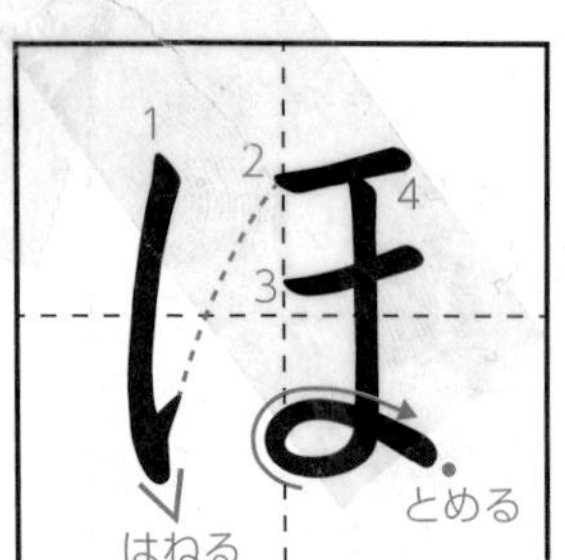

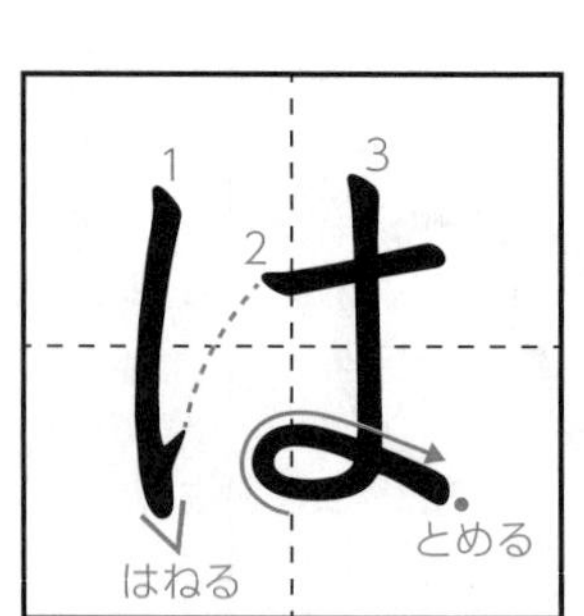

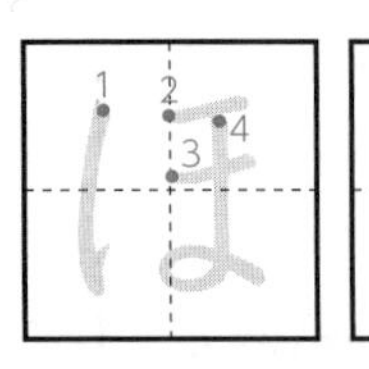
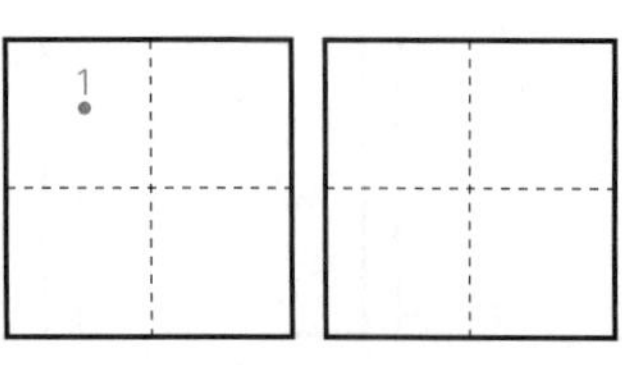
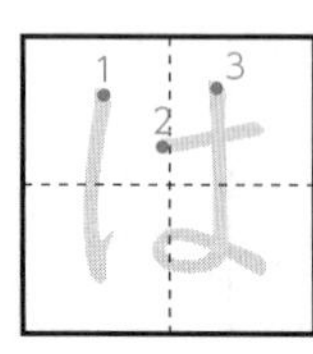
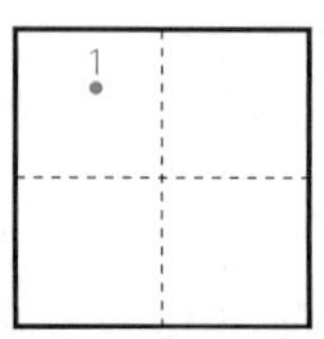
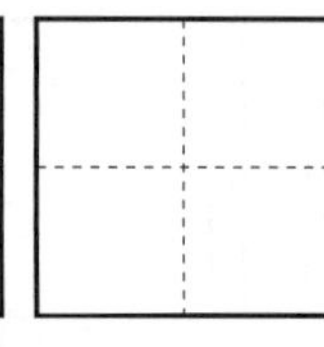

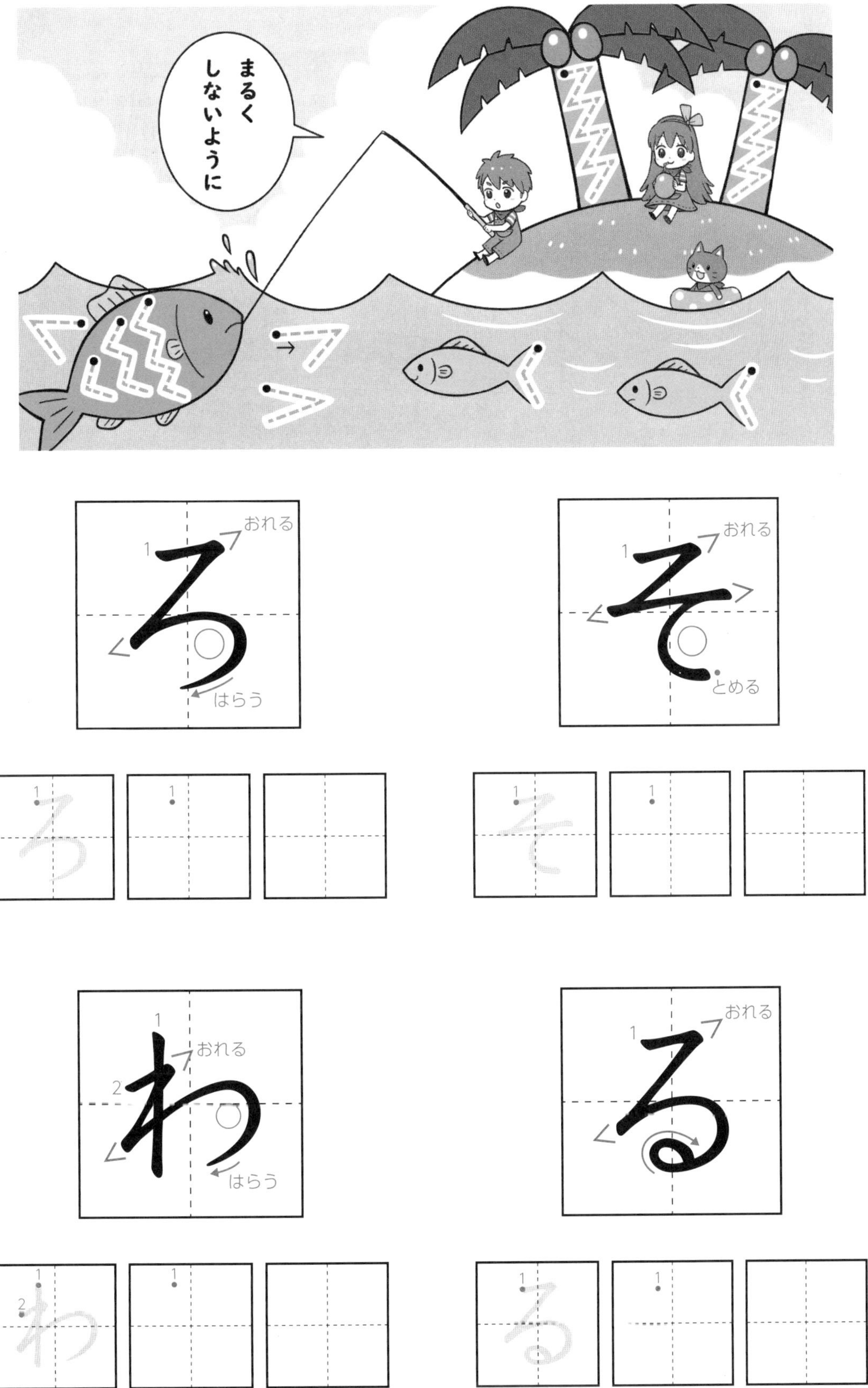
まるく
しないように
ろ
おれる
はらう
そ
おれる
とめる
わ
おれる
はらう
る
おれる

ひだりはらい・みぎはらい

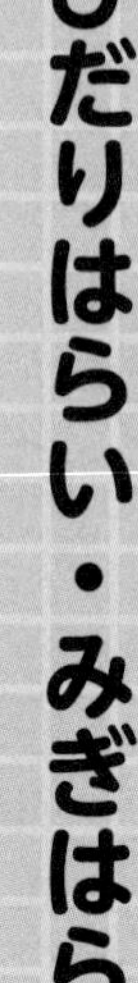

● 絵の運筆をなぞってから、ひらがなの練習をしましょう。
● 左右ではらいの形が違うことにも注目しましょう。

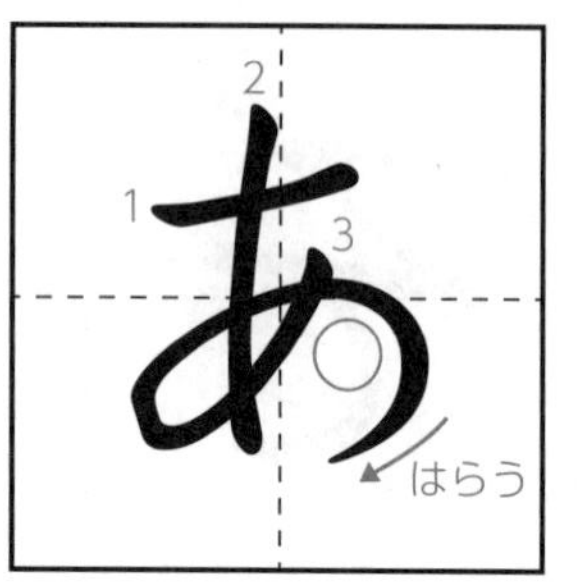

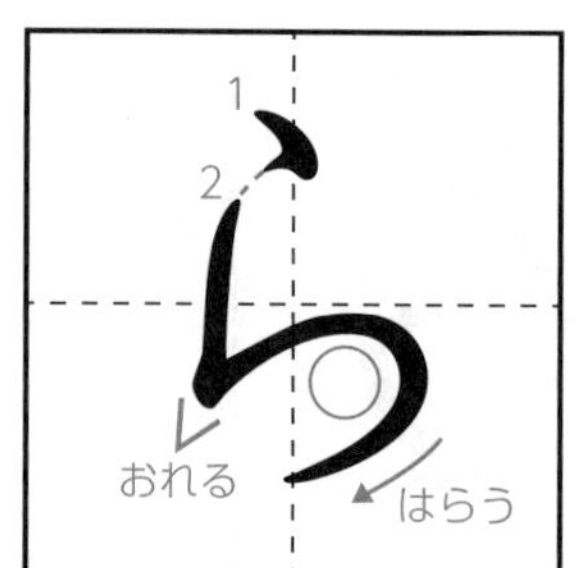

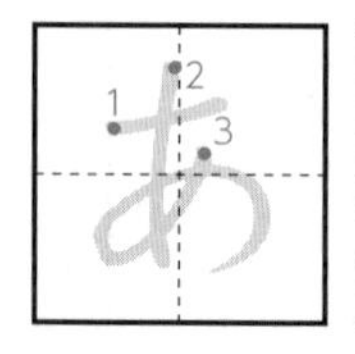

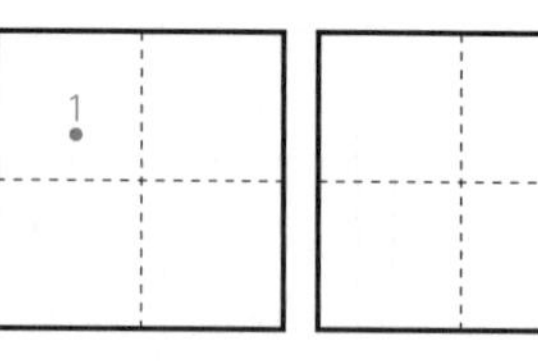

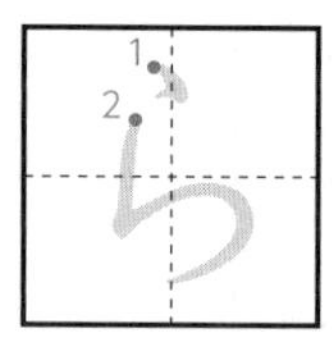

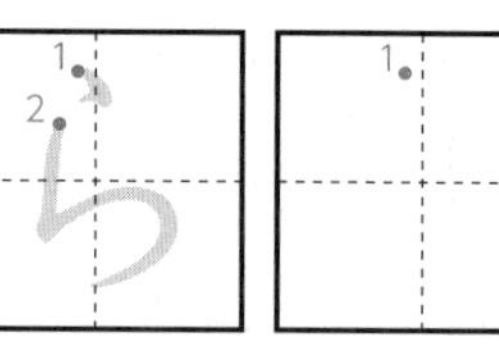

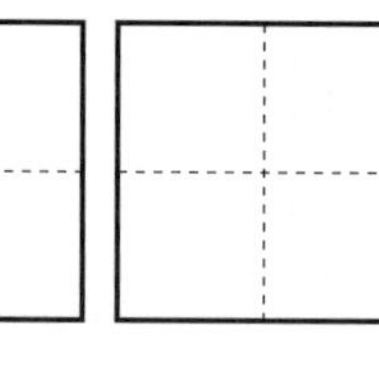

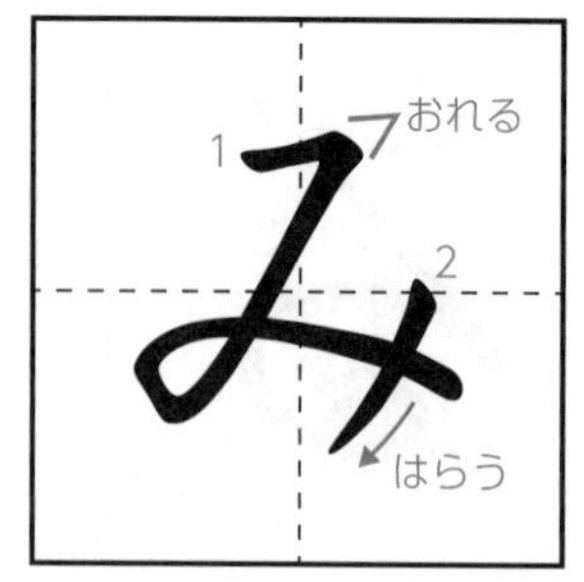

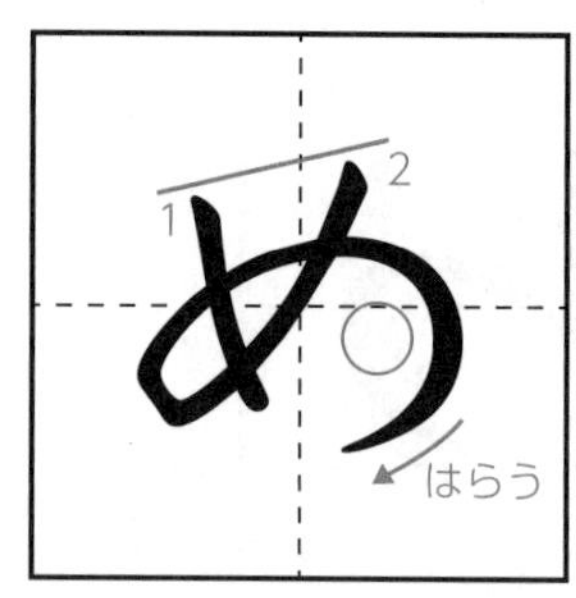

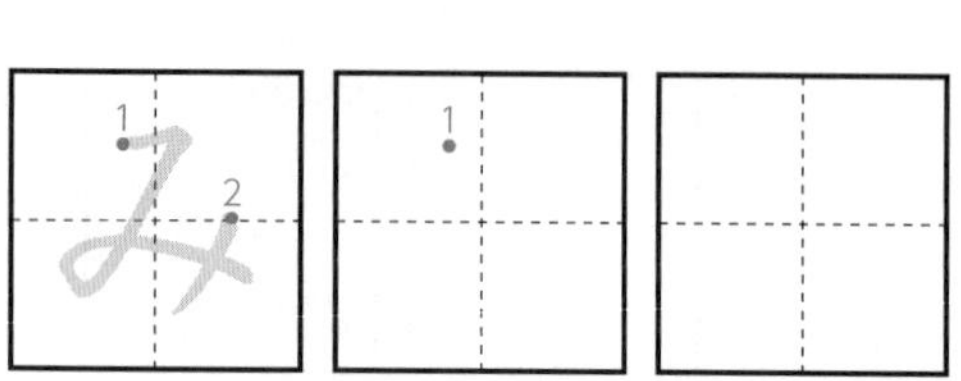

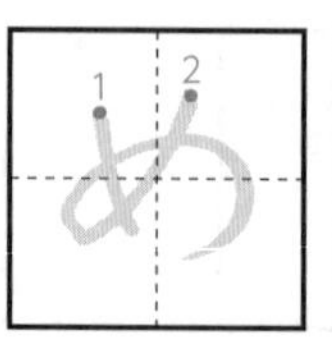

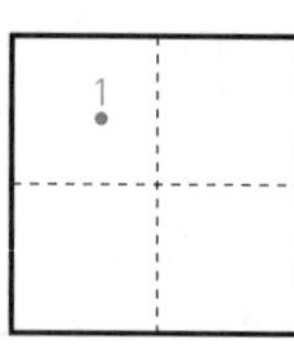

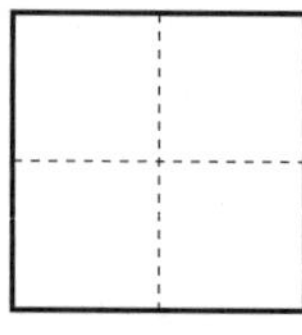

ちからを
ぬいて
はらおう
はらう
はらう
おれる
はらう
おれる
はらう

むすび／まとめ①

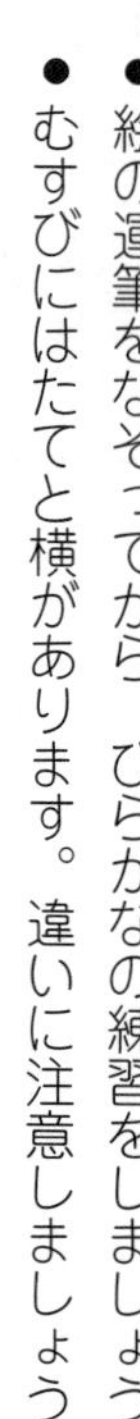

●絵の運筆をなぞってから、ひらがなの練習をしましょう。
●むすびにはたてと横があります。違いに注意しましょう。

つづけて かいて みよう！

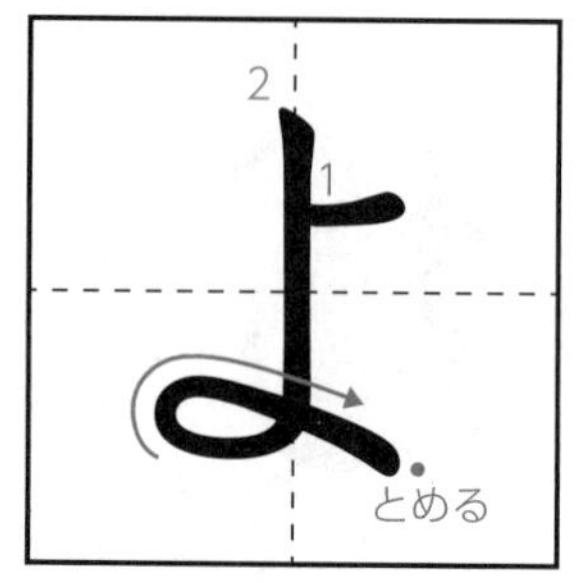

とめる

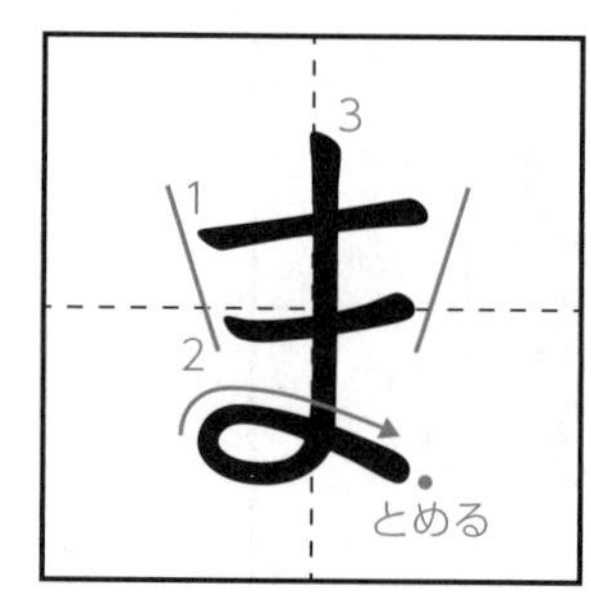

とめる

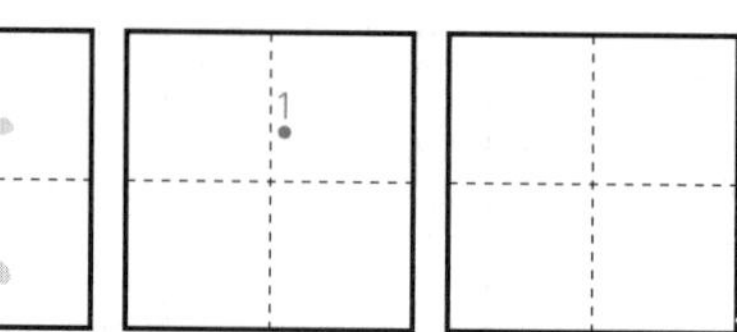

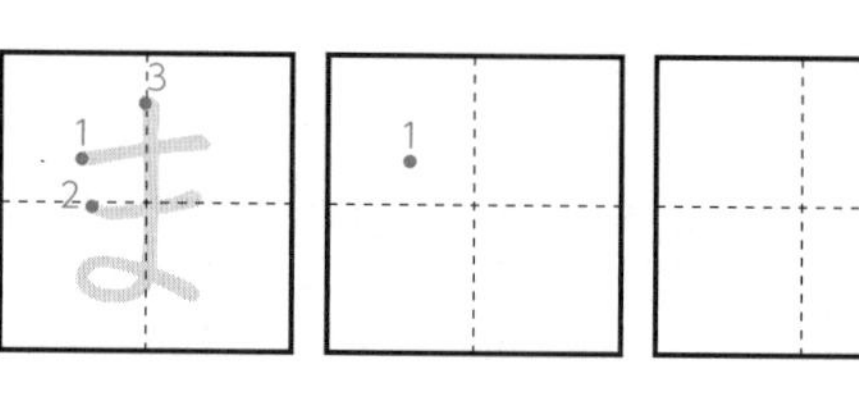

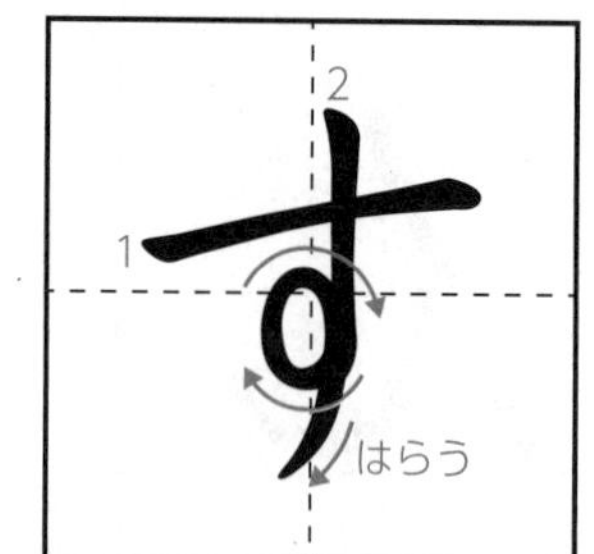

はらう

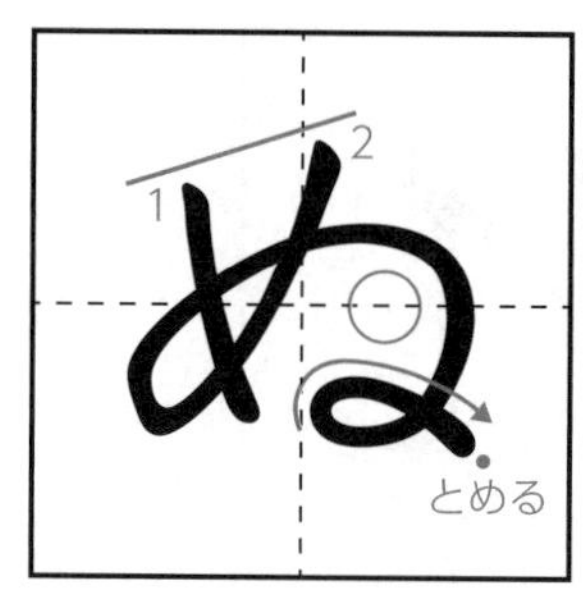

とめる

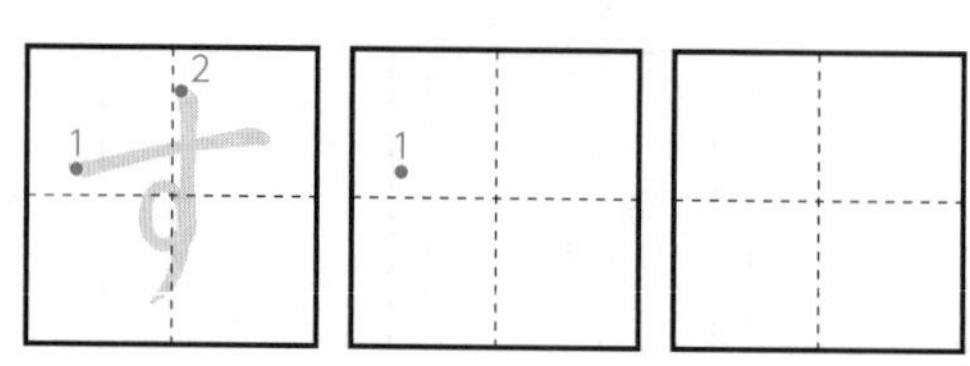

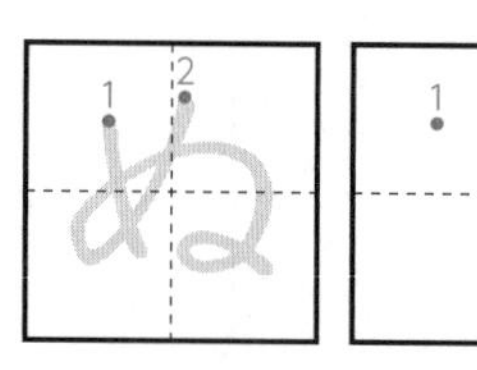

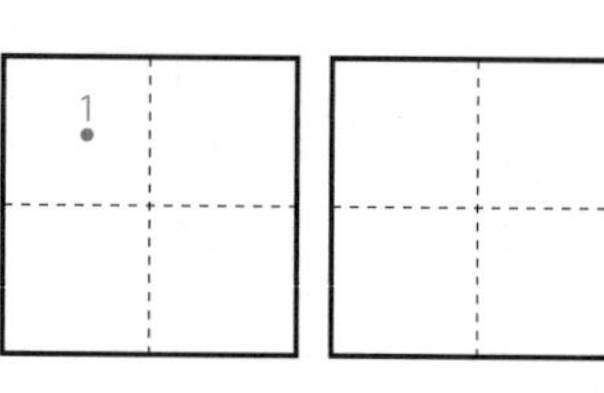

1
2
はねる
とめる
1
はねる
2
とめる
2
1
3
4
とめる
とめる
1
みぎしたへ
2
はらう

まとめ②

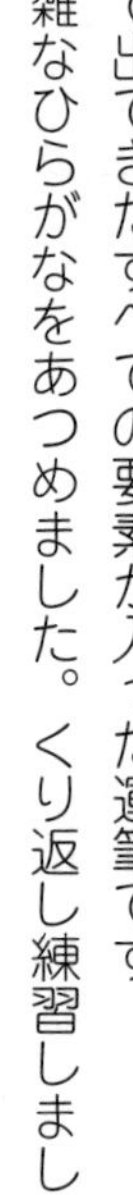

- これまで出てきたすべての要素が入った運筆です。
- 形が複雑なひらがなをあつめました。くり返し練習しましょう。

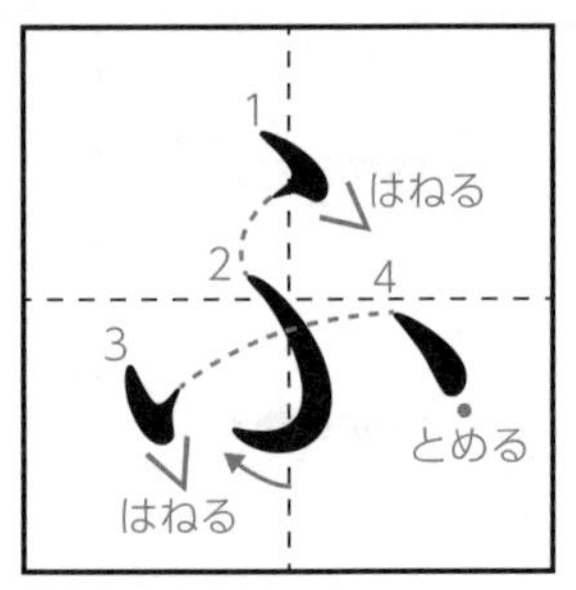

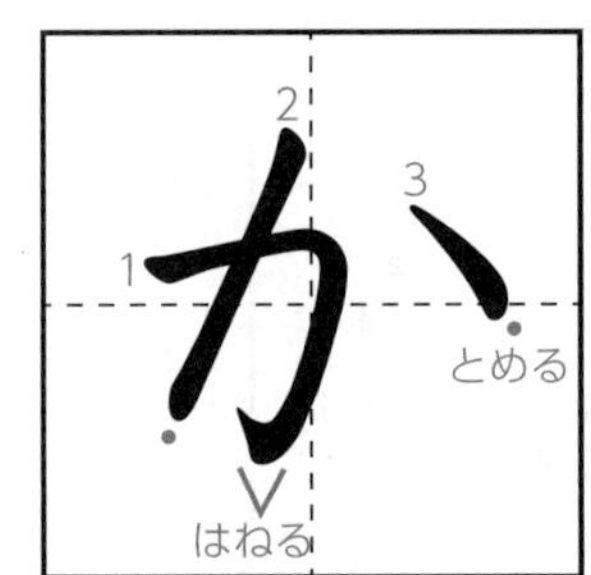

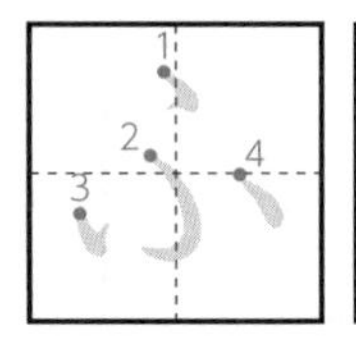

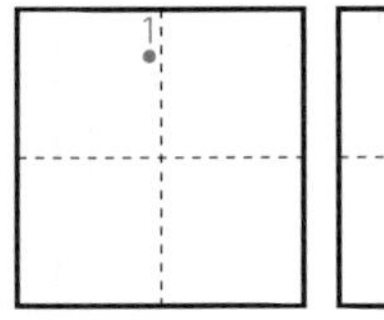

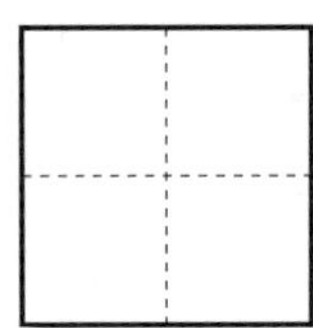

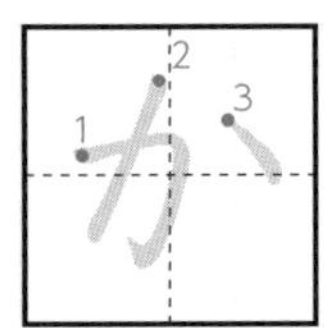

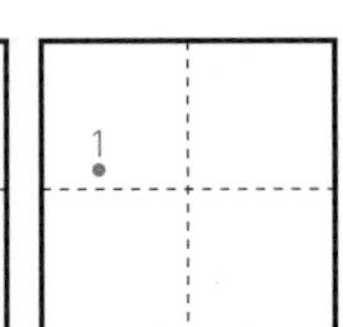

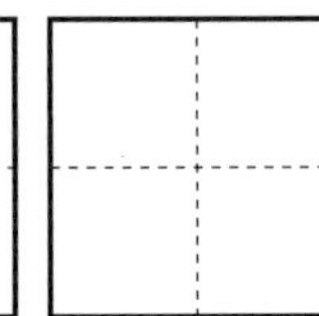

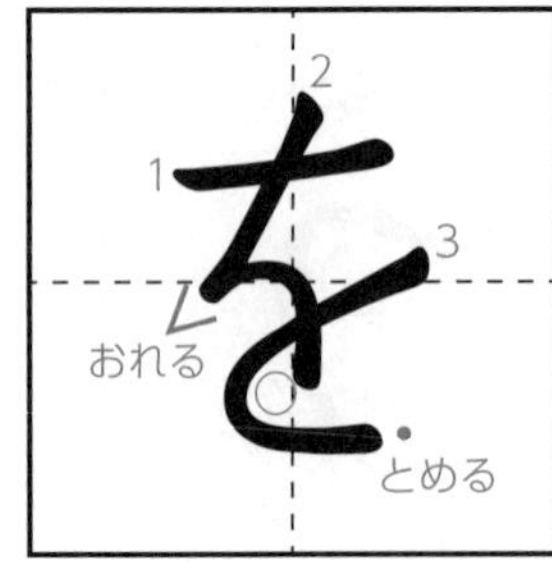

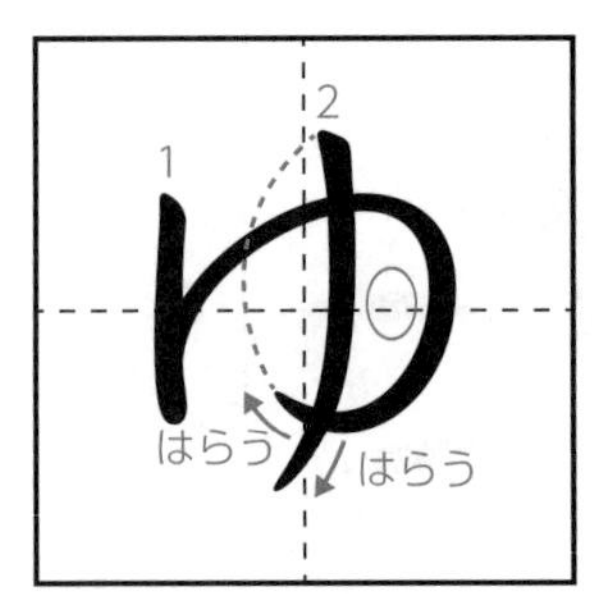

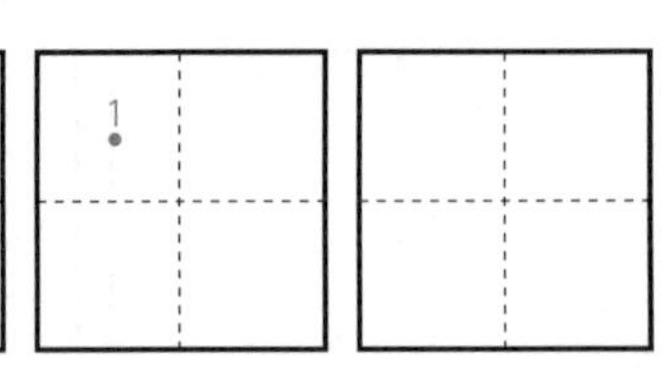

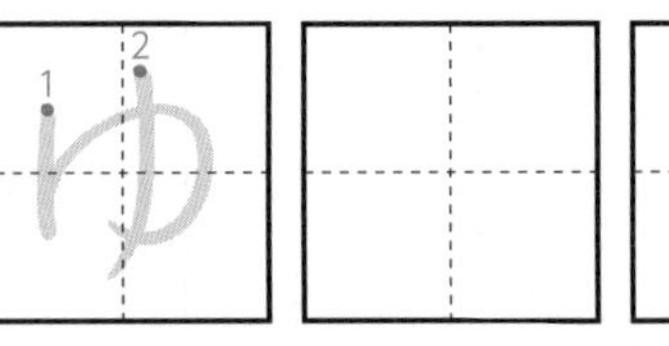

えに　あう　ことばを　かきましょう。

(右上から)りす　まくら　ねこ　とけい

えに　あう　ことばを　かきましょう。

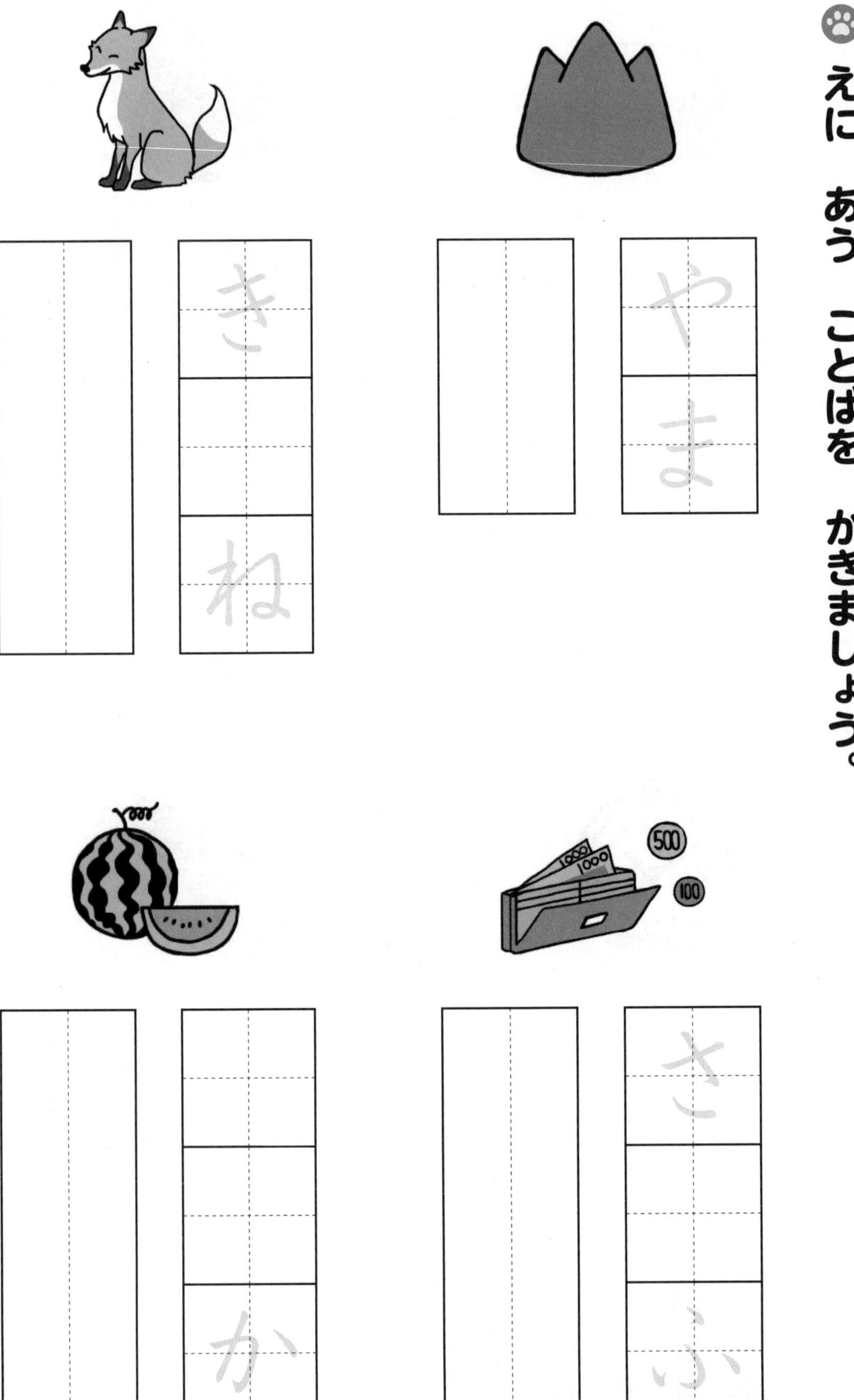

（右上から）やま　きつね　さいふ　すいか

えに　あう　ことばを　かきましょう。

ひらがなの　ひょうを　かんせいさせましょう。

					な				
を		(い)						き	
		(え)			ね		せ		え
									お

ぜんぶ　かけたら
おうちの　ひとに　みせよう！